素养导向下
小学数学结构化教学
典型课例解读

主　编　蹇泽华　陈　强　赵亚龙
副主编　黄贵阳　郑华恒　涂小伟　张春映

西南大学出版社
SWUP
国家一级出版社　全国百佳图书出版单位

图书在版编目(CIP)数据

素养导向下小学数学结构化教学典型课例解读 / 蹇泽华, 陈强, 赵亚龙主编. -- 重庆 : 西南大学出版社, 2024.3

ISBN 978-7-5697-2209-3

Ⅰ. ①素… Ⅱ. ①蹇… ②陈… ③赵… Ⅲ. ①小学数学课—教案(教育) Ⅳ. ①G623.502

中国国家版本馆CIP数据核字(2024)第064827号

素养导向下小学数学结构化教学典型课例解读

SUYANG DAOXIANG XIA XIAOXUE SHUXUE JIEGOUHUA JIAOXUE DIANXING KELI JIEDU

主　编: 蹇泽华　陈　强　赵亚龙

副主编: 黄贵阳　郑华恒　涂小伟　张春映

责任编辑 | 胡君梅

责任校对 | 刘　玉

插　　图 | 陈　曦

装帧设计 | 艺　点

排　　版 | 贝　岚

出版发行 | 西南大学出版社(原西南师范大学出版社)

地　　址 | 重庆市北碚区天生路2号

邮　　编 | 400715

印　　刷 | 重庆市美尚印务股份有限公司

成品尺寸 | 185mm × 260 mm

印　　张 | 19.75

字　　数 | 326千字

版　　次 | 2024年3月第1版

印　　次 | 2024年3月第1次印刷

书　　号 | ISBN 978-7-5697-2209-3

定　　价 | 68.00元

编 委 会

前言

《义务教育课程方案(2022年版)》和《义务教育数学课程标准(2022年版)》在目标要求、内容组织、教学方式等方面都做了较大的调整,其中围绕素养目标达成,对内容结构化提出了明确的要求。

一是要依托内容结构化,探索大单元教学,加强知识间的内在联系,促进知识结构化。二是依据《义务教育数学课程标准(2022年版)》,对四个领域的主题进行结构化整合,为实施结构化教学提供支持。

可喜的是,2019年江津区与教育部课程教材所合作共建基础教育课程改革实验区,确定了以"大概念统领的活力课堂"来整体推进区域教学改革。为了落实这一要求,项目组申报并立项了重庆市教育科学规划课题"指向整体建构的小学数学单元主题教学策略研究"(课题批准号:2020-14-543)和重点课题"运用抛锚式教学策略助推小学数学单元教学的实践研究"(课题批准号:2020-14-086)、"核心素养导向下大单元整体教学区域推进策略研究"(课题批准号:K23ZG1140002),以课题为抓手来统领和改进区域学科课堂教学。其间,围绕课题研究举办了区级教学研讨成果展示20余次,承办了省(市)级教学研讨成果展示2次,跨省(市)"小学数学结构化教学研讨"成果展示1次,同时课题研究团队有20余次应邀到西南大学、重庆第二师范学院、泸州市教科所、广安市教科所,为四川、陕西、云南、新疆、甘肃、西藏等省(自治区、直辖市)骨干教师做结构化教学专题交流。经过几年的研究,作为课题研究成果,打磨出了一批优质、典型的能较好体现课标要求的结构化教学课例,从而为一线教师和教学研究人员落实新课标、新教材,实施结构化教学提供了可借鉴、可推广范式。

本书编写主要围绕四大领域七个主题展开,共42个课例,其中数与代数18个,图形与几何13个,统计与概率4个,综合与实践7个(含数学文化，因为数学文化都是跨学科主题学习，同时也是优秀传统文化融入课堂教学的有益探索），包含了大多数重要的学习内容，基本反映了各学习主题的核心内容和学科本质。虽然提供的案例并非完美无缺，但希望借助这些案例能直观地帮助教师理解结构化教学设计和实施的关键要素及一般原理。

本书以典型课例为载体，每一个案例包括“课标要求”“学习目标”“学习活动”“课后总评”四个部分。“课标要求”摘录与该内容相关的内容要求、学业要求和教学提示，以及教学实施中的相关内容。“学习目标”以素养为导向，围绕落实“四基”、发展“四能”、培养“三会”加以描述。“学习活动”关注学生学习历程，注重学科实践，基于真实情境，以问题驱动、活动推进、数字化技术辅助、点拨引导等方式展开。“课后总评”主要描述该课例的特色和亮点以及创新之处，帮助教师整体理解。

本书由蹇泽华、陈强、赵亚龙担任主编，编写人员涉及20余所学校的学科专家、优秀教师，他们为本书的编写提供了案例。第一章由蹇泽华执笔，第二至第五章由各学校相关教师执笔，各编委参与了组稿、审读、修改工作。全书最后由蹇泽华统稿。

课题研究得到了教育部西南基础教育课程研究中心、重庆市教科院、江津区教委、江津区教师发展中心及有关专家的关心和支持，西南大学出版社的领导和编辑为本书的出版付出了心血，在此一并对各位的关心和支持表示衷心的感谢！

编 者

2024年1月

目 录

第一章　结构化教学概述

一、为什么要强调内容结构化?

核心素养导向的数学学习,不单是为了让学生理解和掌握数学知识,更重要的是在数学抽象、数学推理、数学建模的过程中培养和发展学生在数学运算、数据分析、空间想象等方面的能力。这一目标的落地,必须通过整合数学知识之间的相互联系,实施结构化教学来实现。通过结构化教学,实现对散点化、碎片化教学的超越,指向整体建构,打开学生数学思维生长的新空间,还原知识的生长样态、思维的生长样态、学习的生长样态,引领数学学习向高位发展。

2022年4月教育部新颁布的《义务教育课程方案(2022年版)》和《义务教育数学课程标准(2022年版)》(以下简称《课标》)对内容结构化提出了明确的要求。

(一)课程方案明确了要求

《义务教育课程方案(2022年版)》明确指出:“探索大单元教学,积极开展主题化、项目式学习等综合性教学活动,加强知识之间的内在联系,促进知识结构化。”

依托内容结构化,深化教学改革。一是坚持素养导向,推动素养落地。注重内容与学生经验、社会生活的关联,注重学科内知识的联系。二是强化学科实践。注重“做中学”,引导学生参与学科探究活动,在经历发现和提出问题、分析和解决问题的过程中体会学科思想方法的普适性;感受数学与生活、数学与其他学科之间的联系。三是探索大单元教学,促进学生举一反三、融会贯通,加强知识间的内在联系,促进知识结构化。

(二)课程标准细化了要求

《课标》在课程理念中提出:“设计体现结构化特征的课程内容。”课程内容的组织，重点是对内容进行结构化整合，探索发展学生核心素养的路径。课程内容是实现素养目标的重要载体，内容结构化整合的目的在于探索发展核心素养的路径。为了实现以核心素养为导向的目标，需要有与之一致的课程内容，包括内容的选择、组织与呈现都要与之相对应。

《课标》对数学的四大领域进行了结构化整合，形成了7个主题。

领域	主题		
	第一学段(1~2年级)	第二学段(3~4年级)	第三学段(5~6年级)
数与代数	1.数与运算 2.数量关系	1.数与运算 2.数量关系	1.数与运算 2.数量关系
图形与几何	图形的认识与测量	1.图形的认识与测量 2.图形的位置与运动	1.图形的认识与测量 2.图形的位置与运动
统计与概率	数据分类	数据的收集、整理与表达	1.数据的收集、整理与表达 2.随机现象发生的可能性
综合与实践	重在解决实际问题，以跨学科主题为主，主要包括主题活动和项目式学习等，将知识内容融入主题活动中		

从上表可以看出："数与代数"领域，将原来的"数的认识"和"数的运算"两个主题整合为"数与运算"一个主题；将原来的"探索规律""式与方程""正比例""反比例"四个主题整合为"数量关系"一个主题。"图形与几何"领域，将原来的"图形的认识"和"图形的测量"两个主题整合为"图形的认识与测量"一个主题；将原来的"图形的位置"与"图形的运动"两个主题整合为"图形的位置与运动"主题。"统计与概率"领域，主题数量的变化不大，还是三个主题，但主题描述的方式有所变化，将原来的"分类"调整为"数据分类"，重点强调数据的处理，与后面数据的收集、整理、描述相一致，有助于学生数据意识的形成。"综合与实践"领域包括主题活动和项目式学习，以跨学科主题学习为主，重点强调综合性和实践性，提高解决实际问题的能力。主题的整合一定程度上避免了知识碎片化，体现了结构化的理念，有助于核心素养的落地。

（三）实践基础

国际上历来对内容结构化非常重视。国外一些教育发达国家非常重视课程内容整合和课程内容结构的呈现方式。很多国家在数与代数领域，采用"数与运算""数与计算""模式与关系""模式与代数"等主题表示方式。它们都强调整合，强调内在的联系。另外，早在20世纪90年代，北京的马芯兰老师团队、重庆的李光树老师团队等就开始研究小学数学结构化教学问题，特别是近些年各地数学团队围绕结构化教学展开的研究均取得了非常好的效果，为我们今天的课程改革积累了宝贵经验。

二、数学内容结构化主题有何特征？

数学内容是实现数学核心素养的载体，是通过主题重整实现数学内容结构化的。数学核心素养具有整体性、一致性和阶段性，与之对应的数学内容也有对应的特点：整体性、一致性和阶段性。

（一）内容主题的整体性

整体性就是将具有相同本质特征的内容整合放到一个主题里，相互支撑形成一个整体，共同实现素养落地、学科育人。

1.数与运算主题。

“数与运算”这个主题整合了数的认识与数的运算两个核心内容，体现了两者之间的内在联系，有助于学生整体理解数概念和数运算，有助于学生形成数感、符号意识、推理意识，提高运算能力。小学阶段主要研究数的运算，数运算的重点关注算理和算法，算法的依据是算理，而算理的理解终究要关联数的意义。因此，数概念是数运算的基础，同时通过数运算又能加深对数概念的理解。数从本质上来说是数出来的，它是对计数单位个数的表达；数运算就是在同样计数单位基础上的累加或拆分，如：23+45，23是由2个十和3个一组成的，45是由4个十和5个一组成的，2个十加4个十得6个十，3个一加5个一得8个一，一共是6个十和8个一，即68。其中十和一是计数单位，计数单位统领着数的认识和数的运算。

2.数量关系主题。

“数量关系”主题主要包含三个内容：一是用四则运算的意义解决实际问题；二是运用常见的数量关系解决问题；三是从数量关系角度理解用字母表示数和数量关系、性质和规律、比和比例。其重点在于用数和符号对现实情境中数量之间的关系和规律进行表达，突出用数学模型解决现实情境中的问题，提高发现问题、提出问题、分析问题、解决问题的能力，形成初步的模型意识和应用意识。

常见的数量关系在原有基础上增加了一个加法模型，包括“两个模型”“三个模式”，即加法模型：总量=分量+分量，乘法模型：总价=单价×数量，路程=速度×时间。乘法模型的两个模式从表面上看形式不同，其本质是相同的，都是相同加数自身连加。加法模型与乘法模型有其内在联系，当分量和分量相等时，加法便可以用乘法来表示，所以加法模型是乘法模型的基础，乘法模型是对加法模型的简便表达。

3.图形的认识与测量主题。

“图形的认识与测量”主题包括立体图形和平面图形的认识，周长、面积、体积的计算。图形认识的重点是对图形特征的探索和描述，感悟点、线、面、体之间的关系，逐步形成空间观念；图形的测量重点是确定图形的大小，感悟测量方法，初步形成量感和推理意识。

图形特征是图形测量的基础，图形测量的过程与结果都和图形的特征密切相关。如长方形周长的计算，由长+宽+长+宽，到长×2+宽×2，再到(长+宽)×2，这个探索、对比、优化的过程，其实是由长方形的特征对边相等决定的。又比如长方形面积的测量，用单位面积是“1”的小正方形去密铺，长方形面积数等于小正方形的个数，这与长方形四个角都是直角有关；反之通过测量过程又加深了对长方形特征的理解。

4.图形的位置与运动主题。

“图形的位置与运动”主题主要包括用数对描述位置，用方向和距离描述位置，图形的平移、旋转、轴对称。重点是结合具体情境探索用数对表示平面上点的位置，了解运动前后的位置关系，体会图形运动前后的变与不变，逐步形成空间观念，增强几何直观和应用意识。

图形位置与图形运动是有密切关系的两部分内容。图形运动必然引起位置变化，位置变化必然伴随图形运动。图形运动本质上是图形上点的运动，图形位置的变化必然引起图形上点的位置的变化（如图1所示）。将图形的运动与位置变化联系起来观察和思考，有利于整体理解和把握知识。

长方形向右平移7格，会在哪个位置？

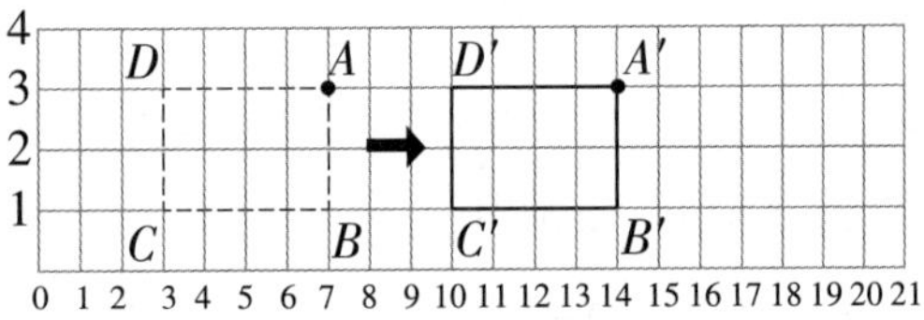

图1

5.统计与概率领域。

“统计与概率”领域包括“数据分类”“数据的收集、整理与表达”和“随机现象发生的可能性”三个主题。“数据的收集、整理与表达”是数据处理的主要方式，“数据分类”是数据处理的基础，“随机现象发生的可能性”的探究基于数据的处理。将《课标》中的“分类”调整为“数据分类”，主要体现与“数据的收集、整理与表达”以及“随机现象发生的可能性”一致，三者构成一个整体，都是以数据为研究对象，以数据的处理为重点，养成靠数据说话的习惯，最终指向数据意识的形成。

（二）内容本质的一致性

内容主题重组以主题下的核心概念为统领，将主题内的不同内容产生关联，形成一个知识整体，不仅体现了内容的整体性，反映了内容本质的一致性，而且指向的数学核心素养具有一致性。

1.数的认识的一致性。

整数、小数、分数都是对数量的抽象，都需要研究它们的意义、读写、大小、组成、运算、应用等，都需要提供熟悉的情境，借助几何直观、数形结合的方式帮助学生认识数。其中，计数单位是核心概念，它统领着数的认识。例如：

整数：知道25是2个十和5个一，其中十和一是计数单位；

分数：知道$\frac{2}{3}$是2个$\frac{1}{3}$，其中$\frac{1}{3}$是计数单位；

小数：知道0.2是2个0.1，其中0.1（$\frac{1}{10}$）是计数单位。

从上面的分析可以看出，虽然整数、小数、分数的数域不同，但它们也有一致的地方，都是计数单位个数的表达，都指向数感、符号意识等数学核心素养的培养。

2.数运算的一致性。

无论是整数、小数、分数，还是加法、减法、乘法、除法，运算的重点在于理解算理、掌握算法，与算理直接相关的“计数单位”这一核心概念贯穿数运算的始终，指向的都是运算能力和推理意识等核心素养的培养。

（1）加减运算一致性：都是在相同的计数单位基础上进行累加或拆分。

比如：$23+14=(20+10)+(3+4)=37$，23是由2个十和3个一组成，14是由

1个十和4个一组成，2个十加1个十得3个十，3个一加4个一得7个一，3个十与7个一合起来得37。

$\frac{1}{2}+\frac{1}{3}=\frac{3}{6}+\frac{2}{6}=\frac{5}{6}$，因为计数单位不同，要先通分，$\frac{1}{2}=\frac{3}{6}$，$\frac{1}{3}=\frac{2}{6}$，3个$\frac{1}{6}$加2个$\frac{1}{6}$得5个$\frac{1}{6}$，即$\frac{5}{6}$。

6.5−3.4=(6−3)+(0.5−0.4)=3.1，6.5是由6个一和5个0.1组成，3.4是由3个一和4个0.1组成，6个一减3个一得3个一，5个0.1减4个0.1得1个0.1，3个一与1个0.1合起来得3.1。

“计数单位”统领数的运算，加减法都要转化为基于相同计数单位20以内数的加减法来运算。

(2)乘除法运算一致性：个数与个数运算，计数单位与计数单位运算。

整数：$20\times30=(2\times3)\times(10\times10)=6\times100=600$；

分数：$\frac{2}{3}\times\frac{2}{5}=(2\times2)\times(\frac{1}{3}\times\frac{1}{5})=4\times\frac{1}{15}=\frac{4}{15}$；

小数：$0.2\times0.3=(2\times3)\times(0.1\times0.1)=6\times0.01=0.06$。

数的运算中，算理和算法的理解最终都借助数的意义，特别是计数单位统领着数的认识和数的运算，因此数的认识与运算同样具有一致性。

上面仅是对“数与运算”主题学科本质一致性的简要分析，关于“数量关系”“图形的认识与测量”“图形的位置与运动”“数据的收集、整理与表达”等主题学科本质一致性的理解，以及相关核心概念的提炼，还需要在教学实践中不断探索。

（三）学生学习的阶段性

知识的发展是有逻辑顺序的，儿童的认知发展也是有规律的。根据数学知识的逻辑顺序和儿童认知发展规律，小学数学课程内容各学习主题以螺旋式上升的方式被安排在三个学段。不同学段提出了相应的水平要求，表现了学生学习的阶段性特征。这体现在各主题不同学段的“内容要求”“学业要求”和“学段目标”之中。

如“统计与概率”领域的各主题内容被分散安排在三个学段，每个学段的学业要求不同，如下所示，从中可发现它们的阶段性特征。

第一学段(1~2年级)

数据分类

能依据事物特征,按照一定的标准进行分类;能发现事物的特征并制订分类标准,依据标准对事物分类;能用语言简单描述分类的过程;感知事物的共性和差异,形成初步的数据意识。

第二学段(3~4年级)

数据的收集、整理与表达

能收集、整理具体实例中的数据,并用合适的方式描述数据,分析与表达数据中蕴含的信息。能用条形统计图合理表示数据,说明数据的现实意义。

知道用平均数可以刻画一组数据的集中趋势,知道平均数的统计意义;知道平均数是介于最大数与最小数之间的数,能描述平均数的含义;能用平均数解决有关的简单实际问题,形成初步的数据意识和应用意识。

第三学段(5~6年级)

1.数据的收集、整理与表达

能根据问题的需要,从报纸、杂志、电视、互联网等媒体上获取数据,或者通过其他合适的方式获取数据;能把数据整理成条形统计图、折线统计图,知道条形统计图、折线统计图和扇形统计图的功能,会解释统计图表达的意义,能根据结果作出简单的判断和预测。能在真实情境中理解百分数的统计意义,解决与百分数有关的简单问题。能在认识及应用统计图表和百分数的过程中,形成数据意识,发展应用意识。

2.随机现象发生的可能性

能列举生活中的随机现象,列出简单随机现象中所有可能发生的结果,判断简单随机现象发生可能性的大小。对于现实生活中的一些简单问题,能根据数据提供的信息,判断随机现象发生的可能性。

从上面的对比可以看出，第一学段、第二学段、第三学段各主题的学业要求由低到高，呈递进关系，具有阶段性特征。

核心素养的培养也体现了阶段性特征。第一学段主要讲数据分类，能依据事物特征，按照一定的标准进行分类；感知事物的共性和差异，形成初步的数据意识。第二学段在分类的基础上，能选用合适的方式描述数据，分析与表达数据中蕴含的信息；知道平均数的统计意义，能用平均数解决有关的简单实际问题，形成初步的数据意识和应用意识。第三学段能根据问题的需要获取数据，会用条形、折线、扇形统计图呈现相关数据，能根据结果作出简单的判断和预测；能在真实情境中理解百分数的统计意义，能在认识及应用统计图表和百分数的过程中，形成数据意识，发展应用意识。

三、如何实施结构化教学？

《课标》强调，课程内容的组织“重点是对内容进行结构化整合，探索发展学生核心素养的路径”。这是本次课程改革的重要理念。课程内容组织既要遵循学科逻辑，又要遵循学生的发展逻辑，同时关注现实问题的解决。这样的结构化设计有助于学生理解知识，促进学生的发展。

结构化教学，简单讲就是将学科知识结构转化为学生的认知结构的过程，指向思维结构的丰富和完善，促进素养落地。它以大概念为统领，以整体建构为抓手，致力于知识的联结，以素养培养为目标。

结构化教学有助于学科核心素养的培养。学科核心素养指学生学了本学科之后逐步形成的关键能力、必备品格与价值观念。它意味着教学目标的升级，而逐个知识点的“了解”“识记”“理解”等目标已经不能适应时代的要求。课程内容的结构化，目的在于体现学习内容之间的关联，使学生更好地理解一个学科的基本原理，进而促进其对学习内容的掌握和能力的发展。将学科内容恰当地组织起来，进而形成适应学生理解和迁移的知识结构，避免学生简单孤立地学习知识与方法，使其在学习过程中建立起合理的结构体系。新的教学目标重视知识点之间的联结，关注学生运用知识思考和解决问题，强调知识从理解到迁移、运用。因此，学科核心素养的出台倒逼教学变革，教学要从关注知识点或课时教学转变为关注单元整体教学，实现整体建构，落实学科育人的根本任务。

（一）结构化教学的理论基础

1.学科结构论。

布鲁纳指出："不论我们选教什么学科，都务必使学生理解该学科的基本结构""教学与其说是单纯地掌握事实和技巧，不如说是教授和学习结构""学习结构就是学习事物是怎样相互联系的"。之所以强调学习学科结构，一是有利于对学科知识内容的理解；二是可以更好地记忆学科知识；三是有利于知识、技能、经验的迁移；四是能够缩小高级知识和初级知识之间的差距。

2.建构主义学习理论。

建构主义认为，知识学习不是由教师向学生的传递过程，而是学习者主动地建构自己的知识经验的过程，即通过新经验与原有知识经验的相互作用来充实、丰富和改造自己的知识经验，使新的数学材料在学生头脑中获得特定的意义。这种建构不可能由他人代替。强调教师是意义建构的帮助者、促进者，而不是知识的提供者；学生是加工学习信息的主体，是意义建构的主动者，而不是知识的被动接收者和被灌输者。

3.认知发展理论。

皮亚杰认知发展理论认为，数学知识结构和数学认知结构之间具有协调对应的关系，数学学习过程是将数学知识结构向数学认知结构转化的过程，是一个同化、顺应和平衡的过程。学习新的数学知识时，学生的数学认知结构就会发生不平衡，则需要借助同化和顺应将新知纳入到原有的认知结构中，而且此时的数学认知结构已经与先前的内容相比较发生了质和量的变化，建立新的认知结构来为学习新的数学知识做准备。

4.格式塔心理学理论。

格式塔心理学认为，整体大于各部分之和；还认为，人有一种完形倾向，即追求一种整体、结构、系统的倾向。

（二）结构化教学实施的基本原则

1.高位引领原则。

"单元教学"不同于"课时教学"，首先体现在"单元教学"常常用"高位引领"，用上位知识来概括、解释。所谓"上位知识"，就是"位居学科知识金字塔顶端的知识"。它抽象性高，解释力强。比如"确定位置"分别安排在四年级

“用数对确定位置”和六年级“用方向和距离确定位置”。基于单元整体视角，用“高位引领”就能发现：“用数对确定位置”对应初中数学知识的“直角坐标系”，“用方向和距离确定位置”对应高中数学知识的“极坐标系”。有了这样的上位认知，就能通过相互映照实施“单元教学”。

2.思想统整原则。

“单元教学”往往有一条显性或隐性的教学脉络或线索贯穿其中，通常情况下，这个脉络或线索就是数学思想。数学思想是数学知识的“魂”和“根”，更是建构数学知识的“支点”。“思想统整”是“单元教学”最重要的特质之一，只要抓住数学思想方法，具有单元性质的数学知识就会被“提领而顿，百毛皆顺”。比如，教学“三位数乘两位数”，如果仅立足课时的“点”状视角，满足于用竖式计算，就事论事地进行浅表分析，学生很难发现其中蕴含的普遍化数学思想。而如果立足单元整体视角，将“两位数乘两位数”纳入其中，学生就会发现“先分后合”运算原理是贯穿其中的主要数学思想方法。有了这样的思想方法的引领，学生就能自主尝试计算三位数乘两位数，乃至计算多位数乘多位数。

3.结构关联原则。

“单元教学”还是一种“结构化”教学。这种结构，既包括“类结构”（同类知识结构），也包括“准结构”（不同类知识结构）。“单元主题教学”需要整体设计，引导学生在关联中把握知识显性、独特的“形”（形式），领悟知识隐性、共通的“神”（本质），从而编织具有生命力的知识网络结构。如，“整数加减法”“小数加减法”和“分数加减法”被隐性、共通的算理“只有计数单位相同，才能直接相加或相减”串起来，成为一个结构性的单元。

（三）结构化教学实施的基本路径

内容结构化促进课堂教学改进的持续研究，从关键内容入手的单元整体教学设计是实现核心素养导向目标的重要路径。《课标》结构化的内容设计在各领域下以主题的形式呈现，具体内容要求呈现学科知识与核心素养两条线索。主题的整合更加凸显学科内容的本质特征，以及相关内容之间的联系。“单元整体教学设计”不仅要关注知识结构，更要关注学生的思维结构、心理结构。从整合类化设计到整体内化感悟，“单元整体教学”有着独特的实施路径。

1.单元分析:单元教学的逻辑起点。

实施“单元教学”首先要进行单元分析,这是“单元教学”的逻辑起点。单元分析就是以单元为主题进行的一种结构化、系统化的设计,应当凸显递进性、关联性和整体性。具体地,单元分析包括单元教学任务分析、单元教学目标分析、单元教学重点分析、单元重点活动分析、单元作业导引分析等。比如,教学“用数对确定位置”单元之前,教师应该深入研读教材,不仅要“瞻前”,而且要“顾后”。在低年段,学生已经学会在数轴上表示一个点的位置,这是在一维直线上“用数确定位置”。从一维直线过渡到二维平面,学生学习“用数对确定位置”就是用两条直线的交点来确定位置。教学完“用数对确定位置”之后,教师还要引导学生猜想:在空间中怎样确定一个点的位置?从而,将学生的思维由二维平面导向三维空间。这样贯通前后的单元分析,使数学教学更加立体、丰满。

2.学情分析:单元教学的现实起点。

实施“单元教学”必须展开学情分析,这是“单元教学”的现实起点。具体学情包括学生数学学习的“潜在状态”“前在状态”和“可能发展状态”。分析具体学情首先要把握学生的学习起点,其次要把握学生的学习状态,再次要跟进评估学生的学习结果。根据学生的学习起点、学习状态和学习结果,设计“单元教学”组织序列,对“单元教学”不同方面的立意有所侧重。

3.教学分析:单元教学的可能起点。

教学分析是建立在单元分析和学情分析的基础上的。一般而言,“单元教学”是一种“类化教学”。从对象上看,主要包括内容类化、目标类化、方法类化、过程类化等教学。对于选用怎样的“类化教学”对象,教师要有清晰的预期。从这个意义上说,教学分析是“单元教学”的可能起点。内容类化,比如,将“分数四则混合运算”内容前置,和“分数乘法”“分数除法”单元整合起来,形成“分数运算”的“大单元”。

4.教学设计:单元教学的前提。

单元教学设计是教学专业性的重要体现,它是基于素养目标和学生立场、对学生围绕某一单元开展的完整学习过程所做的专业设计。从期望学生“学会什么”出发,逆向设计“学生何以学会”的过程,为学科核心素养的落地指明清晰的路径。具体讲制订紧扣内容的素养目标，围绕目标展开学习材料选择、核心问题设计、学习进阶活动安排、关键环节的点拨引导、学习结论的归纳小结、解释运用作业的设计等。

5.教学实施：单元教学的关键。

以发展学生核心素养为导向，在探索新知过程中落实“四基”——基本知识、基本技能、基本活动经验、基本数学思想；在运用知识过程中培养“四能”——发现问题、提出问题、分析问题、解决问题的能力；在学习和运用知识的过程中内化“六大核心素养”；体现“三会”——用数学的眼光观察现实世界，用数学的思维思考现实世界，用数学的语言表达现实世界。

6.教学评价：单元教学的保证。

以持续激励为特征，以表现性评价为手段，充分发挥评价导向功能，促进学生核心素养的发展。指向认知难点，关注本质辨析（典型选取变式呈现；针对疑难比较辨析）；指向问题视点，关注过程体验（指向知识形成过程、指向学生思维过程）；指向思维支点，关注能力发展（数学运算能力、空间想象能力、数据分析能力、推理表达能力）等视角尝试创新、寻求突破。

（四）结构化教学实施策略

1.制订指向核心素养的教学目标。

教学目标是教学的预期，也是教学指向，它为教学提供方向。通过义务教育阶段的数学学习，学生获得“四基”，即基础知识、基本技能、基本思想、基本活动经验；发展“四能”，即在探索真实情境所蕴含的关系中发现问题和提出问题，运用数学和其他学科知识与方法分析问题和解决问题的能力。最终学生逐步会用数学的眼光观察现实世界，会用数学的思维思考现实世界，会用数学的语言表达现实世界（简称“三会”），“三会”通过11个核心词（数感、量感、符号意识、运算能力、几何直观、空间观念、推理意识、数据意识、模型意识、应用意识、创新意识）来体现。

教学目标的确定要充分考虑核心素养在数学教学中的达成。每一个特定的学习内容都具有培养相关核心素养的作用，在制订教学目标时要将核心素养的培养体现在教学要求中。下面以长方体、正方体体积为例进行说明。

（1）在问题情境中，让学生自主探索长方体和正方体的体积公式，掌握并理解长(正)方体的体积计算方法,能运用公式解决一些简单的实际问题。

(2)通过操作记录、观察分析、猜想验证、归纳小结等数学活动,经历长(正)方体体积公式的探索过程,感悟度量本质,积累数学活动经验,发展量感、空间观念、运算能力、推理意识和模型意识等核心素养。

(3)在探究过程中,激发学生的学习兴趣,感受数学知识之间的联系,形成质疑问难、勇于探索的精神。

围绕素养达成,既有指向学习结果(知识技能)的近期目标,又有指向学习过程(过程方法)的中期目标,还有指向核心素养、情感态度的长期目标。

2.注重学科大概念的统领作用

学科大概念是指学科体系中居于核心地位的概念、观念、原理和方法。它处于学科核心地位,能统摄和整合零散的学科知识,能将学科关键内容和学科思想方法有机融合。这里的“大”指的是“核心”,指的是“高位”或“上位”。大概念的三种表现形式是概念、观念和论题,而且以概念和观念形式为主要形式。它统整作用大,迁移能力强,适用范围广。

下面以长方体和正方体的体积为例进行说明。

长方体和正方体的体积知识内容涉及的大概念有:

- 测量就是看测量对象里包含了多少个测量单位。
- 长方体的体积就是看长方体(正方体)里有多少个体积单位。
- 长方体的长、宽、高决定长方体的大小。
- 长方体、正方体体积都可以用底面积乘高得到。

教学片段:

(一)观察分析,引发思考

1.基于单位,巧数体积

(1)出示1 cm^3:它的体积是多少?

(2)出示3 cm^3:估一估,它的体积是多少? 为什么?

(3)依次出示4 cm^3——8 cm^3——16 cm^3 。

2.观察思考,寻找关联

问:为什么这些长方体的体积大小不相同呢?

小结:体积单位的数量不同,所占空间也不一样;这些长方体的体积不一样是因为它们的长、宽、高不一样。

聚焦长、宽、高:长方体的体积与它的长、宽、高有关系吗?(动态演示)

结论:长方体的体积大小与它的长、宽、高确实有关。

(二)合情推理,提出猜想

1.这个关系到底是什么?我们进一步借助表格来研究。

2.发现:长方体的体积=长×宽×高。

3.追问:是不是所有的长方体都是这样的呢?

(三)动手操作,验证猜想

怎样验证?——用其他长方体进行验证。

(四)归纳总结,得出结论

1.得出结论:长方体的体积=长×宽×高。

2方法梳理:再回想一下,这个知识我们是怎样得到的?

观察分析——提出猜想——动手验证——得出结论。

(五)运用公式,理解算理

(出示:5×4×3的长方体)这个长方体体积是多少?

思考:我们知道了怎么算,这样算背后的道理是什么?

1.演示交流:长为5说明一排可以摆5个,宽为4说明可以摆4排,5×4算出什么?一层可以摆20个。高为3说明可以摆3层。一共可以摆60个,也就是60立方分米。

2.能在头脑里摆一遍吗?

(六)方法迁移,类推公式

1.(出示:3×3×3的正方体)它的体积怎么算?

2.追问:为什么这么算?

3.小结:正方体体积=棱长×棱长×棱长。

(七)合并公式,沟通联系

1.长方体、正方体的体积计算还有没有别的方法?

(1)(动态呈现:高逐渐降低直到为0)两个图形都变成了什么?(底面)它们的底面积怎么算?

(2)(动态呈现:高逐渐升高)现在,有什么发现?(面变成体)

(3)它们的体积可以怎么算?长(正)方体的体积=底面积×高。

2.通过前面的学习,我们知道长方体的体积可以通过底面积乘高得到,也可以通过底层个数乘层数得到。看一看,它们有什么相同的地方。

追问:底面积数是20,底层个数也是20,为什么会相等呢?

小结：一个正方形上摆一个正方体，两个正方形上摆两个正方体。一一对应，有多少个正方形，一层就可以摆多少个正方体。底面积数和底层小正方体个数相等，再乘高就能算出体积。

……

在大概念的统领下设计的教学，不只教专家结论，更重视教专家思维，引导学生站在专家的角度思考为什么会有这样的结论。如果只是教了结论，那么从学校教育通往现实世界、从现在通往未来的这座桥梁是断裂的，结论基本只能在学校内部流转。而如果建构了专家思维，那么就在学校教育和现实世界、现在和未来之间搭建了一座牢固的桥梁，专家思维是可以从学校教育迁移到现实世界的。

本课例的教学在观察比较长方体礼盒、正方体礼盒谁的体积大和根据体积数猜长方体的样子等活动中培养了学生的空间观念和几何直观的能力；在操作记录、观察分析、猜想验证、归纳小结等数学活动中经历长（正）方体体积公式的探索过程，培养了推理意识和模型意识；在直接度量、公式度量、灵活度量中培养了量感。好的教学一定会有效地达成教学目标。反思本节课的教学，学生不但掌握了长（正）方体的体积计算方法，更是在关联中理解了为什么会这样算，在环环相扣的活动中让数学核心素养落地生根。

3. 经历学习过程，凸显内容本质。

《课标》要求我们要重视数学结果的形成过程，处理好过程与结果的关系。本节课的教学，让学生在数体积的活动中经历直接度量的过程；在对比观察中直观感知长方体的体积与长、宽、高有关系；在对数据的分析整理中提出猜想：在计算多个仰卧起坐垫子的体积时，不用重新量垫子的长、宽、高，而是以一个垫子的体积作为标准进行计算，积累灵活度量的经验。通过对比长度、面积，体积等于长乘宽乘高；在举例验证、合作交流中得出结论，经历公式探索的过程。积累灵活的测量方法，让学生发现虽然度量的对象和属性各不相同，但本质上都是看度量对象里包含了多少个度量单位，理解度量本质的一致性。

4. 凸显知识关联，实现整体建构。

学科结构论告诉我们：不论我们选教什么学科，务必使学生理解该学科的基本结构,学习对学生来说就是掌握某具体学科的基本概念和基本原理、基本规律及联系。数学学习就是要善于从千变万化的知识中去寻找关联,帮助学生建立整体认知结构。本节课注重沟通体积数与体积单位个数的联系,注重沟通长方体体积数与长、宽、高的联系,注重沟通长方体底面积数与底层小正方形个数的联系,注重沟通算理和算法的联系,注重沟通长方体、正方体体积计算方法的联系,注重沟通长度、面积、体积测量本质的联系。在关联中整体建构,把握数学本质,把体积的度量知识纳入到原有的度量的认知结构中,让知识更有条理,形成知识网络,实现结构化学习。

(五)结构化教学的着力点

1.聚焦目标结构,彰显单元教学的育人价值。

结构化学习追求目标的聚焦,无论是一节课还是单元整体教学,都应该围绕素养目标展开,素养目标具有延续性和统领性。

图2　多边形面积

如图2所示,多边形面积单元,包含平行四边形的面积、三角形的面积、梯形的面积、不规则图形和组合图形面积、问题解决等,无论是整个单元还是单元内的每课时,一以贯之的目标是:“凸显度量本质、经历推导过程,感悟转化思想、积累度量经验、发展量感、空间观念和推理意识。”

2.聚焦知识结构,架构单元教学的知识体系。

结构化教学致力于寻找知识之间的连接点,让学生整体感悟学习内容、学习进程,帮助学生建构整体的思维体系和认知结构,如:小数的意义单元。

小数的读写:理解小数的组成(几个几,计数单位与计数单位的个数)。

小数点移动引起小数大小的变化:计数单位变了,但计数单位的个数不变。

小数的性质和大小比较:在小数的末尾添上“0”或去掉“0”,小数的大小不变(计数单位和计数单位的个数同时变化);大小比较比的是相同计数单位的个数多与少。

小数与单位换算:计量单位变了,计量单位的个数随之变化。

……

以计数单位为核心概念,统领小数的读写、性质、大小比较、单位换算等。

3.聚焦方法结构,促进单元教学的策略迁移。

小学数学结构化教学是以整体建构为抓手,帮助学生建立清晰的知识结构,以及获得知识的方法结构。比如,“多边形的面积”。

共通之处:转化——借助已知研究未知。方法结构一旦形成,就会有很强的迁移能力和运用能力,为未来探究未知的世界积累丰富的数学活动经验。

4.聚焦问题结构,促进学生整体理解。

问题为学生的学习提供思考的载体和方向,教学时设计有逻辑关联、呈递进关系的问题串促进学生的学习和思考,如:小数除法。

材料:97元餐费、AA制,4人均摊,每人多少元?

算式:97÷4=?

学生自主探索后追问:

(1)刚才写除法算式的过程中有什么困惑?遇到了什么困难?

(2)余下的1元怎么分呢?能想想办法?

(3)到底怎样用一个算式来表示分的过程呢?

(4)小数点非要写上吗?不写行吗?

(5)你能用讲故事的方式解释一下竖式51÷2的意思吗?

(6)不分东西,能讲其他故事吗?

……

第二章　数与代数

借助有理解无

——"0的认识"实录与评析

设计与执教：周　亚　设计与评析：蹇泽华

【课标要求】

《课标》要求学生应初步体会数是对数量的抽象，感悟数的概念本质上的一致性。教学中应提供学生熟悉的情境，让学生经历从实物感知到抽象理解再到符号表达的过程，形成初步的符号意识、数感、运算能力和推理意识。因此本课例在设计和实践中注重创设从"有"到"无"的情境，感悟0的基数意义和序数意义；借助直尺的长短，枚举生活中数量的多少并进行比较，理解数的大小关系等。

【学习目标】

1.结合具体情境，理解0的两种含义：表示没有和起点。会认、读并规范整洁地书写0。

2. 通过观察与实践活动，体会从"有"到"无"的变化过程，形成初步的符号意识、模型意识、应用意识，发展数感。

3. 通过数学文化的渗透，感悟数学与现实生活的紧密联系，体会0的价值，感受到祖国的强大，从而激发爱国主义情感。

【学习活动】

活动一：复习数数，强化"有"

师：孩子们，前面我们认识了数字宝宝1，2，3，4，5，那你能用这些数字宝宝表示它们的数量吗？

(　　)个桃

(　　)只鸟

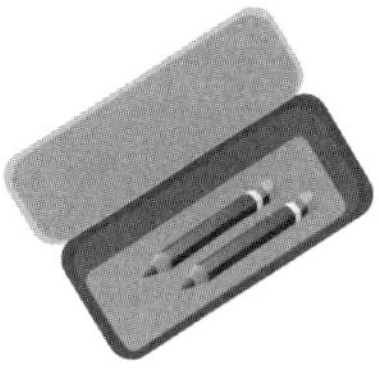

(　　)支笔

图1

生:图中有5个桃子、3只鸟、2支笔。

> **设计意图:**通过用学过的数表示物体的数量,激活学生一一对应的数数经验,建立“有”的表象,沟通数学与生活的联系,激发学生的学习兴趣。

活动二:借助“有”理解“无”,认识0的基数意义

1.情境一:小猴吃桃。

播放小猴吃桃的动画,师问:谁来说一说刚才发生了什么事儿?

生:盘子里原来有5个桃,小猴先吃了2个,还剩3个,后来它又吃了2个,还剩1个,最后它把剩下的1个也吃了,盘子里1个桃子也没有了。

师:观察得真仔细。起初,盘子里有几个桃子?小猴忍不住吃了2个,盘子里还有几个桃子?小猴又吃了2个,现在呢?最后,小猴把剩下的1个也吃掉了,现在盘子里还有没有桃子?

生:一个桃子也没有了。

师:一个桃子也没有,我们用哪个数表示呢?

生:用0表示。

师:是的,一个桃子也没有,用0表示。

2.情境二:小鸟飞走。

师:我们再往下看,树上有几只小鸟?飞走了1只小鸟,现在树上还有几只?剩下的2只小鸟也飞走了,树上还有没有小鸟?

生:一只小鸟也没有了。

师:一只小鸟也没有了,用什么数表示呢?

生:一只小鸟也没有,用0表示。

3. 情景三：拿铅笔。

师：我们再来看，笔盒里有几支笔？拿走了2支，现在笔盒里还有没有笔？

生：一支笔也没有，用0表示。

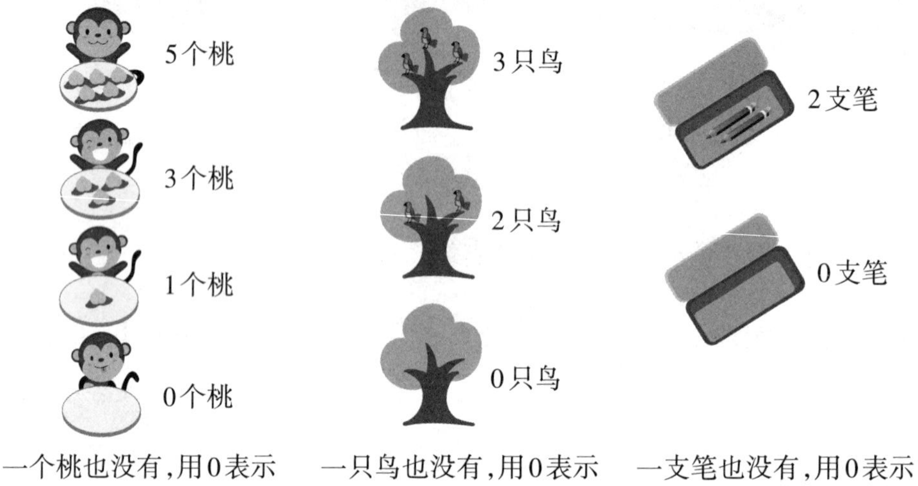

图2

4. 抽象建模。

师：一个桃也没有用0表示，一只鸟也没有用0表示，一支笔也没有用0表示。想一想，0到底表示什么呢？

通过列举生活中的例子，抽象、概括出0的基数意义：一个物体也没有，用0表示。

> **设计意图：**通过创设生活中的动态情景，让学生经历观察、数数、交流、枚举、类推等活动，借助"有"抽象概括出0的基数意义——一个物体也没有，培养学生的符号意识、应用意识。

活动三：借助"有"理解"无"，认识0的序数意义

1. 0的基数意义：表示一格也没有。

出示彩条动态图：

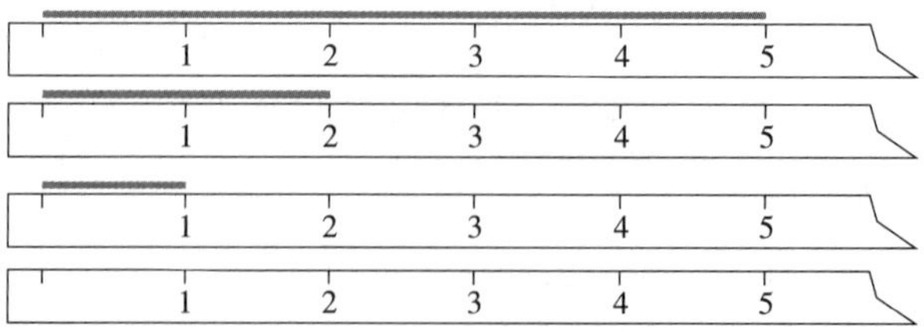

图3

师:数一数蓝色彩条有几格。现在,彩条有几格?现在呢?

师:再仔细看,彩条在发生什么变化?

生:彩条在慢慢变短,直到没有。

师:是的,彩条一格也没有了,用哪个数表示呢?

生:用0表示。

2.0的序数意义:表示起点。

师:想一想,这里的0除了表示彩条一格也没有,还可以表示什么呢?

生:表示开始的地方。

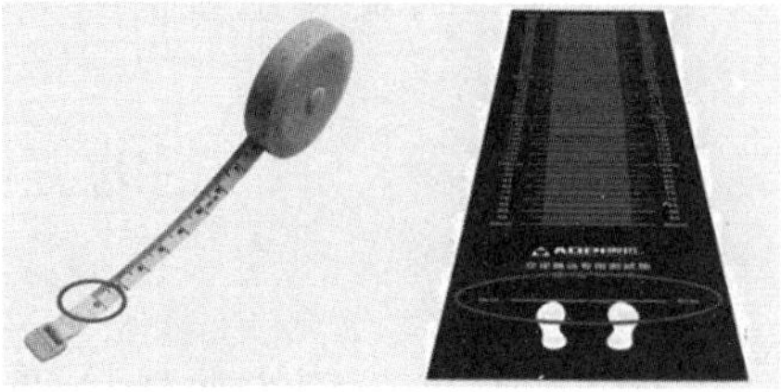

图4

师:是的,这里的0还可以表示直尺开始的地方,也就是直尺的起点。生活中还有用0表示起点的例子吗?

通过枚举,让学生进一步强化0表示起点的意义。

设计意图: 通过观察、数数、讨论、交流、枚举等活动,借助彩条从"有"到"无"的变化过程,强化0的基数意义。同时,让学生感知彩条的格数是从0开始数起的,引导学生理解0的序数意义——表示起点。

活动四:运用数形结合,感悟数的大小

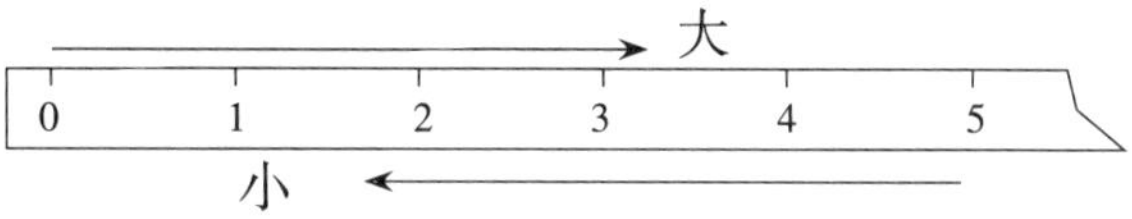

图5

师:0这个数与1比较,谁大?为什么?你能借助生活经验来解释吗?

生1:我认为1比0大,因为直尺上1可以表示1格,0表示一格也没有,所以1比0大。

生2:我也认为1比0大,因为1可以表示1个苹果,0表示一个苹果也没有,所以1比0大。

师:那如果0与它后面的2,3,4,5比较呢?

生:0比它后面的数都要小,因为0是直尺的起点,表示一格也没有。

师:借助直尺观察,直尺上越往后面的数越怎么样?越往前面的数呢?

生：直尺上越往后面的数越大，越往前面的数越小。

> **设计意图**：借助生活经验、直尺图等，巧用数形结合，让学生感悟：越往后面的数越大，越往前面的数越小。深化学生对0的基数意义和序数意义的理解，发展学生的数感，落实核心素养。

活动五：巩固练习，形成技能

1. 数一数。

师：水中小金鱼的数量分别是多少条呢？

(　　)条　　　　(　　)条　　　　(　　)条

图6

生1：第一个鱼缸里有5条鱼。

生2：我一眼看出第二个鱼缸里有2条鱼。

生3：第三个鱼缸里一条鱼也没有，用0表示。

2. 认识0的其他含义。

(1)列举生活中见到的0。

师：0在生活中随处可见，你在哪些地方见到过0？

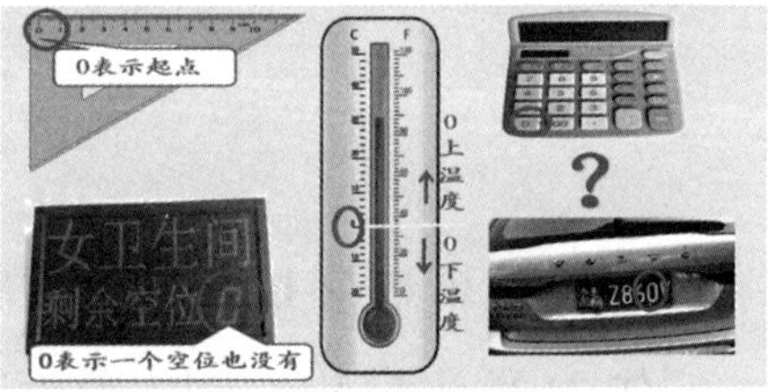

图7

生1：我在计算器上见过0。

生2：我在温度计上见过0。

生3：我在三角板上见过0。

生4：我在汽车牌号中见过0。

生5：我在公共厕所入口的显示牌上见到过0。

师：想一想，哪个0表示的是没有呢？

生：公共厕所入口的显示牌上剩余空位是0，表示这个厕所已经满了，一个空位也没有了。

师:哪个0表示起点呢?

生:三角板上的0表示起点。

师:那其余的0表示什么意思呢?

(2)借助温度计,认识0表示分界线。

师:温度计上也有0。想一想:这个0表示起点吗?

生:我认为不是。

师:那这个0表示没有温度吗?

生:也不是。

师:是的,0摄氏度并不是没有温度,0摄氏度的时候水就开始结冰了,0在温度计上表示零上温度和零下温度的分界线。

师:通过学习,我们知道0既可以表示一个物体也没有,也可以表示起点,有时起到了分界线的作用。生活中还有一些0,它们表示什么意思呢?在今后的学习中,我们会继续研究它们的作用。

设计意图:通过数一数,强化对0的基数意义的认识与理解。通过列举生活中的0,进一步认识0的基数意义、序数意义及其他意义,丰富学生的认知,沟通知识与生活的联系,让学生感悟生活中处处有数学,培养学生的应用意识。

活动六:文化渗透,感悟价值

师:0虽然表示一个物体也没有,看起来没多大价值,但有时候却令人欣喜,令人雀跃,我们来看。

播放视频《十八洞村精准扶贫前后对比》。

师:孩子们,你喜欢视频中的0吗?

生1:我喜欢视频中的0,因为贫困人口、贫困县都在逐步清零,说明我们国家越来越强大。

生2:十八洞村的变化可大啊!变得越来越美丽了,人们也越来越富有了,我们的祖国真伟大!

设计意图:利用微课,让学生了解十八洞村"精准扶贫"的巨大变化,了解我国脱贫攻坚战的伟大成果,感悟0的价值,感受祖国的变化与强大,激发学生的民族自豪感,实现学科与思政教育的融合。

【课后总评】

本节课是在学生认识了1~5的基础上学习的，学生对0表示一个物体也没有，有一定的直观感受，但对0的其他意义感悟不多。低年级的学生对生活中动态、有趣的事物特别感兴趣，因此，本节课的教学通过创设有趣的生活情境，让学生经历从“有”到“无”的过程，理解0的本质含义，体会到数学就在身边，从而对数学产生亲切感。

1.在熟悉的情境中学习。

低年级的学生极具想象力，好奇心总是激发着他们不断地求知。因此，在设计教学过程时，我把教学内容用猴子吃桃的故事来跟大家分享。通过猴子吃桃，让学生观察桃的数量发生了什么样的变化，让学生经历从“有”到“无”的过程，认识“0”的基数意义。然后通过小鸟飞走、拿铅笔的动画情景，强化学生对0的基数意义的理解，这样的动画情景使小朋友们兴趣盎然，积极地参与到课堂教学中。

2.注重概念建构，发展数感和模型意识。

数学离不开生活。在认识“0”之后，让学生枚举生活中关于0表示一个物体也没有、0表示起点的例子，通过类推，抽象概括出0的基数意义和序数意义，帮助学生建立0的数学模型。在巩固应用时，通过找一找生活中哪些地方见到0，进一步认识0的基数意义、序数意义及其他意义，丰富学生的认知，沟通知识与生活的联系，让学生感受到数学就在我们的身边，培养学生的应用意识。

3.注重学科育人，激发爱国热情。

小学数学课程思政就是把准小学生涵育品行的“拔节孕穗期”，在学科教学中提升数学审美能力，崇尚理性精神，养正家国情怀。本节课通过创设十八洞村精准扶贫的思政情境，利用数据让学生直观地感悟全国贫困人口逐步清零，全国832个贫困县全部清零，引导学生形成爱党、爱国、爱社会主义、爱人民、爱集体的情感，增强学生做社会主义建设者和接班人的责任感。

数位与数的表示

——“11~20各数认识”实录与评析

设计与执教:陈建芳　设计与评析:吴　鉴　曹辉田

【课标要求】

《课标》指出,能用11~20各数表示物体的个数或事物的顺序;能认、读、写11~20各数;能说出不同数位上的数表示的数值;形成初步的数感。

本课例让学生感悟并理解11~20各数的意义,理解数位的含义,形成初步的数感。同时从学生的学习特点、认知基础出发,利用画图、实物操作等方法,引导学生用学过的知识体会几何直观,形成初步的应用意识,培养学生的核心素养。

【学习目标】

1. 能正确认、读、写11~20各数,理解这些数是由1个十和几个一组成的,理解数位的含义。

2. 经历摆小棒、数数的过程,体会十进制,再通过说一说、画一画、想一想、数一数等数学活动,经历11~20各数抽象的过程,获得初步的数感,体会几何直观,形成初步的应用意识。

3. 在活动中,获得积极的情感体验,体会数学与实际生活的联系,激发学习数学的兴趣。

【学习活动】

活动一:唤醒研究经验

教师创设孩子们喜欢的动画情景,引导数小棒,激活一根一根数小棒的经验。

师:孙悟空最会变法术了,你看(多媒体出示7根金箍棒),数一数,一共有几根?

师:如果它再变呢?(增加到11根金箍棒)

师:请小朋友们数出与屏幕中同样多的小棒。

设计意图：课标要求在实际情境中感悟并理解万以内数的意义，通过动画情境数小棒和摆小棒使学生感受具体情境中的数量，唤醒孩子们对1~9各数的认识和一根一根数小棒的经验，为继续认识11~20各数奠定基础。

活动二：建构计数单位“十”

孩子捆小棒观察，让孩子分辨1个十和10个一的不同和联系，建立对“十”的认识。

师：怎么能让别人一眼就看出有11根小棒呢？

生：把10根捆成一捆。

师：我们来观察（如图1所示），这捆好的小棒和没有捆的小棒，哪些地方相同？哪些地方不同？（学生回答略）

师：对，那么没有捆的小棒我们怎样数？

生：一根一根地数。

师：要数几次？

生：10次。

师：也就是有10个一。

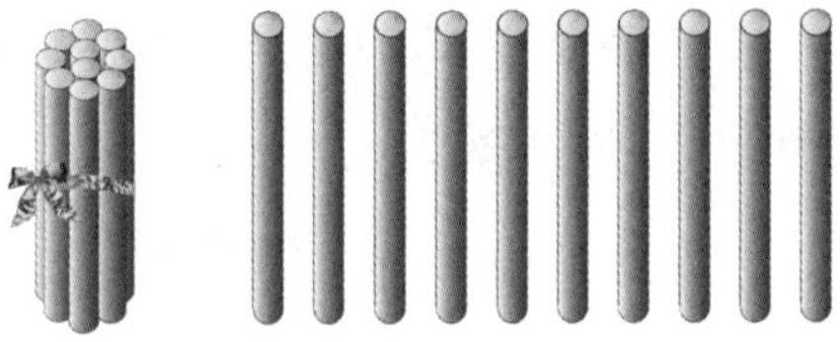

图1

师：捆好的小棒呢？

生：十根十根地数（或一捆一捆地数）。

师：这里有几个十呢？

生：1个十。

师：因为都是10根小棒，所以1个十就是10个一。

师：今天这节课我们既要一根一根地数，也要十根十根地数。

设计意图：教师巧设疑问“怎么能让人一眼看出是11根小棒？”，引导孩子按群计数，体验计数的发展和作用。通过对比，辨析10根小棒和1捆小棒，初步建构“1个十”，直观感受计数单位“一”和“十”。

活动三：抽象数和数位

利用小棒图、算珠图逐步抽象11，进而认识数位，清晰感知两个1所在位置不同表示的大小不同。

师：我们把这11根小棒贴到黑板上。我们先贴1捆小棒，这1捆小棒表示什么?

生:1个十。

师:再在这捆小棒的右边贴1根小棒,这1根小棒又表示什么?

生:1个一。

师:现在,我们要用算珠来表示11。这里有1捆小棒,我们用1颗算珠来表示,这边有1根小棒,我们也用1颗算珠来表示。这样就能表示11。(如图2所示)

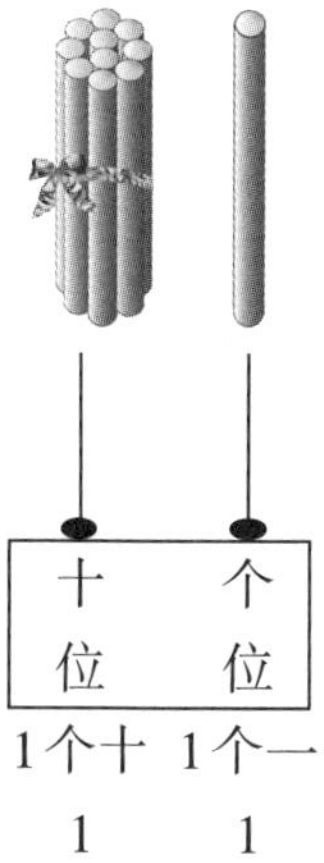

图2

师:(手指算珠)这颗算珠和这颗算珠表示的数是一样大的吗?

生:不是。

生:左边这颗算珠表示1个十,右边这颗算珠表示1个一。

师:同样的算珠由于所处的位置不同,表示的大小就不同。

师:右边这颗算珠所在的位置叫个位,左边这颗算珠所在的位置叫十位。

师:下面我们对照着算珠图来写11。先看老师是怎样写的。(教师写11,边写边说十位有1颗算珠就在十位上写1,个位上有1颗算珠就在个位上写1。)

师:11写好了,刚才老师在写11的时候,是先写哪个数位上的数,再写哪个数位上的数的呢?

生:先写的十位上的数,再写个位上的数。

师:读11的时候,我们又是从哪一位开始读起的呢?

生:从十位开始读起的。

师:对,读数和写数时,我们都从十位上的数读起或者写起。下面请小朋友们看看11,十位上的数字和个位上的数字分别是几?

生:都是“1”。

师:这2个“1”所表示的大小一样吗? 分别表示多少呢?

生:十位上的“1”表示1个十,个位上的“1”表示1个一。

师:同样的数字,位置不一样,表示的大小就不一样,看来位置很重要。

设计意图:《课标》强调要理解数位的含义,因此,应当在教学中,引导学生体会从数量到数的抽象过程,感受数表示的不同方法,用恰当的方式感受不同数位上的数字表示的数值不同。通过小棒图、算珠图逐步抽象11，在读和写中感受数位，知道两个1所在数位不同，表示的大小就不同，初步感知位置值，发展学生的符号意识，也为后面理解掌握更大的数打下基础。

活动四：类推认识感悟位置值

逐步放手让孩子利用刚才的学习经验认识12~19，观察总结，巩固对“1个十”的认识。

师：刚才我们已经认识了11，现在请看看这里的小棒（出示12根小棒），你能通过画算珠来表示这些小棒的根数吗？

学生展示。

师：如果没有小棒没有算珠，你能继续学习13到19这些数吗？请你在这些数中选择1个或2个来写一写，填一填。

在13~19中选数填一填。

例：13 是（ 1 ）个十和（ 3 ）个一组成的；

□ 是（　）个十和（　）个一组成的；

□ 是（　）个十和（　）个一组成的。

学生展示，完成对各数的认识。

师：现在11～19我们都认识了，下面我们来看一看这些数（如图3所示），观察一下它们十位上的数和个位上的数，你有什么发现？

11	12	13
14	15	16
17	18	19

图3

生：十位上的数都是“1”。

师：对，它们十位上的数都是“1”，换句话说，就是11～19这些数里面都有1个十。个位上的数呢？

生：个位上的每一个数都不一样。

师:1个十和几个一就组成我们今天认识的十几。

设计意图:通过引导学生独立完成,交流分享,逐步完成对12~19各数的认识,并在认数的基础上总结,加强对位置值的认识,发展学生的数感。

活动五:提升拓展"十"

用小棒19加上1根是20根小棒,利用学习经验的迁移认识20。

师:请看(出示19根小棒图)这是多少根小棒?加上1根是多少根?这散着的小棒满10根了可以怎么办?

师:现在是几捆小棒?表示多少?

生:2个十。

师:如果在计数器上该怎么画算珠?和小伙伴讨论一下。

师:这2颗算珠表示什么?

生:表示2个十。

师:那么你会写20吗?

师:一起来写写。能不能不写个位上的0,为什么?

师:假如我在十位上画3颗珠子,表示多少?4颗呢?5颗呢?这是我们以后要学习的100以内的数。

设计意图:对于2个十的认识是本节课的一个难点,是学生对"十"认识的运用提升。借助19加上1,有10根散着的小棒,10根小棒可以捆成1捆,形象感知2个十,再用算珠表示2个十。通过大家的讨论,发现在十位上画两颗算珠最简洁,体会位置值的作用,类推提升对位置值的认识,发展数感,落实核心素养。

【课后总评】

计数单位在数的认识中起到至关重要的作用,它是数认识的承重墙。"一"到"十"的认识是学生认识数位的开始,也是学生进一步理解数位和计数单位的重要基础。本节课从学生已有的知识水平和认知规律出发,紧紧围绕"1个十"这个目标,通过"建构11""类推12""放手13~19""拓展20"的思路,逐步培养学生的数感，达到对数位的初步感知。

1.数形结合，感悟数位。通过操作、辨析、演示，逐步抽象数11和感悟数位，在认识各数具体情境中设疑、观察、总结，感悟同样的数字位置不一样表示的大小就不一样，培养学生的数感。

2.加强辨析，突出重点。通过教师提问“一捆小棒和散着的10根小棒有哪些地方相同和不同”“11中2个1表示的大小一样吗”“观察11~19的个位和十位上数，你有什么发现”“2个十在计数器上怎么画算珠”，引导学生辨别、观察、总结，突出对“十”的理解，感悟位值。

3.经验结构化，培养数感。10以内数的认识使学生对“一”已有经验，通过9再加1就是十，体会十的表达与1~9的不同是在新的位置上写1，这个位置叫十位，十位上的1表示1个十，感悟“十”这个计数单位与“一”的不同。十位上的1表示1个十，十位上的2表示2个十，十位上的3呢？4呢？引发学生思考探究，进而认识更大的数。

凸显计数单位的统领作用

——“万以上数的认识(复习)”实录与评析

设计与执教:隆婷　设计与评析:梁红　张兰英

【课标要求】

《课标》指出,数的认识应为学生提供合理的情境,引导学生经历整数的抽象过程,知道大数的意义和四位一级的表示方法,形成数感和符号意识。

本课例在整理与复习万以上数的认识过程中,感悟计数单位的统领作用,形成数感和符号意识,培养学生的推理能力,助力学生数与运算的整体建构。

【学习目标】

1.在整理与复习中,掌握数的读写、比较、改写、求近似数的方法,形成系统知识网络。

2.通过回顾梳理、查漏补缺、温故知新、拓展延伸的活动,培养推理能力、数感和符号意识,感悟计数单位的统领作用。

3.经历大数在日常生活中的应用,感受数学的价值,激发学习的热情。

【学习活动】

活动一:回顾梳理,建构网络

(一)开门见山,揭示课题

师:这一单元,学习了哪些重要的数学概念和方法呢?

生1:数学概念有计数单位、数位、数级。

生2:我们是通过数的读写、比较、改写来认识数的。

(二)借助数位顺序表,感悟计数单位、数位、数级之间的联系

师:这是数位顺序表,数位、计数单位和数级就藏在里面,它们是怎样排列的呢?每级的数位、计数单位的组成有什么相同点呢?

生1:相同点是每一级都有四个数位,每级数位都对应四个计数单位。

生2:每级的计数单位都是一、十、百、千,这样重复的。

生3:相邻两个计数单位之间的进率都是十。

小结:通过梳理数位顺序表,相信同学们对数位和计数单位之间的关系有

了更深的理解和感悟。

设计意图：大数的认识中，需要向学生揭示数位、计数单位和数级的概念，发现数位的规律及相邻计数单位间的十进制关系，能够促进学生对十进制的了解，感受十进制计数法的价值所在，掌握核心概念有利于一致性的贯通。

活动二：查漏补缺，理解运用

（一）复习读数

1. 看中国载人航天飞船神舟十三号成功发射视频。
2. 阅读数学材料：了解相关信息。
3. 爱国主义教育：通过观看视频，阅读相关信息，你有什么想说的？
4. 复习读数的方法。

读数：28400　　40075　　710400000

师：这几个大数信息让我们深受震撼。我们再来读读这些大数，边读边思考：

（1）读大数时，要注意些什么？

（2）每个数都有0，这些0是怎么读的？

（3）这三个数中，4的读法有什么变化吗？

小结：同学们交流得很好！发现了读数最本质的道理。请把数位顺序表记在心里，它能帮助我们更好地读出每一个数。其实，读数就是读出计数单位的个数。

（二）复习写数

1. 呈现材料。

2021年10月16日0时23分神舟十三号发射升空，在网观看实况的人有七亿一千零四 [redacted] 万。

师：这条信息中有一个字被挡住了，猜猜这个数是多少呢？

2.学生猜测。

生1：看到亿和万，这个数可分三级。

生2：可能是百或十，又因为读了零，所以是四十万。

揭秘：七亿一千零四十万。

师：写数时要注意些什么呢？

3.引导小结。

根据计数单位就能够确定每个数字所在的数位，也就能正确地写数了。原来写数也是写出计数单位的个数。

（三）复习比较

1.不同位数的数比较。

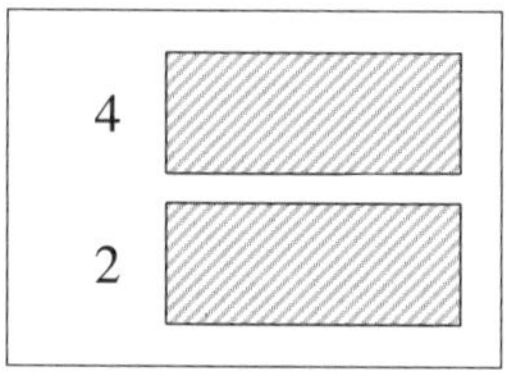

图1

提问：瞧！这两个数（如图1所示），第一个数最高位是4，第二个数最高位是2，哪个数更大呢？

生1：第1个数大，因为4比2大。

生2：如果它们的位数不同呢？比如4百和2千，4百小于2千。

小结：很有道理，也就是最高位计数单位大，位数就多，所以不同位数的数比较大小，位数多的数，这个数就大。

2.相同位数的数比较。

师：如果最高位的计数单位都是万呢？

生1：第1个数大，因为最高位计数单位相同，也就是位数相同，就看最高位，4万大于2万。

40075＞28400

揭示：第1个数大。

小结：最高位计数单位一样，也就是位数相同时，高位上的数大，那个数就大;如果高位上的数相同,就比较下一位直至比较出大小为止。实际上,比较数的大小也就是比较计数单位个数的多少。

(四)复习改写

课件:2021年10月16日0时23分神舟十三号发射升空,在网观看实况有710400000人。

师:读完之后,你有什么感受呢?

生1:数太大了,读起来太麻烦了。

追问:怎么办呢?

生2:改写成用"万"作单位的数,710400000 =71040万。

小结:改写成用"万"作单位的数就是去掉个级的四个0,添上"万"字,这样计数单位由"一"变"万"。看来改写改变了计数单位的大小。

(五)复习近似数

追问:还可以用亿作单位吗?

生1:用亿作单位,省略亿位后面的尾数,千万位上是1,要"四舍",所以710400000约等于7亿。

生2:近似数是与精确数接近的数,大小发生了变化,应该用约等号。

小结:取近似数时,看省略部分的最高位,进行"四舍五入"。计数单位由"一"变"亿"了,原来求近似数也和计数单位有关。

设计意图:此环节以"神舟十三号"中的数据为依托,引导学生复习数的读写、大小比较、改写、近似数相关知识,在巩固知识的同时引导学生用数学的眼光观察分析,沟通它们和"计数单位"核心概念之间的联系,从而丰富了数的知识体系,发展学生数感和符号意识。

活动三:温故知新,感悟一致性

(一)呈现材料

读数:28400　40075　710400000
写数:710400000
比较:40075>28400
改写:710400000=71040万
近似数:710400000≈7亿

师:这么多数学概念和方法安排在同一单元,它们之间存在什么联系?

(二)交流汇报

1.读数与计数单位的联系。

生1:我们发现读数是读出计数单位的个数。

2.写数与计数单位的联系。

生2:我们发现写数是写出计数单位的个数:如710400000,先分级,再写数,亿级写7,在万级写1040,个级一个计数单位也没有就写4个0占位,这就是在写计数单位的个数。

3.比较大小与计数单位的联系。

生3:我们发现比较数的大小也是在比较计数单位个数的多少,如40075个一大于28400个一;也可以看最高位的计数单位的个数,4个万大于2个万,所以40075大于28400。

4.改写与计数单位的联系。

生4:我们发现改写也和计数单位有联系,710400000改写前表示710400000个一,改写后变成71040个万,计数单位由一变万,虽然计数单位变大了,但计数单位前的数变小了,因此改写前后数的大小不变。

5.近似数与计数单位的联系。

生5:我们还发现近似数也和计数单位有联系,如710400000表示710400000个一,取近似数后是7个亿,计数单位是亿,计数单位变大了,它前面的数变小了。

小结:同学们分析得很有道理。不管是数的读写、比较、改写、求近似数,都和计数单位密切相关,计数单位统领着这些知识。

设计意图：《课标》要求落实核心素养，此环节把所有素材放在一起找联系，发展学生用数学的眼光和思维分析思考，感悟“计数单位+个数”与“大数的认识”方法密切相关，感知数概念的一致性，促进深度学习，让素养真正落地。

活动四：拓展延伸，加深理解

（一）呈现材料：350000000+1240000000=

师：计数单位除了和数的认识有联系，还与数的运算有联系。请看这个算式，要迅速计算出结果，你有什么感受？

师：大家都觉得算式中的数太大，计算太麻烦，容易出错。你能运用本单元的知识，让计算变得简洁又不容易出错吗？

（二）学生反馈

生1：我们可以把350000000改写成3亿5千万，1240000000改写成12亿4千万，计算时，把相同计数单位前的数相加，这样计算就简便多啦！

师：这真是个好办法！同学们赶紧试一试吧。

生2：因为3亿+12亿=15亿，5千万+4千万=9千万，所以：350000000+1240000000=1590000000，也就是相同计数单位的数相加。

（三）小结

师：同学们都有一双智慧的眼睛，发现了数运算最本质的道理，其实数的运算就是相同计数单位的数相加、减。

设计意图：《课标》强调计数单位是统领数的意义和运算的核心概念，大数的运算能让学生认识到相同计数单位个数的合并与分解，感悟计数单位参与数运算能使计算更简洁。

活动五：全课总结，积累数学活动经验

师：通过今天的学习，相信同学们对“数”有了更加深入的认识。其实，不管是认识20以内的数、百以内的数，还是认识万以内的数、万以上的数，我们的研究方法都差不多。回顾我们都是从哪些方面研究数的呢？

小结：我们认识数的一般方法是从数的产生、读写、组成、意义、比较、运用

这几方面研究的，以后我们学习分数、小数也可以从这些方面思考。

师：这节课我们对万以上数的认识进行了整理与复习，你有哪些收获呢？

总结：同学们，以后我们也可以用这种找联系的方法进行整理与复习。相信在大家的努力下，咱们的知识树一定会更加枝繁叶茂，结出丰硕的果实。

设计意图：帮助学生回顾梳理本节课知识，通过谈收获和设疑问，全面及时反馈学习情况，便于采取补救措施。同时通过学习过程的反思，有助于学生积累学习活动经验。

【课后总评】

“万以上数的认识(复习)”是认识自然数的最后一个阶段，因此需要系统整理，建立完整的自然数的知识体系。本课例以“计数单位+个数”为核心，通过真实情境的创设、内容的结构化整合和核心素养导向展开教学。

1.注重经历复习全过程。

本课例借助“神舟十三号”真实情境材料，以核心概念计数单位、数位、数级、十进制为线索，对数的读写、比较大小、改写、求近似数的方法进行回顾梳理、查漏补缺、温故知新、拓展延伸，引导学生建立系统的数概念认知结构。同时对学生进行爱国主义教育，素材得到了充分利用，可谓一举多得。

2.注重内容结构化整合。

新课标强调课程内容的组织重点是对数学内容进行结构化整合。本课通过多角度沟通联系，以“计数单位”统领数的意义、读写、大小比较并适当延伸数的运算，从整体的视角对“数的认识与运算”进行系统梳理，实现数概念的结构化学习，让学生深度体验到数的一致性。

3.注重核心素养的导向性。

“数的认识与运算”在第二学段感悟的数变得很大，计数单位更多，解决问题面对的情境更复杂，需借助数位顺序表表示更大的数。本课时对现实中大数的估计和感悟依靠核心概念和学习经验进行了推理，对十进制计数法中蕴含的规律和原则进行了归纳总结，让学生感受数学符号表达的简洁，促进数感的形成，落实核心素养。

基于关系建构“倍”

——“倍的认识”实录与评析

设计与执教:张春映　设计与评析:蹇泽华

【课标要求】

《课标》将“数与代数”领域内容结构化整合为两个主题:数与运算和数量关系。“倍的认识”属于数量关系中运用四则运算的意义解决问题部分,在“学业要求”中指出:能在真实情境中,发现常见数量关系,感悟利用常见数量关系解决问题;形成初步的模型意识、几何直观和应用意识。

本课例结合具体情境,让学生在想象、归纳、对比中经历“倍”概念的形成过程,把握本质构建“倍”的直观模型,培养几何直观。

【学习目标】

1.通过操作活动,结合具体情境理解“几倍”与“几份”的联系,建立“倍”概念,理解“倍”的含义。

2.在观察、比较、变化、抽象中,经历建构“倍”的直观模型的学习过程,把握理解“倍”的本质,培养数感、几何直观。

3.培养动手操作、推理、迁移及表达能力,发展基本的数学素养,培养良好的学习习惯,体会数学与生活的密切联系。

【学习活动】

活动一:在联系中建立“倍”的概念

师:同学们,你会比吗? 来比一比。(板贴蓝花、黄花)

生比较汇报。

师:两个数相比,除了有多、有少、同样多的关系外,其实还有另一种关系,就是我们这节课要研究的内容。(板书课题:倍的认识)

师:倍是什么意思呢? 老师查阅了三本字典,具体注释如下:

字典名称	康熙字典	新华字典	汉语大词典
倍的数学意思	又物财人事加等曰倍。【易·说卦】 利市三倍。【诗·大雅】 如贾三倍。【书·周官】 夏商官倍,亦克用乂。	④增加跟原数相等的数。	(1)照原数等加。

师：从字典中的解释来看，倍就是跟原数相等，可以按原数进行等加的数。比如说，3朵黄花和3朵蓝花同样多，我们就可以说黄花的朵数是蓝花的1倍。谁来说说黄花是蓝花的1倍是什么意思？

（板贴蓝花3朵，黄花依次从3朵增加到6朵）

师：现在它们的关系又是怎样的呢？

生：黄花的朵数是蓝花的2倍。

师：你怎么看出是2倍的？

生：3朵为1份，又有3朵就又有1份，黄花有蓝花这样的2份。

师：这儿是谁和谁比？（黄花和蓝花比）把蓝花作为标准，3朵蓝花看作1份，黄花有这样的2份，黄花的朵数就是蓝花的2倍。

学生结合黑板上的图说一说。

设计意图：从"比"字入手，借助实物的直观与数量的叠加变化，利用几份的认知联系到"几倍"，直观形象地展示两个数量之间的倍比关系，感受"倍"是一份一份地比，帮助学生构建"倍"的模型。

活动二：在比较中抓住"倍"的本质

（一）变化比较量，认识"几倍"

1. 圈一圈，找倍数关系。

（课件：蓝花3朵，黄花9朵）

师：找出黄花和蓝花之间的倍数关系，拿出学习单1，圈一圈，填一填。（板贴：圈一圈）

2. 反馈交流。

3. 对比观察，初步感知"几份"与"几倍"的关系。

师：两次比较都是把谁作为标准？（蓝花）都是和3朵蓝花比，怎么一会儿是2倍关系？一会儿又是3倍呢？

生：因为黄花的朵数不同，把3朵蓝花看作1份，第一次黄花有这样的2份，而第二次却有这样的3份。

4. 类推迁移。

师：是的，我们比较的数量不一样，所产生的倍数也就不一样了。瞧，还是以3朵蓝花为标准，现在黄花有这样的几份？

生：4份。

师：黄花的朵数是蓝花的(4倍)。如果黄花有这样的5份，黄花的朵数是蓝花的(5倍)。如果黄花有这样的7份，黄花的朵数是蓝花的……20份呢？50份呢？100份呢？

5.归纳概括。

师：你有什么发现？

生：把蓝花看作1份，黄花有这样的几份，黄花的朵数就是蓝花的几倍。

设计意图：抓住标准量不变，变比较量。利用演绎推理，深化标准量不变，比较量里有几个标准量，就是它的几倍，从而加深学生对倍的认知。

(二)变化标准量，感受标准的重要性

1.变标准量，圈一圈找出倍数。

(课件：蓝花4朵，黄花12朵)

师：蓝花变成了4朵，现在黄花的朵数是蓝花的几倍呢？

生操作后汇报。

2.开放练习。

师：黄花还是12朵，蓝花的朵数却不知道，黄花的朵数还可能是蓝花的几倍？先想一想，再动手填一填、圈一圈。

生动手操作并汇报。

3.观察质疑。

师：同样是12朵黄花和蓝花比，为什么它们的倍数关系不一样？

生：以蓝花为标准，但是蓝花的朵数却在不停地变化，所以黄花的份数也随着变化，倍数就不一样了。

师：是的，标准变了，同一个数和它比，倍数也就变了。看来标准很重要！

设计意图：通过不断变化标准量的数量，进行对比、观察，发现标准量变化，比较量与之的倍数关系也会随之变化，强化标准的重要性。

（三）同时变化比较量、标准量，感受“倍”的本质属性

1. 找倍数。

师：快速说出下边图形之间的倍数关系。（图略）

2. 观察质疑。

师：它们比较的数量不一样，标准也不一样，为什么都是3倍关系呢？

生：把其中一种看作1份，另一种都有这样的3份，所以都是3倍。

3. 抽象成线段图。（图略）

师：如果把第一行用一条线段来表示，第二行要表示它的3倍，应该怎样表示？

4. 从抽象到具体。

师：如果第一行表示10个小朋友，第二行表示什么？

生：……

师：你觉得第一行还可以表示什么？第二行又表示什么？

5. 小结。

无论第一行表示多少，只要第二行有它的3份，就是它的3倍。

设计意图：概念教学遵循“从知识中来——抽象成数学模型——到生活中去”的过程。学生通过观察、讨论、对比，舍弃各种不相干的因素，探索出不同事物背后隐藏着的相同点，从而抽象出“倍”的模型，理解“倍”的本质属性。同时，寻找“倍”概念在数学和生活中的联系，将课本知识内化为学生头脑里的知识结构。

活动三：在拓展中完善“倍”的认识

1. 寻找“倍”。

（课件出示基础练习）

2. 变化“倍”。

（课件：蓝花3朵，黄花10朵）

师：黄花的朵数是蓝花的整倍数吗？

生：不是。把3朵蓝花看作1份，黄花有这样的3份还多1朵，所以黄花不是蓝花的整倍数。

师:要想黄花的朵数是蓝花的整倍数,可以怎么办?

生汇报。

(课件将蓝花减少为0朵)

生:没有倍了。

师:为什么没有倍了?

生:因为没有标准了。

师:看来我们今天研究的倍是两个数量之间的关系,因此我们不单独说倍,而要表达出它是两个量比的结果。

设计意图:练习层层深入,由简单地寻找"倍",到添一添、去一去变化"倍",让学生在多方面、多层次中强化倍的认识,达到深化模型的意图。

活动四:在总结中进行课程思政教育

1.总结。

师:今天我们认识了哪个新朋友?(倍)回想一下,我们是通过哪些活动来认识它的?

生:比一比、圈一圈、说一说、想一想。

师:通过活动我们知道,要确定数量之间的倍数关系,首先得找到什么?(标准)再看有标准的几份,就是它的几倍。

2.生活中的倍。

师:其实倍就在我们的生活中。(课件出示生活中应用"倍"的视频)看完视频你有什么感受?

3.创造"倍"。

师:用你喜欢的图形画出你心目中的倍数关系。拿出学习单3,画一画,圈一圈,填一填。(板贴:画一画)

设计意图:通过梳理,引导学生积累课堂活动经验;利用生活中倍的介绍,感悟生活中的数学和祖国的繁荣昌盛,达到学科育德的课程目标。

【课后总评】

“倍的认识”是在学生认识和理解乘法意义的基础上学习的，学生将通过对已学习的有关乘法的知识进行迁移获得“倍”的概念。整节课学生通过观察、比较、变化、抽象等学习活动，建构了“倍”的直观模型，把握理解了“倍”的本质，培养了几何直观。本节课致力于寻找学材之间的联结点，重视寻求知识之间的联系，让学生经历知识形成的全过程，形成了立体性的知识网络。

1.重视意义理解，多角度、循序渐进建立“倍”的概念。

倍是一个比较抽象的概念，学生建立和理解倍的概念，需要一个反复、持续的过程。教学时要注意让学生在充分的活动中逐步加深对倍的认识，理解倍的本质。

一方面，注意循序渐进认识倍的概念。“倍”概念的建立是依据乘法知识中“份”的概念扩展来的。在此之前，学生对于数量的比较是通过比多、比少来实现的，头脑中建立的是“加法结构”。本课以“比”的活动引出“同样多”，同时引用“倍”在字典中的解释，将“同样多”和“1倍”连接起来，让“1倍”成为“倍”的发展点。

另一方面，注意在“变化”中加深对倍的认识。针对倍数关系的数学模型，在教学中充分利用资源，通过设计连续的情境，不断改变两个比较量的数量，让学生在有趣的“变化”中进一步认识倍，感受在比较倍数关系时标准的重要性，要明确是谁和谁比，再找出倍数关系。

2.重视多元表征及其之间的转化，建立“倍”的模型。

表征是指用某种形式表达数学概念或关系的行为，也指形式本身。学生借助各种表征来形成新的理解并表达数学观念，在不同的数学表征之间建立联系有助于加深学生对数学的理解。

(1)用图形表征让“倍”更加直观

在初识倍的阶段，用实物图帮助建立“倍”的模型。①变化比较量；②变化标准量；③比较量和标准量同时变化；④抽象“倍”的结构模型。

(2)用语言表征抽象“倍”的概念

在经历丰富的图形表征后，让学生逐步用语言来描述两个数量之间的关系——“一个量里有标准的几份，就是标准的几倍”，用语言不断强化对“倍”的本质的认识。

3.重视方法的渗透，培养几何直观。

一是注重渗透数形结合思想。本节课“倍”概念的感知和理解都从图形入手，使抽象的概念直观化、形象化、简单化。

二是渗透“变与不变”数学思想。新知探究时，改变比较量或标准量，或同时改变两个量，都是在变化的倍数关系中探寻不变——“包含几份就是几倍”的本质内涵。其次，概念教学遵循“从知识中来—抽象成数学模型—到生活中去”的过程，在抽象“倍”的模型时，学生通过观察、讨论、对比，舍弃各种不相干的因素，探索出不同事物背后隐藏着的相同点。

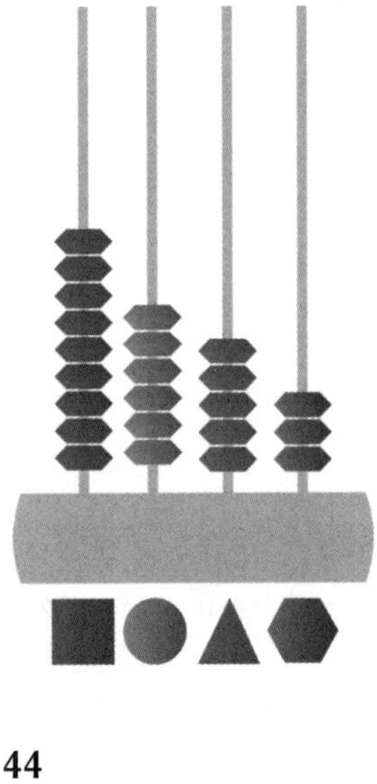

感悟计数单位

——"小数的初步认识"实录与评析

设计与执教：谭　钰　设计与评析：吴君梅　熊　斌

【课标要求】

《课标》指出，通过学生熟悉的具体情境，初步认识小数单位，以及小数数位与整数数位的关系，直观理解小数的意义；在初步认识小数的过程中，逐步形成推理意识，进一步发展符号意识和数感；让学生体验与小数有关的数学文化。

【学习目标】

1.借助人民币单位、数位顺序表、几何直观初步认识小数，知道小数各部分的名称，能正确认、读、写小数。

2.在观察、思考、讨论、交流的过程中，逐步形成推理意识，感悟小数与分数的一致性，发展和培养数感、符号意识。

3.感受小数与生活的密切联系，体会小数的价值。

【学习活动】

活动一：创设情境，揭示课题

师：孩子们，数学学习离不开对数的研究，今天先跟着老师一起逛逛超市吧。你们能看到哪些数？（播放当地超市的视频）

师：在刚才的视频中出现的这些数，你能把它们分分类吗？

生：整数和小数。

师：今天我们就一起来研究有关小数的知识。（出示课题：小数的初步认识）

师：你想了解关于小数的哪些知识呢？

生：小数的读法、写法、意义……

设计意图：虽然小数概念是第一次出场，但学生对小数的学习并不是一无所知，在现实生活中，经常看到小数。因此，新课伊始，从熟悉的生活情景"商品价格"的数据入手，唤醒学生对小数的认知，调动学生学习的积极性。

活动二：借助经验，初识小数

（一）了解小数各部分名称

观看微课《小数的自我介绍》。

师：听了小数的自我介绍，你知道它是由哪几部分组成的吗？

生：它由整数部分、小数点、小数部分组成。（板书：整数部分、小数部分）

（二）自主尝试，读写小数

1.读小数。

谈话：这些小数你会读吗？试一试。（学生读出各小数）

师（小结）：读小数时，整数部分按照整数的读法来读，小数点读作“点”，小数部分就按照顺序依次读出每个数字。

2.写小数。

师：会读小数了，会写小数吗？试一试，请把你听到的小数写下来，完成学习单第1题。（请学生到黑板上写一写）

课件出示题目：①白菜售价每千克4.2元。②黄瓜售价每千克6.11元。

生小结：写小数时，我们先写整数部分，再写小数点，最后写小数部分。

设计意图：通过微课《小数的自我介绍》，让学生了解小数各部分的名称，如何读、写小数等，教师则放手让学生自己读、写小数，并适时总结读、写小数的方法。

活动三：自主探索，理解意义

（一）借助人民币探究一位小数的意义

1.研究0.1。

师：孩子们，研究数通常要借助数位顺序表，让我们把它请出来。（板书：整数部分：个位、十位、百位……）

师：瞧，这是1元，如果我要把它放在数位顺序表中，应该放在哪一位上呢？

生：个位。（贴板书：1元）

师：看屏幕，数一数。多少钱？（10元）10个1元可以换成1个10元，那这

1个十应该放在哪一位上呢？

生：十位。（贴板书：10元）

师：再看屏幕，数一数，多少钱？（100元）10个10元可以换成1个100元，那这1个百又应该放在哪一位呢？

生：百位。（贴板书：100元）

师：刚才我们把10个1元累加得到一个10元，把10个10元累加得到1个100元，越往左单位越大。想一想，如果我们把1元细分呢？把它平均分成10份，每份就是多少？（1角）这1角还能放在个位吗？应该放在哪一位呢？

生：1角应该放在个位的右面。

师：1角是把个位上的1元平均分成10份后得到的数，它所在的位置就是十分位。（贴板书：十分位，1角）

师：如果用元作单位表示，1角是多少元呢？你是怎么想的？

生：因为1元=10角，把1元平均分成了10份，其中1份就是$\frac{1}{10}$元。

师：以元为单位，1角除了用$\frac{1}{10}$元表示，还可以怎么表示？

生：1角=0.1元。

师：是的，1角等于$\frac{1}{10}$元，也是0.1元。大家一起齐读：1角=$\frac{1}{10}$元=0.1元。

2.研究零点几。

师：那2角呢？

生：2角=$\frac{2}{10}$元=0.2元。

师（追问）：0.2里面有几个0.1？

生：2个0.1。

师：还能继续往下说吗？你想说几角？

（　　）角=（　　）元=（　　）元

3.归纳概括。

师：观察这些等式，你有什么发现？

生：（1）整数部分都是0。（因为这里用元作单位，它们都不足1元）

（2）几角就是十分之几元，也就是零点几元。

师(小结):所以我们可以说零点几元就表示十分之几元。(板书:零点几元表示十分之几元)

(二)经验迁移,探究两位小数的意义

1.研究0.01。

师:孩子们想一想,如果我们把1角继续细分。把它平均分成10份,其中的1份就是多少?(1分)这1分还能放在十分位吗?又应该放在哪一位呢?

生:1分是把1角平均分成10份,相当于把1元平均分成100份后得到的数,它所在的位置就是百分位。(贴板书:百分位,1分)

师:1分用元作单位该如何表示呢?

生:因为1元=100分,把1元平均分成100份,取1份就是$\frac{1}{100}$元,1分=$\frac{1}{100}$元=0.01元。

2.研究零点几几。

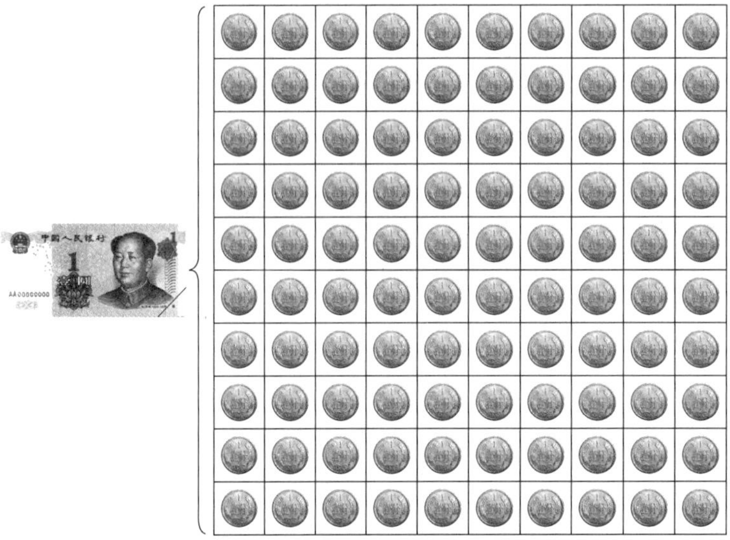

1分=($\frac{1}{100}$)元=(0.01)元

2分=(　　)元=(　　)元

5分=(　　)元=(　　)元

34分=(　　)元=(　　)元

⋮　　⋮　　⋮

发现:____________

图1

(1)请同学们小组合作,完成“学习单”活动一。

活动要求:①独立思考,完成练习;

② 4人一组,讨论交流。

3.归纳概括。

师:你有什么发现?

生:几分就是百分之几元也就是零点几几元。

师(小结):通过大家的自主学习发现,零点几几元就表示百分之几元,(板书:零点几几元表示百分之几元)

师:仔细观察,现在的数位顺序表与原来学习的数位顺序表相比,有什么不同?

生:在原来个位、十位、百位等整数部分的基础上,增加了小数部分:十分位、百分位……还有它们中间的小数点。

师:今天,我们对数位顺序表进行了补充,想想如果向左继续累加,会产生怎样的数位?往右继续细分下去呢?

生:向左继续累加,会得到更大的计数单位,向右继续细分,会得到更小的计数单位。

设计意图:本环节结合整数数位顺序表和人民币模型1元、10元、100元,回顾整数相邻计数单位的十进制关系,越往左累加,会产生更大的计数单位。然后利用人民币模型角和分,感受小数是整数十进制的延伸,越往右细分,会产生更小的计数单位,从而利用数位顺序表,凸显计数单位,感悟小数本质。通过直观的数位顺序表,构建了量与数以及数与数之间的联系,促进数概念的建立,完善数概念的理解。在研究零点几、零点几几的过程中,有效培养了学生迁移、类推、归纳和解决问题的能力,同时有助于学生初步形成模型思想。

活动四:巩固拓展,强化认识

1.这条线段表示1元。

(1)从0开始,你能在线段上找到0.5元的位置吗?

生:0.5在0~1之间,在线段一半的位置。

(2)找一找0.3元、0.8元的大概位置。

生:0.3在0~0.5之间;0.8在0.5~1之间。

(3)找到0.3元、0.8元的准确位置。

2.去掉单位，感悟一位小数、两位小数的意义。

(1)如果这条线段表示1米，你能在线段上找到0.3米的位置吗？如果这条线段表示了1千克，0.3千克的位置又在哪里？

(2)在1元、1米、1千克中都找到了0.3，回忆找它们的过程中有什么相同点？

生：它们都是把这条线段平均分成10份，取其中的3份。

师(小结)：十分之几表示零点几，百分之几表示零点几几。看来，小数的表示跟单位名称并没有关系。

(3)在表示1的线段中找出0.3的位置。还能在这条线段上找到0.9，1.1，1.7，2.3吗？

3.感受小数的历史价值及其在生活中的应用。

师：小数在生活中还有哪些应用与价值呢？让我们一起来了解一下。(播放微课《小数的历史价值及其在生活中的应用》)

师：看了视频，你有什么感受？

生：小数的名称是中国最早提出、使用的，值得我们骄傲；小数的应用非常广泛。

> **设计意图**：本环节的练习，设计层层递进。从具体到抽象，感受小数的表征形式，理解小数实际上是十进分数的另一种表现形式，同时初步感受小数的十进关系，培养数感和创新意识，发展运算能力。通过微课《小数的历史价值及其在生活中的应用》，了解小数的历史、体会小数的价值，感受小数的广泛应用。

活动五：畅谈收获，反思回顾

师：通过今天的学习，你有什么收获？

师(小结)：今天我们只是对小数进行了初步的认识，希望同学们在以后的学习中善于发现，勤于思考，探索到更多小数的奥秘。

> **设计意图**：通过梳理整节课的学习活动，有意识地引导学生在情境中借助人民币和图形，初步认识小数，并感受小数来源于生活，也服务于生活。

【课后总评】

“小数的初步认识”是基于认识了整数十进制和初步认识分数，根据学生已有的生活经验及认知规律，本节课在设计和教学中顺利达成学习目标并落实核心素养，主要体现了以下几方面：

1.关注学情，深化对小数的认识。

本课借助超市“商品价格”真实情境，用学生熟悉的元、角、分图直观理解十分之几元就是零点几元；百分之几元就是零点几几元。通过数形结合，构建了量与数以及数与数之间的联系，发展推理意识，促进数概念的建立，完善数概念的理解，感悟数概念的一致性，深化对小数的认识。在认识小数的过程中，有效培养了学生迁移、类推、归纳和解决问题的能力，同时有助于学生初步形成模型思想。

2.关注本质，重视知识建构整体性。

本课结合整数数位顺序表和人民币模型1元、10元、100元，回顾整数相邻十进制关系，渗透计数单位，越往左累加，会产生更大的计数单位。然后利用人民币模型角和分，感受小数是整数十进制的延伸，越往右细分，会产生更小的计数单位。利用数位表，凸显计数单位，感悟小数本质，小数是整数的延伸，重视知识建构的整体性。

3.关注提升，发展数感。

在提升练习中，先让学生在1元、1米、1千克的线段中找到0.3元、0.3米、0.3千克，然后把单位去掉，在表示1的线段中再找0.3，充分培养了学生的抽象能力。在0~1元的线段上找出0.5元、0.3元、0.8元的大概位置，知道0.5在0~1之间一半的位置，感受0.3在0~0.5之间，0.8则在0.5~1之间，然后继续找1.1元、2.3元的位置，培养学生的数感，发展了学生的核心素养。

实现音形义的有机结合

——“分数的初步认识”实录与评析

设计与执教:王　琳　设计与评析:邹景华　景元峰

【课标要求】

《课标》提出,注重教学内容的结构化,帮助学生建立能体现数学学科本质、对未来学习有支撑意义的结构化的数学知识体系。

本课借助分数概念的读法、写法、意义在汉语语境下的高度统一,通过音形义的有机结合,深化对分数意义的理解,有助于领悟整数、分数、小数基于计数单位表达的一致性。

【学习目标】

1. 认识分数,会正确读写几分之一,知道分数各部分的名称,初步理解几分之一的含义。

2. 通过操作、观察、比较、交流等活动,经历几分之一的认识过程,培养数感和符号意识,获得解决问题的方法。

3. 在探究过程中,培养自主学习的精神,体会分数在生活中的价值,学会用数学语言来表达分数在生活中的意义。

【学习活动】

活动一:丰富表象助感知

1. 设疑引“一半”。

师:把4个月饼,平均分成2份,每份(　)个? 谁能完整地回答?

生:4个月饼,平均分成2份,每份2个。

师:怎样列式?

生:4÷2=2(个)。

师:2个月饼,平均分给2个人,每人分得(　)个?

生:2个月饼,平均分给2个人,每人分得1个。列式为:2÷2=1(个)。

师:为什么两个题都用除法?

生:都是平均分的。

师:那什么是平均分呢?

生:每份分得同样多就是平均分。

师:真好！今天将在平均分的基础上继续学习。

师:现在,只有一个月饼了,平均分成2份,每份是(　　)个?

生:半个。

师:我们一起来看看,把一个月饼平均分成2份,每份是多少?

生:半个月饼。

师:半个月饼也就是整个月饼的一半。

2.动手找“一半”。

师:我们通过平均分分出了一个月饼的一半,那你能试着分出其他物品的一半吗？老师为每个孩子都准备了一张生活中的物品图,请你想办法找出它的一半,并涂上颜色表示出它的一半。(学生操作,并将学生表示的一半展示在黑板上。)

3.归纳概括“一半”。

师:想一想,这些不同的“一半”,在分的过程中有没有相同的地方?

生:都是平均分成2份,取了其中的一份。

师:他们都是把一个物品平均分成2份,其中的1份就是这个物品的一半。

4.引出分数。

师:其实一半是我们生活中的说法,如果用一个数来表示物品的一半,还能用我们以前学过的1,2,3这样的数来表示吗?

生1:不能。

师:那可以用一个什么样的数来表示呢?

生2:可以用1和2来表示。

师:你说的2是什么意思,1呢？这样的表示方式对不对呢？通过接下来的学习你就能找到答案。

师:我们表示物品的一半,就可以用这个数来表示(ppt直接出示$\frac{1}{2}$),这就是我们今天要认识的分数。

设计意图:结构化学习需要从学生已有认知开始,由此教师创设情境,通过平均分寻找衔接分数概念的生长点,将教学的起点建立在“一半”的基础上，让学生在丰富的操作中感知二分之一，适当拉长分数的引入过程，有助于分数概念的建构。从实物中抽象出共同的属性，体现符号意识、数感和数学抽象等核心素养的培养。

活动二：融音形义助感悟

1.“音”“义”结合。

师：这个分数你会读吗？(板书“读作：二分之一”)我们一起来读一读。

师：其实这种读法存在着一定的合理性，我们来看，“二分”是什么意思？

生：平均分成2份。

师：“之一”的意思是“其中、当中”，合起来该怎样理解？

生：就是平均分成的2份当中的一份。

师：太巧妙了，读法中读出了这个分数的意义。

2.“义”“形”结合。

师：那这个数你会写吗？在自己的本子上写一写，说说你写的过程。

生：我先写了2，再写了横线，最后写了1。

师：是不是这样写的呢？下面我们结合刚才分物品一半的过程来看一看。

师：怎么分才能得到物品的一半？

生：平均分。

师：既然是平均分，我们就用一条短横线来表示平均分。平均分成了几份？

生：2份。

师：于是就在短横线的下面写2，表示平均分的份数。一半就是其中的几份？

生：1份。

师：所以就在短横线的上面写1，表示取的份数。我们一起来写一写，边写边说。在你的本子上再写一写这个分数，边写边想分的过程。

3.感悟分数的意义。

师：那这里的二分之一又表示什么意思呢？我们结合分月饼(如图1所示)的过程一起说一说。

生：把一个月饼平均分成(2份)，其中的(1份)就是它的二分之一。

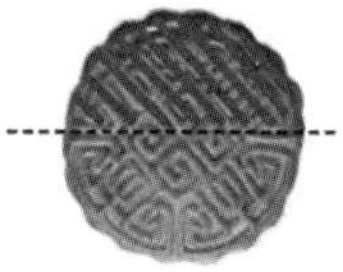

$\frac{1}{2}$

图1　分月饼

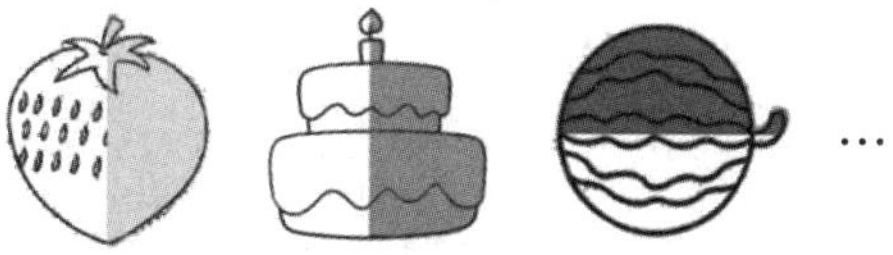

把1个(　　),(　　),(　　)分成(　　)份,每份是它的(　　)。

图2　物品的二分之一

师:我们一起来读一读。你能像这样也说一说这些物品的二分之一(如图2所示)分别表示什么意思吗?

师:你看,我们用二分之一就表示出了涂色部分与整个图形之间的关系。

设计意图:在读和写分数的过程中强化认识分数的直观意义,让学生经历语言表征的过程,同时结合动手操作和课件演示,在多元表征中全方位构建分数概念,让学生完整经历分数的生长历程,深刻理解分数的本质内涵。

活动三:层层迁移助升华

1.类推几分之一。

师:我们认识了一些物品的二分之一,那你认识平面图形的二分之一吗?请判断下面涂色部分(如图3所示)能用二分之一来表示吗?

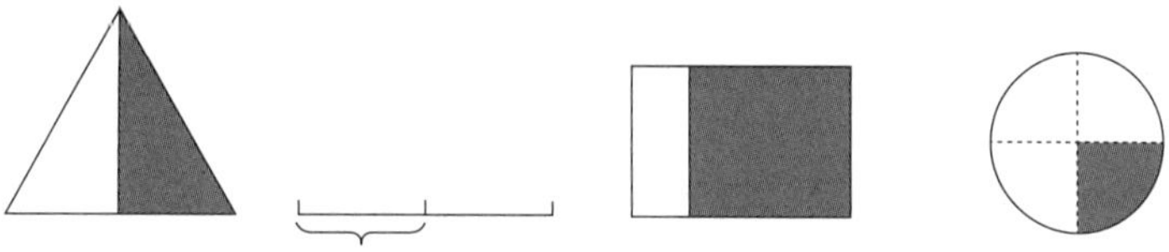

图3

师:第三个图形,能不能用二分之一表示?

生:不能,虽然分成了2份,但是没有平均分。

师:第四个图形明明是平均分,为什么不能用二分之一来表示?

生:它把圆平均分成了4份。

师:虽然不可以用二分之一来表示,你觉得可以用哪个数来表示?

生:四分之一。

师:没错,前面我们重点认识了二分之一,还通过二分之一知道了四分之一,你还想认识几分之一?

生：三分之一，六分之一，十分之一，一百分之一……

师：孩子们，让我们动手来创造几分之一吧！老师为每个孩子都准备了一个平面图形，开始前，老师有以下提示：你想的是几分之一，先折一折，再涂一涂，表示出你心中的几分之一。（学生展示作品，如图4所示）

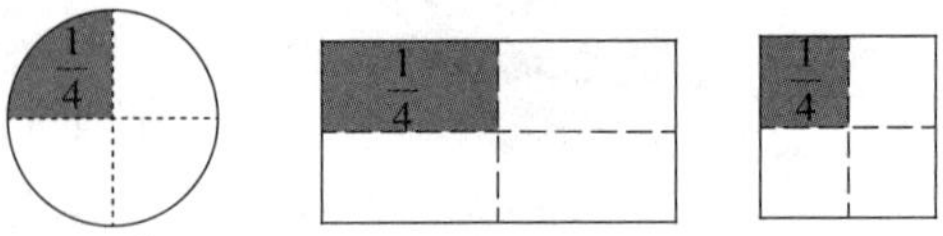

图4

师：涂色部分形状、大小各不相同，为什么都可以用四分之一来表示？把你的想法和同桌交流一下。

生1：都是平均分成了4份，都表示其中的一份，所以都可以用四分之一表示。

师：你看，不同的图形可以创造出相同的分数，那相同的图形可以创造出不同的分数吗？我们以圆为例，哪些孩子的图形是圆，和四分之一不同的有吗？你创造的哪个分数？

生2：二分之一、八分之一。

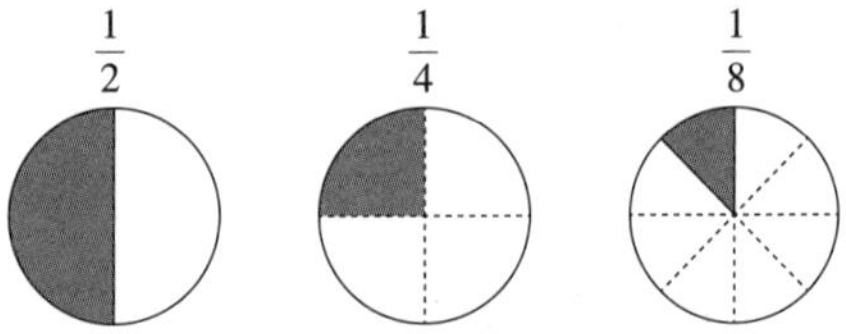

图5

师：看！我们用相同的图形创造出了不同的分数（如图5所示），还能继续创造吗？类推：平均分成了10份，每份是它的多少？

生：十分之一。

师：平均分成100份呢？

生：每份就是它的一百分之一。

师：大家反应这么迅速，难道是发现了什么规律？

生：把一个图形（平均）分成几份，其中的（1）份就是它的几分之一。

师：再仔细观察涂色部分（如图6所示）的大小，你还发现了什么规律？

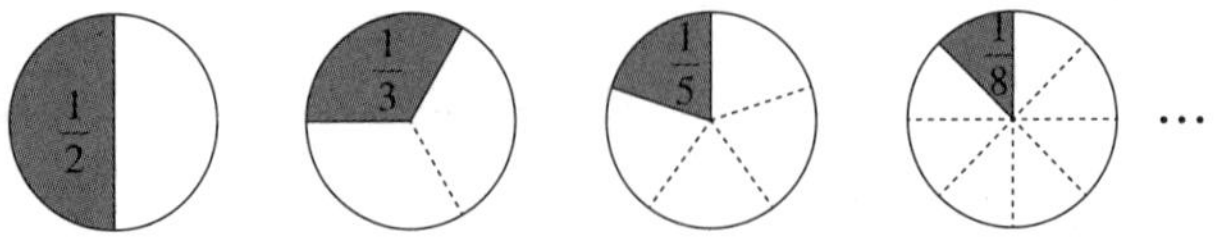

图6

生：涂色部分越来越小。

师：为什么会越来越小？

生：平均分的份数越来越多。

师:的确,同一个图形,平均分的份数越多,其中的一份就越小。

2.深化认识几分之几。

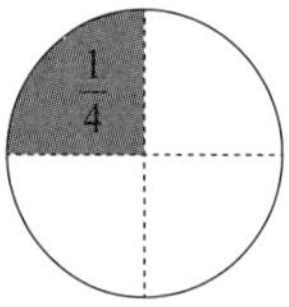

图7

师:通过前面的学习,我们知道了这里的涂色部分(如图7所示)可以用多少来表示?

生:四分之一。

师:仔细看,再涂一份,应该是多少?你是怎么想的?

生:四分之二。因为把一个圆平均分成4份,其中的两份是它的四分之二。

师:说得真清楚,谁还能像他这样说?全班一起说一说。

师:四分之二里面有几个四分之一?

生:2个。

师:再涂一份,涂色部分又该用哪个分数来表示呢?

生:四分之三。

师:四分之三里面有几个四分之一?

生:$\frac{3}{4}$里面有(3)个$\frac{1}{4}$,3个$\frac{1}{4}$就是($\frac{3}{4}$)。

师:如果再涂一份,就是多少?

生:四分之四。

师:四分之四里面有几个四分之一?

生:4个。

师:4个四分之一就是一个完整的圆。

设计意图:通过数形结合的方式,直观地将几分之一的表达形式有效地迁移到几分之几的理解上,并有效沟通了二者之间的内在联系。

【课后总评】

“分数的初步认识”是三年级上册的内容,分数是数认识的一次扩展,即从整数走向“不整”的研究,整数由“1”累加而来,分数由“1”均分而得,其本质都是对计数单位的表达,也就是“数是数出来的”。

1.借直观到抽象,注重归纳共同本质。

教学中借丰富表象帮助学生建构“二分之一”,适当拉长操作“一半”的过程，帮助学生归纳这一类事物的共同本质，让学生对“二分之一”的理解变得实在、具体，有利于后续迁移学习“几分之一”。

2. 借知识关联，注重感受数概念整体系统的一致性。

借类比、迁移、想象纵向沟通关联，将几分之一作为一个新的数数标准，在计数的本质上，沟通整数和分数之间的一致性，帮助学生建立完整清晰的知识体系，由“二分之一”到“几分之一”再到“几分之几”层层递进，让学生感受到分数也同样是通过“数计数单位数出来的”。理解了分数的组成，能促进学生对数概念进行整体系统的结构化学习。

3. 借“音形义”的有机结合，注重培养学生数感和符号意识。

借分数概念的读法、写法、意义在汉语语境下的高度统一，帮助学生感悟二分之一的含义。将“音形义”有机结合，能有效地促进学生对分数意义的感悟与理解，并在培养学生数感和符号意识的同时，感受数学与文字之间的巧妙联系。

借助进位理解凑十法

——“9加几”实录与评析

设计与执教：邱　梅　设计与评析：曹　果　刘晓艳

【课标要求】

《课标》指出，第一学段是学生进入小学学习的开始，要充分考虑学生在幼儿园阶段形成的活动经验和生活经验，遵循本阶段学生的思维特点和认知规律，为学生提供生动有趣的活动，更好地完成从幼儿园阶段到小学阶段的学习过渡。数的运算重点在于理解算理、掌握算法，数与运算之间有密切的关联，因此在本节课的教学中，主要从具体情境中经历探索“9加几”的计算方法的过程，学习初步的抽象、概括、推理，初步理解转化的数学思想。

【学习目标】

1. 知道用“凑十法”来计算9加几比较简便，学会用“凑十法”来计算9加几的进位加法，能正确计算9加几的进位加法。

2. 在探索9加几的进位加法的过程中，初步渗透转化为10加几的转化思想，培养动手操作能力与初步的提出问题、解决问题的能力。

3. 体验数学与生活的联系，培养有序观察、对比、归纳、总结的习惯。

【学习活动】

活动一：激活旧知，探究方法

课始，课件逐一出示口算题：

10+1　　10+2　　10+3　　10+5　　10+8　　10+4　　10+6　　10+9　　10+7

学生开火车口述得数，集体反馈。

师（追问）：这些加法算式，你们为什么会算得这么快呢？

（找到10加几的规律：10加几等于十几）

师：今天我们将借助10加几等于十几帮助我们学习。

设计意图：“9加几”的知识基础就是“十加几”，因此，在课的开始由“十加几”的口算练习引入是合适的。通过回顾十加几的口算，唤醒学习经验，用已知学习未知。

片段一：

单元的主题图中例1的素材是一箱水，有10瓶，但是我们生活中的1箱水一般是12瓶或者24瓶，本着数学生活的大课程观，结合实际生活，创设为了增强体质，要多喝牛奶的情境。（一箱牛奶10瓶）

学生尝试解决“9+3=?”。

生1：9+3=12。

师：为什么用加法做？

生1：讲不清楚。

生2：求“一共”，要用加法。

> **设计意图**：加法的本质就是将两个或两个以上的数合起来，变成一个数的运算，此处，给出了“用加法计算”的解释，并且借助手势或者形象化的语言帮助学生理解“为什么用加法计算的道理”，这涉及运算的意义，很重要，必须夯实。

片段二：

师：怎样算出9+3呢？自己先想一想，仅仅说出得数还不够，还要说出你是怎么想到这个得数的？先说给同桌听一听，过一会儿再给全班同学说。

同桌交流想法，教师巡视并辅导。

> **设计意图**：没有“摆小棒”这样的指令性任务限制，学生的思维会打得更开，很可能还会出现诸如：一个一个数着算；先想10+3=13，再减1；先拿1个给9，再加2等多种算法。少一分限制，多一分尊重，就会多一分惊喜。

当有学生说到“把9变成10，10加2就等于12”时，教师邀请学生用小棒摆一摆。

师：你能到前面用小棒演示给大家看看吗？（让学生用小棒在黑板上摆一摆）

> **设计意图**：此时的“动手操作”缘于学生“口欲言而不能”的自身需求，而非教师强加给学生的操作“指令”。

学生拿起一根小棒，与9根合在一起时，教师提问。

师：你为什么要拿一根小棒与这些小棒合在一起？

生：比较好算。

师(追问)：为什么就比较好算？

生：拿一根过去，这里就有10根小棒了，比较好算。

师：你想的很好！也就是10再加几，这是不是就变成我们以前学过的知识啦？它变成了10加2，就是12。

进一步引导：其实，这位同学的想法还可以这样表示出来。刚才他把这3根小棒其实就分成了1和2，然后9根加上这一根就是10根，最后想10加2，就是12。

教师可以根据师生对话逐步板书出算式：

9 + 3 = 12

1　2

10

设计意图：学生自主探索的过程，是运用已有经验解决问题的过程。看、摆、想、说、填这一系列数学活动充分调动了学生的感官去感知“凑十”算理的形成过程，从直观上了解算理，并通过叙述计算过程内化为计算方法，使“凑十”的数学模型建构迈出了成功的第一步。

情境引出：“9+5=?”，让学生用自己喜欢的方法计算“9+5”。

师：谁来说说你是怎样想的？

生：我是把9朵红花和1朵黄花圈在一起，再加上4朵黄花就是14。

教师结合学生的汇报，板书思考过程：

9 + 5 = 14

1　4

10

生：我先把5朵黄花和5朵红花圈起来是10朵，再和剩下的4朵红花加起来是14。

师：这种想法也不错！仔细观察，这两种计算方法有什么共同的地方？

生:都是先变成10再算的。

师:是啊!我们在计算时,既可以先把9凑成10,也可以先把5凑成10,然后再想10加几就方便了。

设计意图:此处的学习,重点让学生进一步理解"凑十"的思路。由于9和5都离10比较接近,因此,学生可能出现两种凑十的方法:把9凑成10或把5凑成10。结合学生的操作和思考,教师辅以结构化的对应性板书,提炼学生的思维过程,帮助学生在数形结合中实现从具体到抽象的转化。通过两种"凑十"方法的比较以及和例题的对比,学生对"凑十法"的理解逐步累积起感性经验,为进一步理解"凑十法"的内涵做好准备。

活动二:排列算式,寻找规律

师:今天我们学习的加法算式有什么共同的地方?

生:都是9加一个数。

师:(板书:9加几)今天学习的9加几,在计算时有什么共同的地方?

生:都可以把9先凑成10。

生:得数都是十几。

生:得数的个位都比加的那个数少1。比如12的2比9+3的3少1。

师:你的观察真仔细!得数个位上为什么会比那个加数少了1呢?

生:少了的1给了9,变成10了。

师:根据这个同学发现的规律,如果老师出这样的加法算式,你能比较快地算出得数吗?

师出示9+□=1□,让学生推算。

设计意图:在小结时,对9加几的算式进行了整理,学生通过观察、对比,发现规律,教师再出示更具结构化的算式,即:9+□=1□,并让学生进行推算。这样的设计,既体现了9加几的计算规律,又引导学生在寻找规律的过程中发展思维,使学生品味到数学内在的简洁之美。

活动三:运用规律,快速口算

师:今天的凑十法你学会了吗?

师：算一算8+3，你准备把它变成10加几来算？

师：计算各自小组的笑脸张数，说说你是怎么算的。

设计意图：数学是从生活中来的，最后也应回归到生活中去。课末利用小组评价的结果，让学生计算各组的笑脸个数，这不仅是激励评价的总结过程，也是灵活运用所学知识解决实际问题的过程，学生在此时可以真正地体会到9加几在现实生活中的应用价值。

【课后总评】

1.注重运算能力和推理意识培养。

数的运算的价值追求，除了理解计算原理、掌握计算方法、形成计算技能之外，还应学会有序、结构性地思考以及有条理地思考习惯，进而了解数学的方法和基本的思想，学会根据具体情境选择恰当的方法进行灵活计算，从而建立判断与选择的自觉意识，形成灵活与敏捷的思维品质。简而言之，即要实现“思维方法—思维品质”的过渡和提升，进而逐步培养学生的数学思想。

2.注重构建方法结构。

9加几的学习经历了“写出算式，探究方法——排列算式，寻找规律——运用规律，快速口算”的过程。“9加几”是20以内进位加法的第一课时，其学习效率直接影响着后续的学习。“9加几”的教学是“教结构”，即教师带着学生学，学习过程结构和方法结构，经过学习，学生对知识结构、方法结构和过程结构有了一定的认识和感悟；由于9加几的算法，同样是8加几、7加几等的计算方法，进位加具有相同的“方法结构”；9加几、8加几、7加几等的算式，都存在类同的“纵向”与“横向”的规律（得数的个位比第二个加数少1，2，3……）和相同的发现规律的“方法结构”（先把所有的算式排一排，再横向、纵向观察，发现规律）。8加几即扶着学生学，学生主动迁移9加几的各类结构进行学习；7加几，6加几……则是进一步“用结构”，继续给学生充分的更广阔的学习时空，让他们用前面学到的知识自我探究，自我提升，这部分内容与前两课教学的最大不同点在于学生要学会合理选择和判断，感受到拆小数的简便。

提前孕伏 做好铺垫

——“认识退位”实录与评析

设计与执教：刘箐箐　设计与评析：涂小伟　杨　洁

【课标要求】

《课标》提出，数的运算教学应让学生感知数的减法运算要在相同的数位上进行，体会简单的推理过程。通过观察、操作、思考，找不退位与退位之间的联系，发现本质的数学规律，建构全新的认知结构，探索出算理和算法，从而实现知识和方法的迁移，形成和发展核心素养。

【学习目标】

1. 借助计数器和小棒认识退位，深刻体会个位不够减从十位借一再减的道理，并能判断出哪种情况需要退位。

2. 通过动手操作、对比分析、归纳小结等数学活动，感悟退位的本质，积累数学活动经验，发展数感、运算能力、推理意识等核心素养。

3. 在探究过程中，获得积极的情感体验，培养良好的思维品质，会用数学的眼光观察现实世界。

【学习活动】

活动一：铺垫孕伏，回顾旧知

【课件出示：10以内和20以内不退位的减法口算题】

9-3=　　8-5=　　9-7=　　7-3=　　几减几

19-3=　　18-5=　　19-7=　　17-3=　　十几减几

师：孩子们，这些都是几减几的减法，简单吗？（学生完成第一组）

师：老师加大难度，第二组会吗？

师：19-3，你是怎么减的？

生：个位上的数相减。【板书：个位上的数相减】

师：那我们就用这种方法做后面的题。（学生完成第二组）

师：看来不论是几减几，还是十几减几都是把个位上的数相减。

设计意图:学生已经有了不退位减法的基础,教师以复习几减几和十几减几两组口算题入手,从学生已有知识和经验出发,总结出算法"个位上的数相减",为学习新知识做铺垫。

活动二:操作探疑,对比引入

【课件出示:17-3=】

【拨一拨】

师:孩子们真棒,能归纳出口算方法。老师从刚才的口算中选择了一题,你能在计数器上拨一拨这个算式吗?(学生拨一拨)

师:你发现了什么?(引导学生说出这里的1表示什么? 1个十;7表示什么? 7个一;3表示什么? 3个一。3从个位的7里减。)

【摆一摆】

师:如果要借助小棒该怎样摆呢? 这里的17用小棒怎么表示?(学生摆一摆)

生:1表示一捆,7表示7根。

师:该从哪里减3呢? 一捆还是7个单根里?

生:从7个单根里减去3个单根,剩下一捆和4根,得14。【课件演示过程】

【课件出示:10-3=】

【拨一拨】

师:那这个算式又该怎么拨呢?(学生继续拨,出现困惑。)

师:你发现了什么? 同样是减3,哪里变了?

生:被减数个位变成了0。【课件10中的0闪烁】

师:0减3怎么了?

生:不够减。【板书:不够减】(产生认知冲突:个位上的0减去3不够减)

【摆一摆】

师:请孩子们拿出小棒,小组合作,摆一摆10-3,说说你是怎样摆的。(抽一个学生展示操作过程)

师(追问):个位上是0,没有单根,不够减,怎么办?

生:打开这一捆小棒,把一捆也就是1个十拆开,变成10个单根,再从10个单根小棒中去掉3根,还剩下7根。【课件演示:打开一捆小棒的过程】

师：孩子们，像这样当个位不够减，把1个十退下去变成10个一，再减，就叫"退位"。

师：像刚才那样把这一捆小棒拆开变成10个一根，就是"退位"。（教师同步借助计数器归纳方法。）

师：今天这节课我们就一起来认识这位新朋友"退位"。【板书课题：认识退位】

> **设计意图：**借助拨计数器、摆小棒的方式，对比教学17−3和10−3两个都是减3的算式，让学生通过拨一拨、摆一摆，亲自参与到动手操作中。经过反复对比观察，发现17−3不退位，而10−3要退位，从而产生认知冲突，得出结论：当个位上的0不够减时要退位。

活动三：解疑明理，应用拓展

1.练习1：分一分。

师：孩子们，在减法算式中究竟哪种情况要退位呢？

生：个位上的数不够减，要退位。【板书：个位上的数不够减，要退位】

师：你能帮老师把"算式宝宝"放到对应的圈里吗？

16−2　　19−8　　10−8　　15−6　　12−5　　11−4　　17−3　　13−3

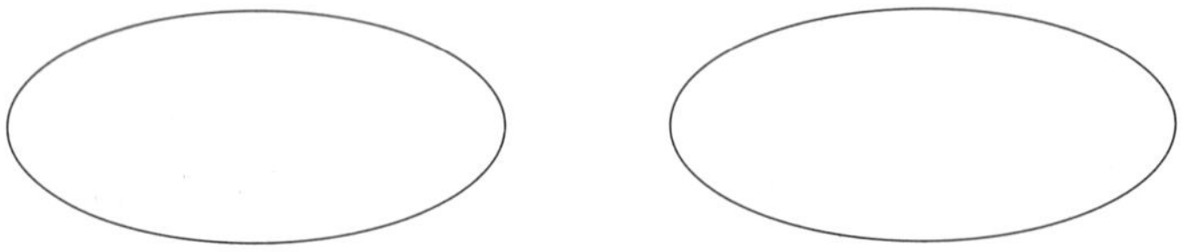

不退位的算式　　　　要退位的算式

师：这些算式为什么要退位呢？（教师指向要退位的算式）

生：个位上的数不够减，要退位。

师（追问）：都是从哪里退位的？

生：十位。

师：你能说几个要退位的减法算式吗？（学生互动举例）

2.练习2：想一想。

师：孩子们真厉害，我们继续挑战。老师也写几个算式考考你们，请判断这些减法要退位吗？（借助数位顺序表）

①17−5=

生:不退位。

师(追问):那17减几要退位呢?

生:8、9。

师:你是怎么想的?

生:先看17个位上是7,找比7大的数,不够减,就要退位。

②11−5=

生:要退位。

师(追问):除了减5,11还可以减几退位呢?

生:2。

师:你用什么方法找的?

生:先看11个位上是1,找比1大的数,不够减,就要退位。

师:像这样不够减的数还有哪些呢?

生:3,4,6,7,8,9。

师:那就是说,判断要不要退位,就去看什么呢?

生:被减数个位上的数够不够减。

师(追问):那11减几不退位呢?

生:减0,1。因为够减。

3.练习3:填一填。

师:当方框里填哪些数时,可以写出退位减法?

①12−□=

生:可以填3,4,5,6,7,8,9。

师:能写这么多,为什么?

生:因为这些数字,12个位上的2都不够减。

②18−□=

生:9 。

师:只有一个。你发现了什么?(学生尝试对比)

师(追问):被减数个位是2时,有这么多退位的算式;当是8时,却只有1个,为什么?能写出退位算式的多少和什么有关呢?

生:和个位数字有关。

师:当被减数个位上的数越小时,退位算式就越多。

当被减数个位上的数越大时,退位算式就越少。(教师归纳小结)

师:同学们会了吗?老师加大难度考考你们。

③1□-□=

师:现在变一变,连被减数的个位,老师都不告诉你,请你想想。

师:当被减数的个位是几时,写出的退位算式最多?

生:0。

师:当个位是几时,写出的退位算式最少?

生:8。

师:有没有写不出退位算式的情况呢?

生:9。

师:孩子们,通过刚才的学习,我们知道了个位上的数不够减,要退位。(借助数位顺序表)

④10-9=　　100-9=

师:10-9=,个位不够减,要退位。

师:那100-9=,该从哪位退位呢?(学生尝试分析)

师:十位不够减,从百位退到十位,再退到个位。(教师小结)

师:那么1000-9=,又该从哪位退位呢?

生:百位不够减,就要从千位退到百位,再退到十位,再退到个位。

师:还能继续写吗?

⑤190-30=　　120-30=

师: 190-30=,要退位吗?

生:十位够减,不退位。

师:120-30=?

生:十位不够减,从百位退位。

师(追问):什么没变?

生:都是减30。

师:什么变了?

生：十位从9变为2。

师：你发现了什么？

生：十位减十位上的数，够减不退位，不够减要退位。

师：看来哪一位上的数不够减，就要从前一位退位。（教师归纳小结）

设计意图：本环节设置了三个练习：第一个练习是通过游戏分"算式宝宝"，在激发兴趣的同时，对不退位减法和退位减法进行分类；第二个练习是借助数位顺序表，更加直观形象地对比观察，在追问中引导学生明白判断能否退位的关键是比较被减数个位上的数和减数个位上数的大小；第三个练习采用题组形式，通过三个式子：12-□= 18-□= 1□-□= 让学生明白写出退位算式的多少和个位上的数字有关。两组练习 10-9= 100-9= 190-30= 120-30= ，从直观到想象，从分析到创造，层层深入，打破固有的思维模式与认知结构，从而走向深度学习。

活动四：课堂小结，畅谈收获

师：孩子们，这节课你们有什么收获呢？

生：知道了什么是退位，个位上的数不够减，要退位。

师：孩子们，世界上伟大的发现，缘于比别人多想了一点点儿。在以后的学习中，老师希望你们能继续勤思考、多动脑。

设计意图：课堂小结时，教师结合板书，让学生畅谈自己的收获，有效地激发学生学习数学的乐趣，并为开启下一节课怎样算退位减法埋下伏笔。

【课后总评】

"认识退位"整节课，从学生已有的知识经验出发，借助学具，让学生动手操作，引导学生通过反复对比观察，产生认知冲突，初步认识退位的本质。本课立足于培养低段学生良好的数学思维能力，具有以下特点：

1. 注重操作对比，感受退位本质。

对比教学 17-3 和 10-3 两个算式至关重要，它是后面探索退位本质的基础，因此课堂教学中特别注重拨计数器、摆小棒的操作方式，并让学生亲自参与。在反复对比观察中发现 17-3 不退位，而 10-3 要退位，从而产生认知冲突，最后得出结论：当个位上的0不够减时要退位。在这个过程中，动画演示“打开一捆小棒”的过程，更加直观感受了把一捆小棒变成10个一根再减，就是“退位”，理解了退位的本质。

2.注重结构化教学，感受知识迁移。

教学中体现了新课标的结构化教学。拓展延伸环节，设计了三个有层次的练习，从直观到想象，从分析到创造，层层深入，打破了固有的思维模式与认知结构。特别是借助数位顺序表，对比“10−9，100−9，1000−9……甚至更大的数字去减9时，我们该怎么办”的教学过程，培养了学生的“意识和感受”，更好地带来了知识与方法的迁移，带来了课堂的拓展延伸，让学生从本质上理解了退位，进而走向深度学习。

3.注重发展数感，感受推理意识。

有了前面的学习作为铺垫，学生在完成练习2时，通过老师不断地追问、引导，学生得出结论“判断能否退位的关键是比较被减数个位上的数和减数个位上数的大小”，这个过程，充分体现了学生的推理意识，同时发展了学生的数感。将抽象的算理变得直观形象，让学生在明白算理的情况下顺利、自然地掌握本质核心，从而让学生逐步学会用数学的眼光观察现实世界，用数学的思维思考现实世界，用数学的语言表达现实世界。

借助退位理解“破十法”

——“11减几”实录与评析

设计与执教：王艺积　设计与评析：蹇泽华

【课标要求】

《课标》提出，能熟练口算20以内数的加减法，知道减法是加法的逆运算。

11减几是退位减法的起始课，较之以前学习的20以内的不退位减法，学生掌握起来比较难，因为算法具有一致性，所以可以把“11减几”转化成“10减几加1”进行学习。将未知转化为已知，能发展学生的运算能力和推理意识。

【学习目标】

1.知道用“破十法”来计算11减几比较简便，学会用“破十法”来计算11减几的退位减法，能正确计算11减几的退位减法。

2.经历探索11减几转化为10减几再加1的过程，初步渗透转化思想，培养学生的动手操作能力、运算能力、推理意识，以及初步提出问题、解决问题的能力。

3.感受数学与生活的联系，培养有序观察、对比、归纳、总结的习惯。

【学习活动】

活动一：唤醒经验，激活旧知

课前教师带领孩子们一起唱凑十歌，紧接着出示10−几和10−几+1的口算题，将11−几转化成学生能解决的10−几+1的混合运算。

师：前面我们学习了10以内数的减法，你会算吗？

10−1=　10−6=　10−2=　10−7=　10−3=　10−8=　10−4=

学生计算。

师：10减几得多少，就是找几的凑十数，比如说9的凑十数是1，10减9得1；同样8的凑十数是2，10减8等于2。

师：口算下面的题。

10−8+1=　10−9+1=　10−7+1=

设计意图：通过回顾10−几和10−几+1的口算方法，唤醒学生的学习经验，为继续学习11−几的退位减法奠定基础。

活动二：自主合作，探索算法

师：原来有11支铅笔，拿走2支铅笔，还剩多少支铅笔？

学生列式：11−2。

师：你能说说为什么用减法吗？

生：因为是从11里拿走2支，所以用减法。

师：大家都知道11−2等于9，你是怎么想的呢？把你的想法在小组内说一说。

学生独立思考，完成学习任务，与小组成员交流方法，然后开展全班交流。

【小组汇报1】倒着数：10，9。

【小组汇报2】想加法：9+2=11，11−2=9。

【小组汇报3】连续减：11−1=10，10−1=9。

【小组汇报4】看十法：把11看成10，10−2=8，8+1=9。

师：除了这4种方法以外，还有什么方法吗？孩子们，回忆一下我们以前学习计算时的做法。我们会经常借助小棒（出示小棒）来完成计算过程。摆小棒是一种很重要的方法，那今天我们也借助小棒来摆一摆11−2得多少。

学生自己动手摆一摆。

【小组汇报5】我们是这样摆的。（如图1所示）

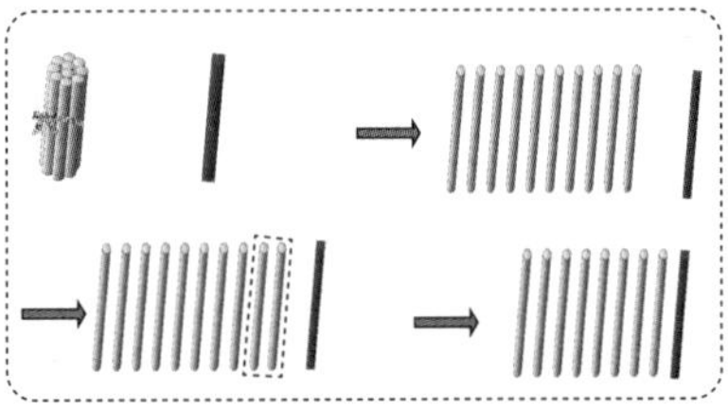

图1

师（追问）：从11根里面拿走2根，你遇到了什么问题呢？

生1：单根不够拿。

师：你是怎么解决的？

生2：把一捆拆开。

师：刚才拿走小棒的过程，实际上就是由11−2变成10−2+1的过程。（如图2所示）

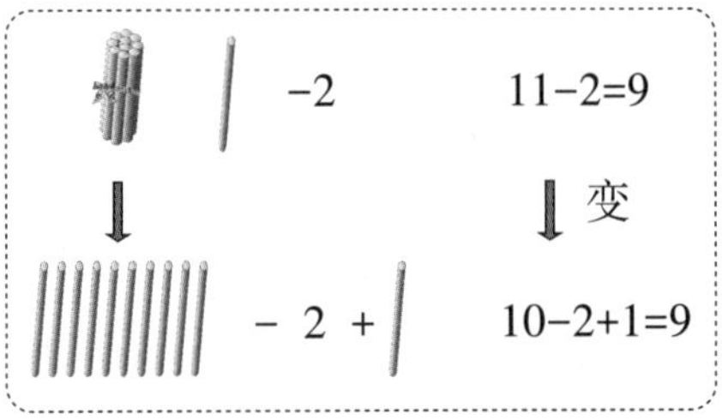

图2

师：孩子们刚才摆小棒的过程，我们把它叫作"破十法"。

设计意图：创设联系学生生活的问题情境，让学生通过这些情境感受减法计算与生活的密切联系，激发学生的学习兴趣。对退位减法的教学，要运用直观教学，鼓励不同算法，让学生在摆小棒的过程中获得表象支持，从而理解和掌握算法。

活动三:迁移算法,加深理解

师:今天我们用了哪几种方法?你对哪种方法印象最深刻呢?今天我们就借助这种方法来算算下面的题目。(如图3所示)

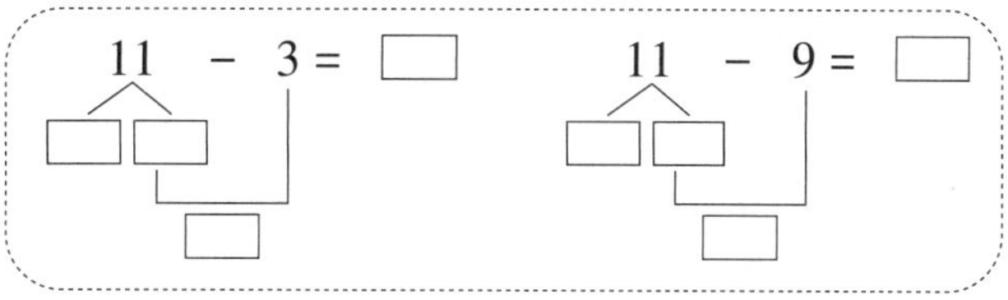

图3

师:请孩子们用自己的方法解决这些问题。

生1:把11分成1和10,10−3=7,1+7=8。

生2:把11分成1和10,10−9=1,1+1=2。

师:这里有11个杯子,拿走8个,还剩多少个?(如图4所示)

图4

学生列式11−8。

师:怎么计算?能不能用刚才学过的破十法计算呢。

学生解答。

师:11−8实际上就是把它转化成10−8+1来计算的。(如图5所示)

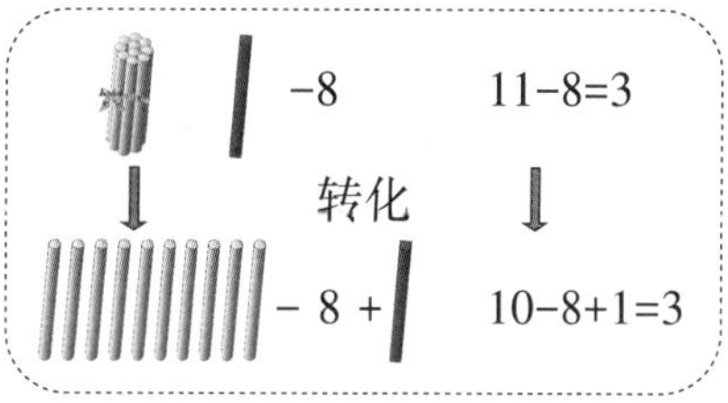

图5

师:出示3组题目,每一组题有什么联系?

10−4+1=　　10−7+1=　　10−6+1=

11−4 =　　11−7=　　11−6=

生1:计算11−4是把它转化成10−4+1来计算的。

生2:计算11−7是把它转化成10−7+1来计算的。

生3:计算11−6是把它转化成10−6+1来计算的。

生4:这3组题目的思路都是一样的,都是把下面一排的算式转化成上面一排学习过的算式来计算的。

设计意图：学生通过动手解决问题后，静下心来观察与思考，建立方法之间的联系，可以深化对“破十法”本质的理解与认识。学生通过练习，发现这次所学的和以前所学的有相通之处，渗透计算11−几就是把它转化成10−几+1来计算的思想。同时，学生也能感受到，面对新的问题可以借助已有的经验，通过转化寻求新旧问题之间的联系，想办法解决问题。

【课后总评】

1.借助旧知，探索算法。

借助已有知识经验进行问题探索和解决，是学生应该掌握的必要数学学习能力。面对11减几这个新问题，启发学生在以前10减几加1的学习经验的基础上迁移算法。这不仅体现新课标强调的从未知到已知的转化，同时也是数学运算一致性的体现，更为后面学习退位减法奠定基础。

2.表象支持，理解算理。

在教学时，通过学生摆小棒和教师动画再现小棒的过程，帮助学生形成清晰的表象，直观地理解11减几的退位减法的算理，为算法归纳总结提供支持，体现“做中学”的理念。

3.指向素养，建构能力。

在理解算理、探索算法的过程中，注重渗透转化思想，积累转化经验，培养运算能力、推理意识，将其贯穿在整个教学活动之中。

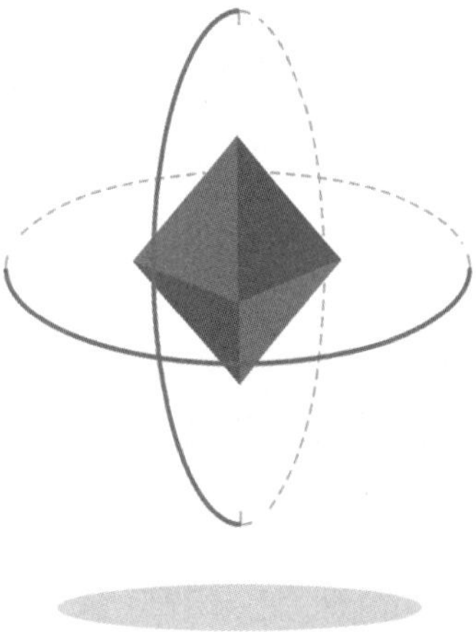

发挥乘法口诀的推动作用

——“两、三位数除以一位数的口算”实录与评析

设计与执教:向 浩 设计与评析:王 平

【课标要求】

《课标》提出,探索并掌握多位数的乘除法,感悟从未知到已知的转化。探索已知与未知的联系,对知识的迁移与算理的联结有促进作用。

本课例采用“支架式结构”,教学中关注学生对知识内容整体结构的理解,对数学方法结构的建构,引领学生经历自主探索知识的前后联结过程,实现同一领域、同一单元知识之间的融会贯通。课例中以摆小棒的方法理解算理,注重操作与实践结合的学法,再通过相关算式来打通已知与未知的壁垒,促进算理的迁移,以线段图、数位顺序表多种方式与未知产生联结,使课程结构完整。

【学习目标】

1.迁移表内除法的学习经验,对比探究两位数除以一位数的口算方法,理解算理,经历整两、三位数除以一位数的口算过程,感悟乘除法运算的一致性。

2.通过旧知引新知,再联结未知的学习方式,培养学生推理意识,提高推理能力,积累数学学习经验。

3.在探究过程中,体会探索算法成功的体验,增强学习数学的自信心,感受数学回归生活的本质。

【学习活动】

活动一:以旧“唤”新

教师要为本节课新知识学习搭建支架,先运用表内除法的口算引入新课,以旧“唤”新,引入课题。提出今天学习的除法算式“60÷3=”,找出今天学习内容有什么不一样?了解不同,寻找联系,与旧知算式“6÷3=”,通过摆小棒的方式对比探究(如图1所示),快速掌握新知识计算原理,达到高效学习目的。

师:刚刚我们是这样操作的,6根小棒平均分成3份,每份是2根,6捆小棒也平均分成3份,每份是2捆。请仔细观察分小棒的过程,小组讨论,两种摆法有哪些相同点?哪些不同点?

生:相同点是都是把6平均分成3份。不同点是一种表示6个一,另一种

表示6个十。

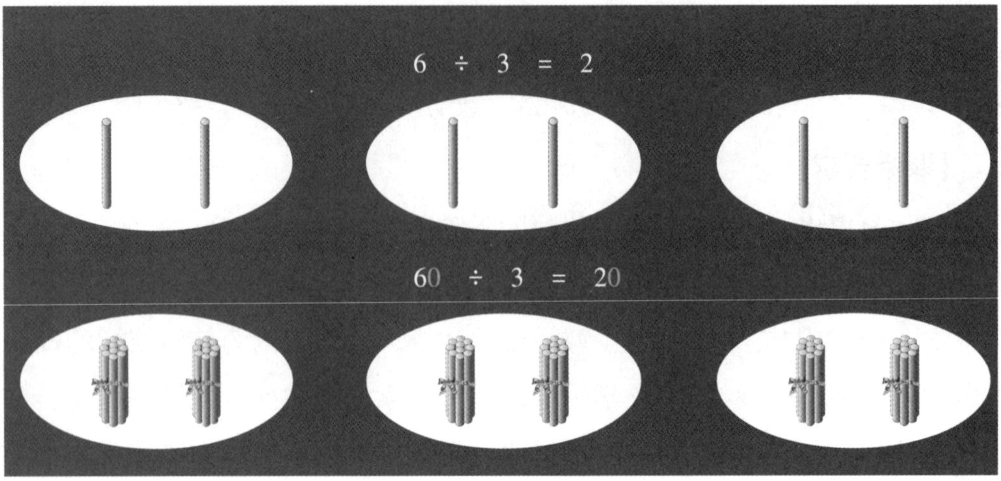

图1 摆小棒对比探究

设计意图:通过表内除法的口算练习,唤醒旧知学习经验,以找不同的方式唤起好奇心,快速掌握新知识计算原理,增强学生的推理意识,为继续学习两位数除以一位数的口算算理奠定基础。

活动二:活学活用

在了解整十数除以一位数的口算原理后,教师让学生联想一道与它有关的计算题,加深知识结构联系,加强算理理解。

师:看来我们今天学习的除法与原来的除法有关,那我们能不能借助原来的除法来学习今天的除法呢?

师:那试试!

出示:60÷2= 80÷4= 90÷3=

师:你想到原来学过的哪一个除法算式与60÷2有关?(把6÷2板书在60÷2的下面)那这个呢?(后面的也写在下面)

师:你是怎样借助下面这些算式来计算上面的整十数除以一位数的算式的?

师:理解很准确!那加大点儿难度。

出示:100÷2= 300÷3= 800÷4=

你又想到了原来学过的哪一个与它有关的除法算式呢?它的得数是

多少？

看到原来的除法，你能解决现在的哪些除法算式呢？

出示：4÷2=　　　　　　8÷4=　　　　　　12÷3=

师：嗯！灵活运用，那你觉得整十、整百数除以一位数，怎样口算？

> **设计意图**：让学生将旧知与新知再次联系，打通算理与算法间的联系，使学生既理解算理，又掌握算法。从整十加大难度到多个十，让学生进行数学思考，采用举一反三思想，利用与旧知相同的算理能够解决新问题。再设计看原来的除法能解决今天的哪些算式，加强对算理的运用，加深对算理的理解。学生通过对新旧知识的多次联结感知后再进行整十、整百数除以一位数口算算理的小结，得出“将几百看作几个十，再转化成表内除法来口算”的结论，水到渠成。

活动三：联结未知

例1.借用线段图理解算理，拓展广度。（如图2所示）

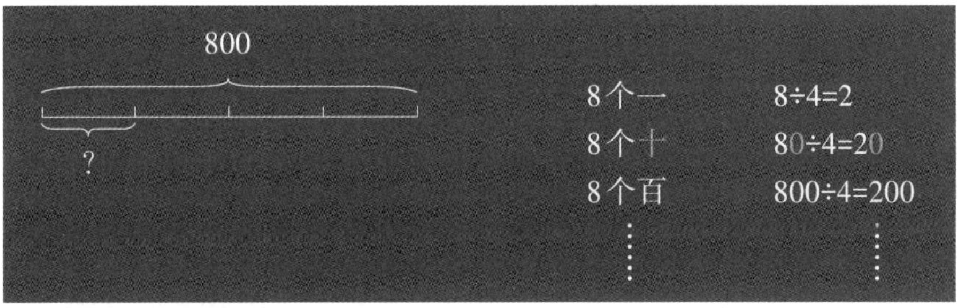

图2　利用线段图理解

师：既然我们今天学习的知识和以往的知识有关联，那也可能和将来的知识有关。具体怎样关联呢？我们通过下面的练习来加深理解。

出示线段图，平均分成四份，其中一份是多少？

师：如果一段表示为8，除法算式怎么写？

（8个一　8÷4=2）

那表示为80呢？

（8个十　80÷4=20）

800呢？

（8个百　800÷4=200）

……

师：还可以表示多少？能表示完吗？

师：通过变化，知道了什么？

生：不管是几个一、几个十、几个百或者更多，都会和表内除法相联系。

> **设计意图：** 借用线段图理解是数学学习中一个很重要的方法，将几何与运算联结，建立数与形的联系，构建两位数除以一位数口算的直观模型，增强学生的思维，扩大思考维度。

例2.借助数位顺序表，理解商的变化过程。

准备数字8，4，2，设置“我摆你移”的游戏活动。结合数位顺序表与除法竖式表示除法算式，让学生感受数学的多样化。通过游戏过程，明确数字在哪一位上就是表示“几个计数单位”，感受两、三位数除以一位数的算理。

师：数学方法是多样的，我还可以在数位表中表示除法算式。要不要试一试？

```
     百 十 个
     位 位 位
           4
   ┌────────
 2 )       8
           8
   ─────────
           0
```

师：移动8到十位，现在哪点不一样？4现在应该在什么位上？

师：那移动8到百位，谁来试试？（学生读出算式）

师：把这个8放在十位，现在怎么办？

操作升华：（分三步）先摆640÷2=320，再摆240÷2=120，最后摆140÷2=70。

追问：看到这儿，你们有疑问吗？

疑问：都是三位数除以一位数，为什么刚才都是从百位开始商，现在这个7却在十位上呢？

结论：因为被除数百位上的数比除数小，所以需要将百位上的数和十位上的数合在一起计算。

设计意图：将单纯表示“几个一、几个十、几个百除以一位数”融合在一个算式中，与学生刚学的知识产生矛盾冲突，引发学生主动进行数学思考。学会利用相同的算理，分开解决，再合起来，渗透着一种“拆分”的数学学习方法，计算时当高位不够除时，需要将百位和十位合起来计算，与将来多位数的除法相呼应，使内容的结构更加完整，让孩子们真正达成深度学习。

活动四：联系生活

在数学中，让知识回归本质，解决实际问题是最根本的目的。（如图3所示），首先让学生想引用生活中的问题来编写题，再利用方法解决问题，让学生明白数学源于生活，并用于生活。

师：我们今天学的除法，在生活中会用到吗？

出示线段图：

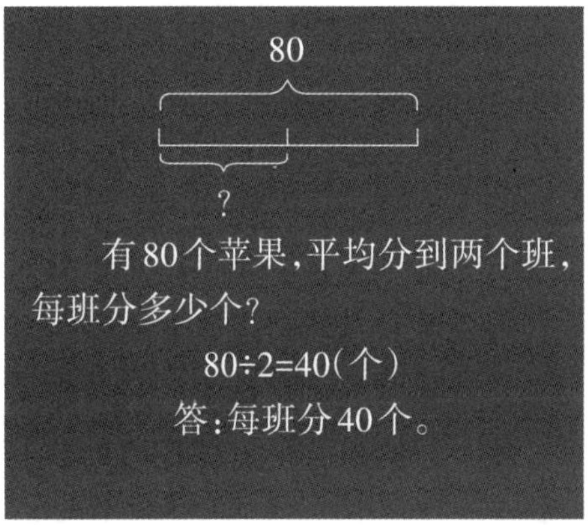

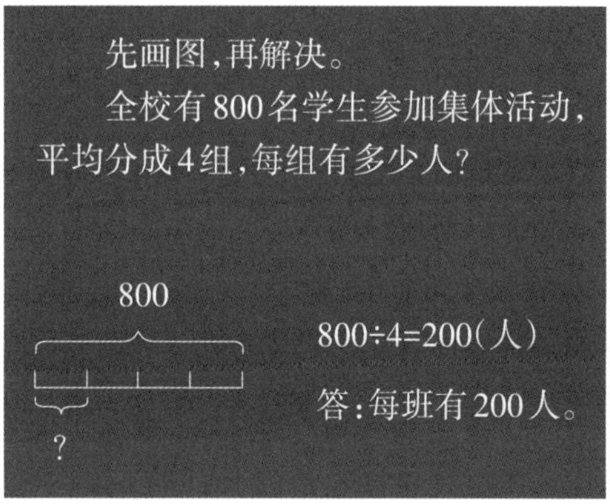

图3 联系生活解决问题

生活中像这样的问题还有哪些？谁来说说？（学生说生活实际情境）

师：那你能用同样的方法解决这些问题吗？大家先画图，再解决。

知识融合：$6÷2=3$　　$60÷2=30$　　$600÷2=300$

你能将这三个算式写成一个除法算式吗？

设计意图：再次利用线段图，使本课前后有呼应，各成一体却又紧密联系；然后将数学知识和生活联系起来，让学生描述实际情境，拓展内容，使数学学习回归生活，学以致用，同时利用线段图理解题意，解决实际问题，进行方法的渗透；最后将本课中一位数除以一位数、两位数除以一位数、三位数除以一位数的算式进行整合，巩固算理的同时与将来的知识产生联系，加深印象。

活动五：总结学法

师：这节课，学到了什么？

生1：两、三位数除以一位数的口算算理，即将几百、几百几十看作几个十，再转化成表内除法来口算。

生2：整十、整百数除以一位数，不管被除数是几个一、几个十、几个百或者更多，都会和表内除法相联系。

师：怎么学的？

师：本节课通过口算回顾旧知识——采用摆小棒对比的方法，找出相同与不同来研究新知——利用线段图和数位顺序表与将来的知识联结，进行数学思考——最后回归生活利用线段图解决实际问题。

设计意图：数学学习除了知识内容的理解，还有很重要的是学习方法的掌握，即先梳理学习过程，再总结学习方法，以培养整体思维，增强总结归纳能力。

【课后总评】

《课标》在课程内容中提到：重点是对内容进行结构化整合，探索发展学生核心素养的路径。重视数学结果的形成过程，处理好过程与结果的关系；重视数学内容的直观表述，处理好直观与抽象的关系；重视学生直接经验的形成，处理好直接经验与间接经验的关系。

本课中内容整合从旧知到新知再到未知，阶梯形的“支架式”内容结构，有层次感，符合大单元教学的要求，利于发展学生的推理能力与推理意识；学生自主对比探究，体现学生自主性；联结未知时，加强算理理解，增加难度，达成深度教学；回归生活中，学生积累经验，解决问题。整个结构严谨完整，有效落实了学生核心素养的培养。

教学中，两、三位数除以一位数是拆分整合后进行计算的，核心就是每个数位上的计数单位都回归到表内除法，再整合起来，让学生感受整数除法运算的一致性，感知已知与未知的联结。

抓联系 促迁移

——“一位数乘三位数”实录与评析

设计与执教:杨 梅 设计与评析:周 亚 陈 杰

【课标要求】

《课标》在“数与运算”板块中明确提出,探索并掌握多位数的乘除法,感悟从未知到已知的转化,建立未知和已知的联系,发展学生的运算能力和推理意识。因此,本课例在设计和实践中让学生体会数学知识间的联系,建立知识框架,从而发展学生的运算能力和推理意识,让核心素养扎实落地。

【学习目标】

1.自主探究一位数乘三位数的计算方法,感悟数的运算以及运算之间的关系,并能正确计算。

2.通过独立思考、合作探究、交流分享、归纳总结等数学活动,经历笔算方法的探索过程,感悟知识的迁移运用,体会运算的一致性,培养运算、推理能力,发展数感和推理意识。

3.在探索的过程中,激发参与数学活动的兴趣,提高合作交流的能力,获得成功的体验,树立数学学习的信心。

【学习活动】

活动一:创设情境,引出新知

教师创设学生熟悉的生活情境,引导学生根据情境中的数学信息发现和提出有意义的数学问题,运用已知列出算式,学生很容易思考出运用加法或者乘法列式;再引导学生重点思考乘法应该怎样计算,将758×3作为学习素材进行探索,带领学生根据一位数乘两位数的计算方法思考一位数乘三位数的计算方法。

师:孩子们新学期开始了,学校社团活动也在积极准备着。美食组的老师们准备购买3个微波炉,每个微波炉758元。根据这些数学信息,你能提出什么数学问题?

生:买3个微波炉要用多少元?

师:孩子们,要解决这个问题该怎么列式?

生1:列式是758+758+758。

生2:列式是758×3。

师:能用不同的方法解决这个问题,真会思考!不过加法我们都会计算了,今天我们重点研究乘法怎样计算。

师:孩子们,看到这个算式你们能想到之前学习的什么知识呢?

生:我们之前学习过和这个差不多的算式,比如“58×3”“68×3”都是一位数乘两位数。

师:是的,之前我们学习过一位数乘两位数。既然算式差不多,是不是方法也差不多呢?今天我们就尝试用一位数乘两位数的计算方法来试着解决一位数乘三位数,看看你能发现什么。请孩子们结合之前一位数乘两位数的计算方法自主思考,写清计算过程,一会儿我们来交流。

> **设计意图**:创设真实情境,提供数学信息,培养学生从生活情境提出数学问题的能力。通过不断追问,激励学生不断思考,从而激发学生已有的知识经验。尝试用已知解决未知,将未知转化为已知,并引导学生自主思考,探究一位数乘三位数的计算方法,为后续交流讨论打下基础。

活动二:反馈算法,理解算理

明确探究对象之后,学生自主思考并尝试在学习单上运用多种方法计算758×3,最后借助小棒图数形结合解释算理。

生1:我是口算的方法(如图1所示),多位数758可以看成整百数700,整十数50和一位数8的和,用它们分别与3相乘,所以758×3=2274(元)。

生2:我用的是列竖式的方法(如图2所示),在计算时用一位数3从个位依次乘758的每一位,把每次乘的积对应写下来,所以758 × 3=2274(元)。

700 × 3 = 2100(元)
50 × 3 = 150(元)
8 × 3 = 24(元)
24 + 150 + 2100 = 2274(元)

图1

```
    7 5 8
×       3
---------
      2 4
    1 5 0
  2 1 0 0
---------
  2 2 7 4
```

图2

师：能用不同的方法计算，孩子们真棒！请孩子们仔细观察口算的横式和这个竖式有联系吗？

生：我发现这个竖式完整地记录了口算的过程，而且计算的方法是一样的，都是先按照计数单位进行拆分，再分别乘，最后合起来。

师：你的发言真精彩！找到了竖式和口算横式的联系。孩子们，除了这两种方法，还有其他的方法吗？

生：我也是用的列竖式的方法。之前我们学习了一位数乘两位数进位的竖式是这样写的，个位满十向十位进一，可以把进位的数写在横线上，所以758乘3的竖式中我也是将进位数写在横线上。我用一位数乘两位数的计算方法推导出了这个竖式。

师：真了不起，结合一位数乘两位数的计算方法推导出了一位数乘三位数的竖式。真是这样写的吗？接下来我们借助小棒一起来看看。课件动画展示（如图3所示）。

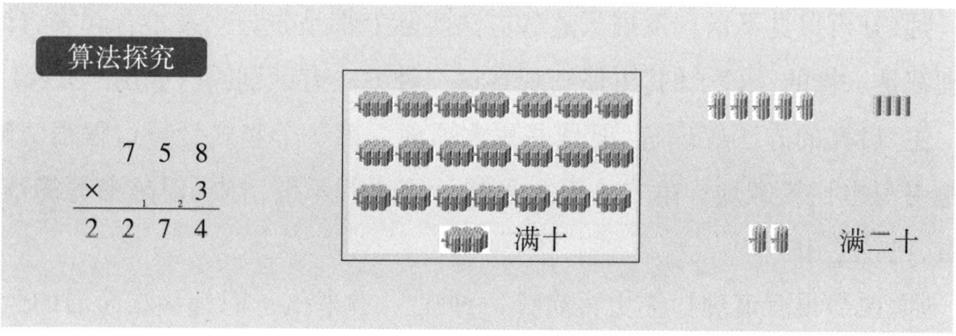

图3

设计意图：让孩子借助一位数乘两位数的计算方法，迁移运用到一位数乘三位数的计算之中，感受方法的多样性，并借助摆小棒数形结合直观理解一位数乘三位数的算理，这一过程培养学生的运算能力和推理意识。

活动三：方法对比，寻找联系

学生借助学习任务单自主探究出了一位数乘三位数的多种计算方法。在自主探究的过程中验证了已有的知识经验能够迁移运用到新的知识，实现了将未知转化为已知。孩子们不仅能正确计算出一位数乘三位数的结果，还能对比多种方法找到其中的联系，体会数的运算本质的一致性。

师：孩子们，理解了吗？这样就推导出了758×3的竖式了。接下来请看，通过刚刚的探究我们发现这些方法都可以正确计算出758×3的结果。仔细观察，你能找到它们的联系吗？（如图4所示）

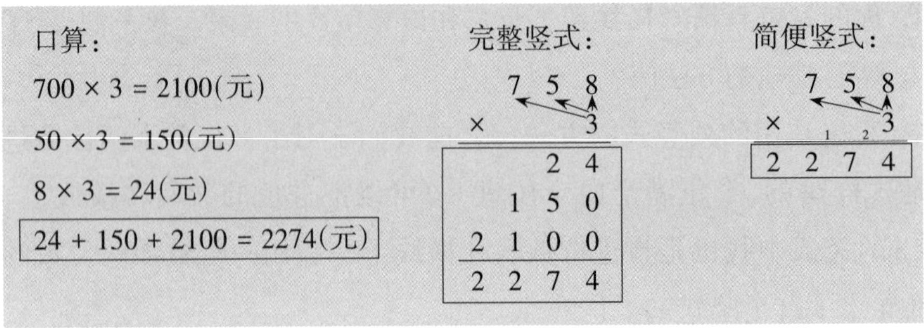

图4

生：我发现其实这两个竖式都记录了口算的过程，都是先分别乘，再合起来。

师：分析得真不错！发现了这些方法实际上都是先分别乘再合起来，计算道理都是一样的。孩子们，再仔细观察这三种方法有区别吗？（如图5所示）

生：口算的方法好理解，但是书写太烦琐。第一个竖式计算过程很清晰，但是书写也比较麻烦。第二个竖式虽然计算过程不够清晰，但是书写简洁又好看，比较适用。

师：说得很有道理！你更喜欢哪一种呢？ 看来孩子们都喜欢简洁的竖式计算。是呀，简洁的竖式计算是我们计算的好帮手。

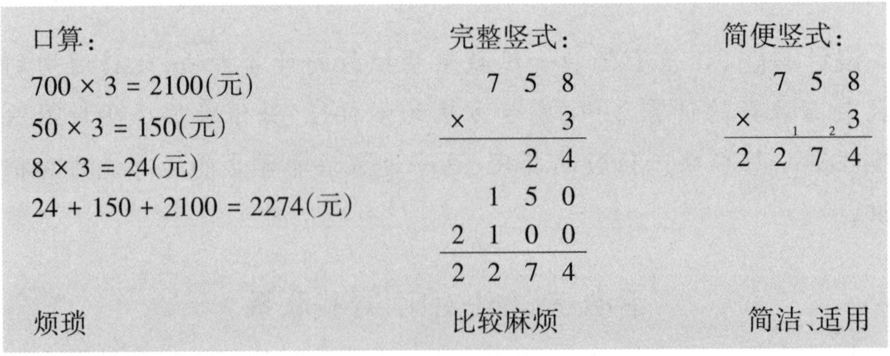

图5

师：那在计算时我们写这种竖式要注意什么呢？

生:在书写时要注意位数多的乘数要写上面,并且相同数位要对齐,从个位依次乘起,哪一位满几十,就向前一位进几,计算时不要忘了加上进位数。

师:总结得真不错!计算时一定不要忘了加上进位数哟!孩子们,都记住了吗?接下来我们检验一下,每个电饭煲368元,购买4个电饭煲,又该付多少钱呢?怎么列式?你能用竖式计算出正确结果吗?

设计意图:探究出不同计算方法之后,首先带领学生观察与思考,建立不同方法之间的联系,理解虽然方法不同,但是算理相同,体会数运算本质的一致性,形成推理意识;然后让学生对比不同计算方法的优缺点,发现简洁的竖式计算才是我们计算的好帮手;最后才是书写竖式计算,孩子们自主总结易错点并进行沟通交流。

活动四:前后对比,算法总结

教师带领学生回顾一位数乘两位数和一位数乘三位数的计算方法。学生发现,一位数不管乘几位数都是先用这个一位数从个位分别乘多位数的每一位,哪一位满几十就向前一位进几。

师:真会举一反三!不仅正确计算出了368×4的结果,还将计算过程说得非常清晰,你做对了吗?接下来请观察这三个竖式,这是一位数乘两位数,这两个是一位数乘三位数,它们的计算方法有什么相同点吗?

生1:我发现不管是一位数乘两位数,还是一位数乘三位数,计算方法是一样的,都是用这个一位数从个位开始分别乘另一个乘数的每一位,哪一位满几十,就向前一位进几。

生2:我还发现一位数不管乘几位数都可以用这个计算方法。多位数有几位就分别乘几位,哪一位满几十,就向前一位进几。

师:你们的发现真有价值!找到了一位数乘两位数和一位数乘三位数计算的相同点,并且归纳了一位数乘多位数的计算方法。它们都是用这个一位数从个位分别乘多位数的每一位,哪一位满几十就向前一位进几。孩子们,为了方便记忆,老师为大家编了几句儿歌,我们一起来读一读。

乘法竖式很简单，数位一定要对齐；

个位开始分别乘，积满几十就进几；

进位要写横线上，不要忘了加进去。

设计意图： 在学生充分理解一位数乘三位数计算方法的基础上，带领学生回顾一位数乘两位数和一位数乘三位数计算方法的相同点，建立新知与旧知的联系，深化学生对数运算本质的一致性的理解。学生静心观察与思考，发现这个计算方法可以拓展到一位数乘多位数，即不管一位数乘几位数都可以用这个计算方法。同时，学生能够直观感受到新知识可以尝试用已有的知识经验解决。通过将未知转化为已知，实现复杂问题简单化，再去研究。

【课后总评】

《课标》指出以学生的发展为本，以核心素养为导向。本课例为更好落实核心素养，在设计时根据新课标的要求精心设计了以下三个方面。

1. 注重一位数乘法的本质，了解运算的一致性。

一位数乘三位数计算方法的探究至关重要，通过之前"一位数乘两位数"的计算方法，先拆分、再分别乘、最后合起来，回忆"先分后合"的过程。学生借助旧知举一反三，自主探究推理出新知"一位数乘三位数"的计算方法，验证了已有的知识经验能够迁移运用到新的知识中，还能对比多种方法找到其中的联系，体会数运算本质的一致性。

2. 注重知识间的联系，体会知识的迁移应用。

在教学过程中，重点引导学生运用已有的知识经验解决新的知识，建立新知和旧知的联系，实现从未知到已知的转化，将一位数乘两位数的计算方法迁移运用到新知识中。教学时不直接提供解决方法，只提供算式，让学生自主探究并动手实践，运用不同的方法计算出正确结果，在体会方法多样性的基础上，带领学生观察与思考这些方法，先找联系再找区别，最后乘胜追击追问"一位数乘两位数和一位数乘三位数计算方法有什么相同的地方"，让学生经历独立思考并与他人合作交流解决问题的过程，体会知识的迁移应用。

3.注重培养学生的运算能力,形成推理意识。

本课例在每个环节都设计了有意义的、富有挑战性的数学活动,让学生亲身体验,动笔计算,经历计算出正确结果的过程,培养学生的运算能力。同时,在探究计算方法的过程中,让孩子借助一位数乘两位数的计算方法,迁移运用到一位数乘三位数的计算之中,理解算法不同,但是算理相同,体会数的运算本质的一致性,形成推理意识。

运算律的普适性

——“小数加减法的简便计算”实录与评析

设计与执教:丁俐文　设计与评析:赖留君　何小芳

【课标要求】

《课标》要求在教学过程中,教师要重视教学内容的整体分析,帮助学生建立能体现数学学科本质、对未来学习有支撑意义的结构化的数学知识体系。因此,在教学中,渗透结构化思想是有必要的。本课例通过探索小数加减法的简便运算,引导学生感受运算律的普适性,发展数感、推理能力、运算能力和应用意识。

【学习目标】

1.结合具体情境,理解加法运算律和减法性质对小数同样适用,能合理地应用加法运算律和减法性质进行小数的简便运算。

2.经历观察、发现、提出、解决问题的过程,获得观察、思考、表达的基本学习经验,感受运算律的普适性和简便计算的简洁性,感悟迁移的思想,形成数感、推理能力、运算能力。

3.在探索过程中获得成功的体验,感受数学与生活的联系。

【学习活动】

活动一:复习引入,沟通联系

(一)口算

(1) 0.4+0.6=　　(2) 6.4−2.4=　　(3) 3.4+4.8=

(4) 9.5−5.5=　　(5) 4.4+5.6=　　(6) 2.5+5.5=

(二)分类

(1) 0.4+0.6= 1　　(2) 6.4−2.4= 4　　(3) 3.4+4.8= 8.2

(4) 9.5−5.5= 4　　(5) 4.4+5.6= 10　　(6) 2.5+5.5= 8

师:你是怎么分的? 能说说理由吗?

生:能凑整的分一类,不能凑整的分一类。

（三）沟通联系，感受数运算的本质

师：看到0.3+0.7=1，你想到了以前的哪个算式？

生：（学生尝试回答）3+7=10。

师：为什么？

生：0.3+0.7=1是3个0.1加7个0.1等于10个0.1，3+7=10是3个一加7个一等于10个一，它们都是3+7=10，只是单位不一样。

师：借助3+7=10，可以算0.3+0.7=1。还能算哪些小数算式？

（学生多次分享）。0.03+0.07=0.1，0.003+0.007=0.01……

师：其实，这个发现同样适用于减法。10−7=3也可以算很多小数算式。

（三）揭示课题

师：看来，小数运算和整数运算有很大关联。今天，我们就运用以前的知识来探索小数的简便运算。

> **设计意图：**通过口算，让学生回顾小数加减法的计算方法。通过分类，引导学生提炼出关键词“凑整”。引导学生从0.3+0.7=1想到3+7=1的整数加法，再迁移到减法，让学生充分感受了数运算的本质。虽然它们的计数单位不同，但都是计数单位个数的累加或递减，也培养了学生的数感和推理能力。

活动二：探究新知，构建联系

（一）探究算法（数据特点），感受加法运算律的普适性

1.探究算法（数据特点）。

师：（出示超市场景：笔6.6元/支，本子2.9元/个，绳子3.4元/根）你能提出哪些数学问题？

生：买1支笔，1个本子，1根绳子，一共要多少钱？

学生解决问题，老师展示学生的多种做法。

6.6+2.9+3.4	6.6+2.9+3.4	6.6+2.9+3.4
=9.5+3.4	=6.6+3.4+2.9	=2.9+(6.6+3.4)
=12.9	=10+2.9	=2.9+10
	=12.9	=12.9

图1　算法的多样性

师(追问):这些方法都是正确的,谁更简便?

(有生说方法二,有生说方法三。)

师:看来,方法二、方法三都更简便。

师:请同桌交流以下问题。这两个算式,有哪些不同?有哪些相同?

6.6+2.9+3.4	6.6+2.9+3.4
=6.6+3.4+2.9	=2.9+(6.6+3.4)
=10+2.9	=2.9+10
=12.9	=12.9

图2 探究算法的数据特点

生1:相同的是,它们先算的数都可以凑整,它们都变得更简洁了。

生2:不同的是,左边用了加法交换律,右边用了加法交换律和加法结合律。

师:看来,运用加法交换律和加法结合律,能使数据凑整,使运算更简便。能表述更简洁些吗?

生(结):运用加法运算律,能使数据凑整,使运算更简便。

2.感受加法运算律的普适性 。

师:回顾整数简算,想想小数简算运用了哪些运算律,你发现了什么?

生:加法运算律同样适用于小数。

3.试一试1:加法运算律的扩展。

师:笔6.6元/支,本子2.9元/个,绳子3.4元/根,积木11.1元/套。买1支笔、1个本子、1根绳子和1套积木,一共要多少钱?

一学生上台板练并讲思路(运用了加法运算律……),其余在作业本上计算。

师:看来,加法运算律不仅适用于3个数,还适用于4个数。像这样,分成多组进行凑整,叫作分组凑整。

4.试一试2:加法运算律的再次扩展。

选择几个数,列出能进行简便计算的算式并计算:1.25,2.64,3.22,8,0.75,4.7,0.5,5.3,11.45,2.78,16,8.55,6.5,0.36。

老师展示学生的部分作业,学生发现他们都运用了加法运算律。

师：看来，加法运算律还适用于6个数、7个数……也就是说，加法运算律适用于多个数。

5.观看高斯的故事，感受数学文化。

学生交流想法。

师：古人的智慧可真大，我们要向他们学习！

（二）感受减法性质的普适性

师出示信息和问题（尺子2.18元/把，橡皮2.82元/个，小丽有10元，买了1把尺子和1块橡皮，还剩多少元）。

（学生上台板练并讲思路，其余在作业本上计算）因为2.18和2.82可以凑整，所以用减法的性质，10−2.18−2.82 =10−（2.18+2.82）=10−5 =5（元）。

师：减法的性质同样适用于小数呢。生活中的哪些事，用到了减法的性质？

生：付钱的时候会用到减法的性质。

师：加法运算律、减法的性质同样适用于小数。你能用一句话来概括吗？

生（结）：加法运算律和减法的性质同样适用于小数。

（三）探究算法（算式特点）

选择合适的方法计算。

（1）13.75−（6.48+3.75）

（2）3.68+7.56−2.68+2.44

（3）9.8+0.2−9.8+0.2

学生独立完成，老师评讲第1、2题，提炼关键词“凑整”。

师：第3题好像有争议，这回，请各位高手来当裁判。谁错了？为什么？

9.8+0.2−9.8+0.2	9.8+0.2−9.8+0.2
=9.8−9.8+0.2−0.2	=9.8−9.8+0.2+0.2
=0	=0.4

生：左边错，因为0.2前面是“+”，它却变成了“−”。

师结：看来，简算时，不仅要考虑数据是否能凑整，更要将前面的符号一起移动。也就是，抱符号搬家！算法要先正确，才谈得上简便！

设计意图：本环节选择了贴近学生生活经验的超市情境，分别引出并逐步解决“求和”“求差”问题，揭示了简算的算理和算法，强调要先合理，再考虑简捷。同时还引导学生对比辨析整数运算和小数运算，建构联系，感受运算律和运算性质的普适性。本环节双管齐下，帮助学生感受迁移的思想，感悟数学学习的结构化，形成运算能力、推理能力、应用能力。

活动三：合作探究，深化联系

选择合适的方法计算：999+99.9+9.99+1.11。

学生小组合作并汇报，老师展示学生做法。

$$
\begin{aligned}
&999+99.9+9.99+1.11\\
=&999+99.9+9.99+1+0.1+0.01\\
=&(999+1)+(99.9+0.1)+(9.99+0.01)\\
=&1000+100+10\\
=&1110
\end{aligned}
$$

图3　探究算法的算式特点

师：虽然题目不同，甚至更难了，但思路一样。那就是凑整！如果符号不同，我们还要注意“抱符号搬家”。

设计意图：本环节将各材料的联系点出，进行了对比，引导学生感悟方法的多样性和运算的一致性，明白“简算时，题目不同，方法不同，但思路相同，凑整和抱符号搬家贯穿始终”。

活动四：回顾梳理，构建系统

1. 课堂小结。

师：关于小数的简便运算，你知道了些什么呢？能看着板书说一说吗？

2. 分析全册，构建系统。

（老师引导学生分析此图）其实，这并不是简便计算第一次和我们见面……

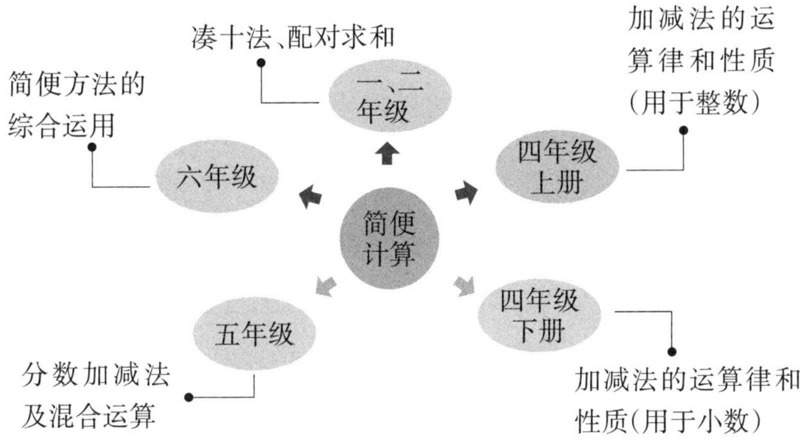

图4　简便计算知识结构图

3.评价激励。

师：我很欣赏你们的表现，你们善于观察，善于思考，善于表达，个个都是像高斯一样的小数学家。希望在今后的日子里，你们能继续保持，探索更多的数学奥秘！

> **设计意图：**在梳理知识与方法、分析全册构建系统中结束全课，帮助学生巩固了基本知识和基本能力，强化了迁移的思想，还围绕“凑整”这一关键词构建了全册的系统，体现了知识的螺旋式上升，落实了结构化。

【课后总评】

本节课结合贴近学生生活经验的情境，通过“复习引入，沟通联系；探究新知，构建联系；合作探究，深化联系；回顾梳理，构建系统”四个环节，引导学生感受运算律的普适性和迁移思想，使其能合理地应用加法运算律和减法性质进行小数的简便运算。本课重点在于引导学生感悟数运算的本质和数学学习的结构化，形成数感、推理能力、运算能力。

1.注重数运算的本质揭示。

数学教学应当体现数学学科本质。本课例先引导学生由0.3+0.7=1想到3+7=10的整数加法，再应用于0.03+0.07=0.1等其他小数加法，最后推到减法，向内深入、向外舒展地揭示了数运算的本质，即都是计数单位个数的累加或递减。在此过程中，学生深刻地感受了运算本质，形成了数感，有利于知识、方法和思想的迁移。

2. 注重知识间的结构联系。

数学教学应注重教学内容的结构化。本课例从知识、方法、思想、文化逐渐渗透，层层深入，引导学生经历对比、类推的过程，理解加法运算律和减法的性质同样适用于小数，感受运算律的普适性。同时，本课例以“数的认识与运算一致性”为主线，借助“计数单位”这一核心概念打通不同数之间、不同运算之间的“隔断墙”，新课标结构化的要求得以落实。

3. 注重培养学生的应用意识和运算能力。

数学教学应落实核心素养。本课例选择贴近学生生活的情景，循序渐进，揭示了算法算理，明确简算的核心是凑整，简算的依据是运算律和运算性质。同时，本课例以学定教，通过学生练习反馈，强调简算时要先关注合理性（抱符号搬家），再进行优化。在此过程中，学生的应用意识和运算能力得到了发展。

具体情境中学习

——“负数的初步认识”实录与评析

设计与执教：何小芳　设计与评析：涂小伟　庄庆华

【课标要求】

《课标》要求学生应在真实情境下发现和提出问题，探索应用基本的数量关系分析与解决问题，积累数学活动经验，形成数感、应用意识和创新意识。因此，结合具体情境开展数学教学至关重要。本课例引导学生在具体情境中理解负数的意义，初步建立负数概念，体会数学生活价值，形成数感、应用意识和创新意识等核心素养。

【学习目标】

1.在具体生活情境中理解负数的意义，能正确地读、写负数，明确0既不是正数也不是负数。

2.通过举例、尝试、比较、探讨等数学活动，经历数学化、符号化的过程，形成数感、应用意识和创新意识等核心素养。

3.体验电影《长津湖》具体情境，感知并欣赏数学美，形成良好的数学情感和数学态度。

【学习活动】

活动一：情境导入，激发学习需求

师：国庆期间，老师看了一部令我非常震撼的电影！讲了什么故事呢？请看视频。

播放电影《长津湖》视频片段，指名回答。

师：这是发生在抗美援朝战场上的故事。1950年，我国人民志愿军抗美援朝，保家卫国。这节课，我们就用数学的眼光再来看看这部电影，齐读课题：负数的初步认识（板书）。

设计意图：以《长津湖》视频片段导入，再现学生熟悉的电影情节，引发学生发现电影中的数学知识，激发学生学习兴趣。

活动二:借助实例,感受相反意义的量

(一)收入与支出

师:电影一开始,伍连长回家探亲,将自己攒的工作津贴孝敬父母盖房子。你能用简易的方法记录一下他们家的收支情况吗?

小结:收入用“+”来表示,支出就用“-”来表示,收入与支出是一对相反意义的量。

(二)赞成和反对

师:请看,这时的朝鲜战场,美军大举进攻,直逼中国大门。伍千里收到军情,立刻返回部队。此时,毛主席和中央领导在中南海会议室里,开会讨论要不要出兵抗美援朝。

(1)指名说说工作人员是如何记录讨论结果的。

(2)找出相反意义的量。(赞成——反对)

师:最后大家一致认为要保护好新生的中华人民共和国,就要出兵应战,像毛主席说的那样“打得一拳开,免得百拳来”。

(三)温度中的正负数

师:收到上级命令,志愿军第九兵团奔赴长津湖地区与美军交战,此时电影中有这样一个镜头,令我印象深刻。(出示温度计图片)

(出示问题,指名回答)

师:①你从温度计图中看到了什么?

②零下三十一摄氏度是什么意思?(是指比0摄氏度还要低31摄氏度的温度)

③说明温度怎么样?

④电影中用哪个数表示这个温度?(-31 ℃)

师:这是今年汉中八月份的气温,也有31摄氏度,该怎么记录?

小结:温度分为零上温度、零下温度和0摄氏度。“零上”和“零下”是一对相反意义的量。

(四)海拔中的正负数

师:为什么电影里志愿军都是在雪地里行军呢?是因为长津湖地区平均

海拔1300.56米。海拔指地面某个地点高出海平面的垂直距离。你看懂了什么？

师(追问)：长津湖地区海拔记作1300.56米是什么意思？

生(答)：高出海平面1300.56米，在数字前面加“+”，也可以省略不写。

师：海平面是指海的平均高度，看作0米。高于海平面记作正，那低于海平面呢？比如我国的吐鲁番盆地，海拔比谁矮？(海平面，也就是0)低于海平面155米，记作多少？(-155米)

小结：高出海平面用“+”来表示，那么低于海平面就用“-”来表示。“高出”和“低于”也是一对意义相反的量。

(五)生活中运用正负数的例子

师：回顾刚才的学习过程，我们从电影里找到了几组相反意义的量？从电影里出来，想想我们生活中有没有运用正负数的例子。

师(小结)：在生活中，我们习惯用正数表示高出、盈利、收入、答对等量，用负数表示低于、亏损、支出、答错等量，可以用带有“+”和“-”的一组数来表示这些具有意义相反的量。

> **设计意图：**结合影片《长津湖》具体情境中的“零上”与“零下”、“高出”和“低于”、“赞成”与“反对”、“收入”与“支出”这些意义相反的词语来解释“+”“-”表示的实际意义，感悟在同一数据中“+”“-”分别表示意义相反的量，理解产生正、负数的现实背景，让学生经历从现实生活到正、负数的抽象化与形式化的过程。

活动三：明确概念，拓展数的认知

(一)小组讨论，总结概念

师：猜猜看，什么样的数是正数，什么样的数是负数呢？

(1)小组内举例说一说。

(2)小结并板书：像+10，+200，+8843.43……都是正数。(“+”可以省略)像-1000，-500，-127……都是负数。(“-”不可以省略)

课堂游戏：找到正数(或负数)的气球。

师：老师发现有一个数特别被“嫌弃”，找正数时不要它，找负数时也不要它，它是谁？为什么都不要它？

师：0既不是正数也不是负数，那它是什么呢？

（二）下面情境的“0”是什么

答题时，不得分、不扣分记作0分；

海平面的高度记作0米；

不亏不盈记作0元。

小结：生活中，0不仅可以表示“没有”，还可以表示基准或分界线；0既不是正数也不是负数，但它的作用很大。

（三）数轴上的数

（1）在数轴上填所缺少的数，并说说发现。

师：这是数轴（课件出示数轴），数轴上能填出正数和负数吗？要先找到谁？为什么？（0是正数和负数的分界线）

发现：负数<0<正数（板书）。

（2）再举例说出一些正、负数，体会正、负数有无数个。

师：你还能在纸上写出一些正数和负数吗？

学生独立写。

小结：正数和负数都有无数个。

> **设计意图：**数轴作为孩子认识数的工具，有着不可替代的作用。学生在突破0的边界的基础上，借助度量单位“1”的递减，初步感悟数除了累加还可递减，比0小的数，同样可以像自然数一样，一一对应表示在数轴上。它们度量单位不变，只是方向相反。学生自然地脱离生活情境，抽象出负数的意义。

活动四：巩固练习，深化概念理解

师：老师带着大家回顾电影，我们认识了正、负数，接下来考考大家是不是会用数学的眼光来看电影了。

1.战线里的正、负数。

美军向北越过“三八线”5千米表示+5千米，那么当志愿军凭着钢铁意志和英勇无畏的战斗精神一路追击，奋勇杀敌，将美军赶回“三八线”以南17千米表示-17千米。如果美军现在的位置是-28千米,说明他们向南撤退了28千米。

2.英雄的定义。

在电影的前半部分,新兵伍万里问老兵:“杀多少个美国鬼子才算英雄呢?”老兵告诉他:“二十个才能当英雄。”在后来的“英雄记录册”里,英勇的新兵伍万里同志杀敌成绩被记作“-8”个,这是为什么?(还差8个才20个。)

教师解释:我们通常将0作为基准,在这里我们将20作为基准。

师:那是不是说明伍万里就不能算英雄?(电影配图“上了战场就是英雄”。)

设计意图:以电影《长津湖》中的电影片段作为巩固练习的训练载体,既有利于学生能用“+”“-”表示正、负数的意义,理解正、负数及0的本质含义,也能培养学生用数学的眼光去观察生活情境,提升课程思政育人价值。

活动五:课堂小结,落实学科育人

播放视频介绍“冰雕连”的英雄事迹,并让学生说说感想。

预设:“长津湖战役中,美军南逃沿途被这样的情景震惊:一排排志愿军战士俯卧在零下40摄氏度的阵地上,手握钢枪、手榴弹,保持着整齐的战斗队形和战斗姿态,仿佛是跃然而起的“冰雕”群像。

师:你今天的收获是正还是负?你的表现是“+”还是“-”?指名说说自己的收获。

预设:请珍惜眼前的生活,时时怀着爱国心,铭记历史,缅怀先烈。新时代下成长的我们,仍要踏着英雄的足迹,秉承先辈的遗志,在振兴中华的道路上奋勇前进!

设计意图:以电影情节深化情感,将思政教育与数学课程有机结合,着力落实立德树人教育目标。

【课后总评】

本课例以影片《长津湖》具体情境作为学材,引导学生在举例、尝试、比较、探讨等数学活动中，理解负数的意义，经历数学化、符号化的过程，形成数感、应用意识和创新意识等核心素养。具体如下：

1. 注重学材选择，揭示负数的本质。

本课例在吃透教材的基础上，结合学生年龄特点和认知特点，创造性地选择学材，以电影《长津湖》中的具体情节贯穿全课，激发了学生学习兴趣。同时，学生在经历数学化、符号化的过程中，理解正、负数及0的本质含义，感受相反意义的量，拓展数的认识。

2. 注重知识关联，感悟数的一致性。

教学中要注重前后知识的关联。比如，在探究“0既不是正数也不是负数”这一概念时，借助数轴，在突破0的边界的基础上，借助度量单位“1”的递减，初步感悟到数除了累加还可递减，比0小的数，同样可以像自然数一样，一一对应表示在数轴上。它们度量单位不变，只是方向相反，感悟数的一致性。

3. 注重情境学习，发挥学科育人价值。

数学教学应强化情境设计，主张创设真实情境。本课以电影《长津湖》中的具体情节贯穿全课，围绕学习目标，将思政教育与数学课程有机结合，对学生进行爱国主义教育，发挥学科育人功能，着力落实立德树人根本目标。

注重等量关系
——“比例”实录与评析

设计与执教:漆　俊　设计与评析:陈　强　张　燕

【课标要求】

《课标》要求比和比例的教学要合理利用实际生活中的情景,引导学生发现两个数量关系之间的倍数关系。本课例结合相同照片的放大与缩小、食品中原料的成分比等生活情境,理解比例的意义,感悟比例的几何属性和代表属性,培养学生抽象概括能力,发展模型意识,提升数学核心素养。

【学习目标】

1. 在具体情境中,借助直观图形理解比例关系,从而建构比例的意义,并能应用比例解决简单的实际问题。

2. 经历观察、比较、合作探究的学习过程,形成分析、比较、抽象概括的能力,感悟“对应”“模型”的数学思想。

3. 感受比例与生活的密切联系以及应用价值,获得积极的数学情感体验。

【学习活动】

活动一:感受数学来源于生活

创设情景,调动已有图形放大和缩小的知识经验,进入今天的课题。

师:这是一张珍贵照片,需要放大保存。你会选哪张?

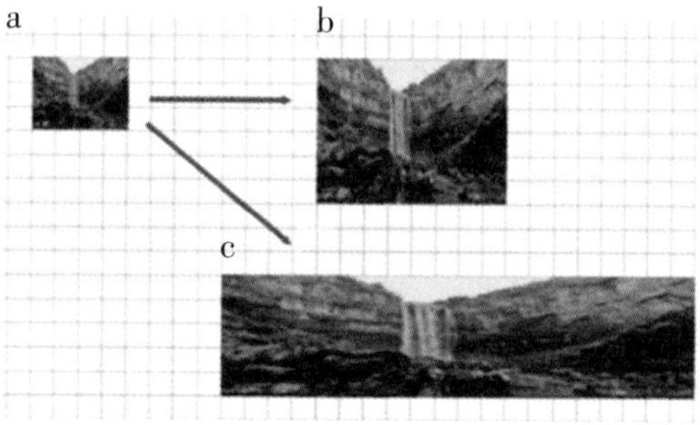

图1　原照片与放大后照片的对比

生:我会选择图b。

师:为什么选择图b?

生:图b的大小变了,形状没变。

师:形状没变,我们就说图b是在图a的基础上按比例放大的。这里出现了一个词“比例”,究竟什么是比例呢? 这节课我们就来认识它。

> **设计意图:** 结合课前谈话,创设客人游览江津情境,通过“需要放大保存”,将画面定格在三张图片上,与学生已有认知基础——图形的放大和缩小建立密切联系,力图实现新知学习的顺应与同化。

活动二:第一次建构比例关系

出示数据,用除法式子和比来表达这种倍数关系。

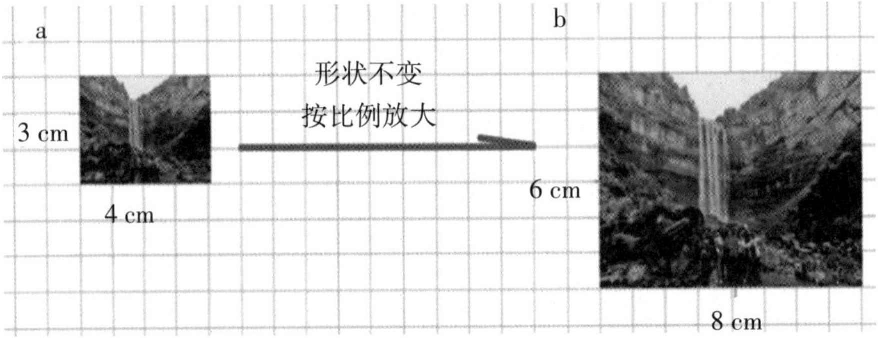

图2 按比例放大的两张照片

师:图b的长和宽都扩大到了原来的2倍,你能用式子表示这种倍数关系吗?

生:8÷4=2, 6÷3=2。

师:既然都是扩大了2倍,两个式子中间可以用什么符号连接?

生: 8÷4=6÷3。

师:还有什么方式可以更好地体现两个量之间的关系?

生1: 8∶4=2, 6∶3=2。

生2: 8∶4= 6∶3。

师:你能说一说这个等式在图中表示什么意思吗?

生:图b的长比图a的长等于图b的宽比图a的宽。

师:在图a和图b中,除了存在这样的相等关系,你还能找出其他两个比相等的关系吗?

学生小组合作找,结合照片解释。

生1：4∶8=3∶6，图a的长比图b的长等于图a的宽比图b的宽。

生2：8∶6=4∶3，图b的长比图b的宽等于图a的长比图a的宽。

生3：6∶8=3∶4，图b的宽比图b的长等于图a的宽比图a的长。

生4：我发现：在找比时要注意各条边的对应，如果用长与宽比，再宽与长比，那比值就不相等了。

师：用这个知识来解释为什么不选图c？

生：图a和图c中，找不到两个比的相等关系，所以图c形状变了，不是图a按比例放大的。

师：回顾图a到图b，图a到图c，你发现了什么？

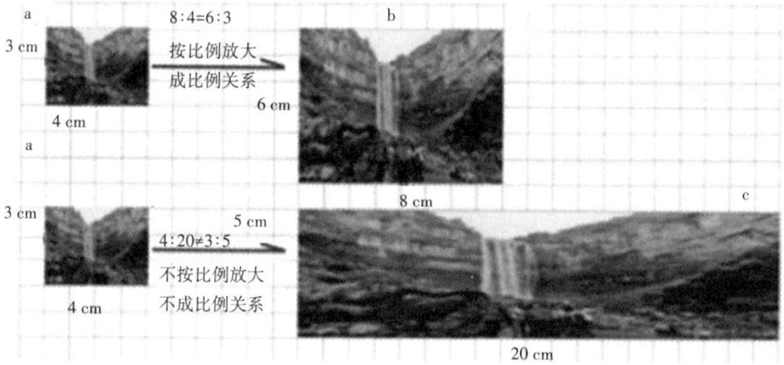

图3　回顾总结，对比发现

生：只有在按比例放大的两个图形中才能找到两个比相等的关系。

师：我们把这样的关系叫作比例关系。

设计意图：比例的几何属性主要表现在图形的等比放大和缩小上，代数属性主要表现在比例式上。本环节极力将抽象的“比例”模型建立在直观的按比例放大和缩小的几何表象基础之上，通过抓核心关系——“倍比”，引出对“比例关系”的初次感知。

活动三：第二次建构比例关系

出示材料2，第二次建构比例关系。

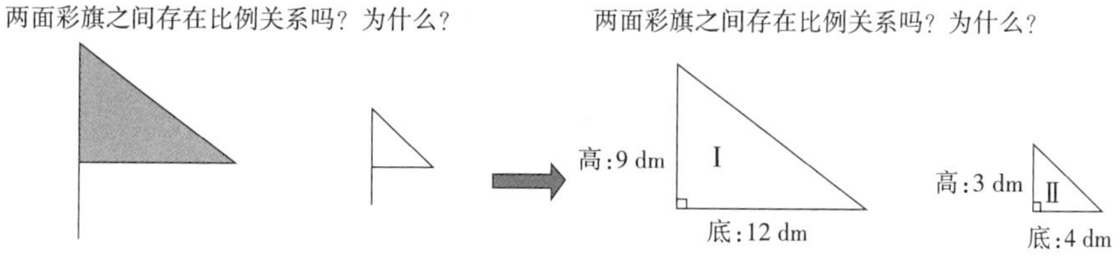

图4　由彩旗抽象出图形

师：两面彩旗是否存在比例关系？你能用数据证明吗？

生：12∶4=9∶3，4∶12=3∶9，3∶4=9∶12，4∶3=12∶9

师：你们通过这些等式证明了什么？

生：图Ⅰ和图Ⅱ存在比例关系，它们是按比例放大或缩小的。

师：观察两组等式，你发现了什么？

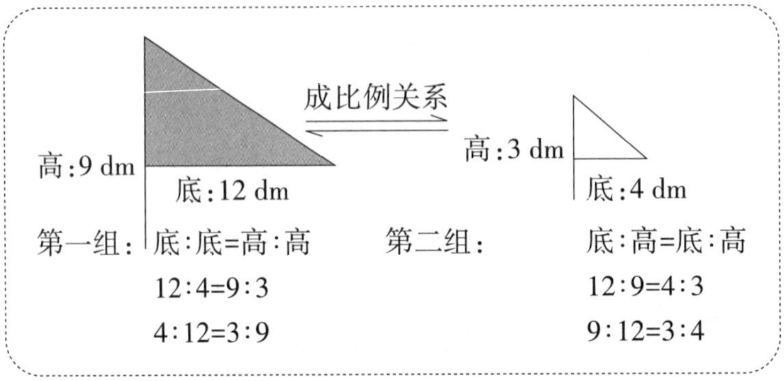

图5　多角度发现比例关系

小结：我们在寻找比例关系时，既可以从两个图形对应边之比的角度去思考，还可以从同一个图形的各边之比的角度去思考。

设计意图：本环节引导学生从“横比”和“纵比”两个维度去探究比例关系，拓宽了学生的数学思维，丰富了学生对比例关系的认知。用式子表达比例关系的过程中，实现对“比例关系”代数属性的初步感知。

活动四：第三次建构比例关系

脱离图形支撑，寻找比例关系。

9∶24　　5∶7　　3∶8　　20∶28

师：你是怎么找到的？

生：计算比值相等。

师：如果不看比值，你还能用其他方法找到比例关系吗？

生：观察两个比前项和后项扩大和缩小的关系。

图6　从数的角度分析比例

小结:两个比是否存在比例关系,可以从比值相等的角度思考,还可以从比的基本性质的角度思考。

> **设计意图**:本环节让学生脱离图形材料,在比例式中完成比例关系代数属性的认知,实现比例与比的基本性质的沟通,从而完成比例关系的整体建构。

活动五:完成比例模型建构

师:仔细观察这些比例,你能用一句简洁的语言概括什么是比例吗?

生:表示两个比相等的式子叫作比例。

师:比例还有哪些写法呢?带着问题阅读数学书第40页。

生汇报展示自学内容。

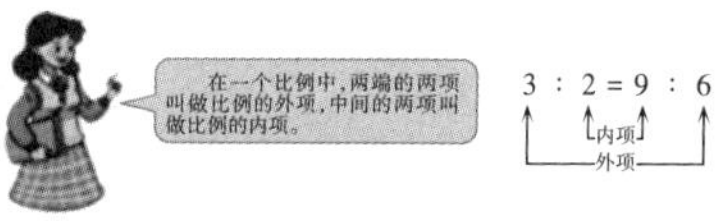

3∶2=9∶6也可以写成$\frac{3}{2}=\frac{9}{6}$。

图7 自学教材内容

> **设计意图**:学生经历找共同点、归纳概括、自读文本等学习活动,感受和体会归纳概括的数学思想方法,积累数学学习经验。

活动六:实践运用,深层理解

1.出示生活中的问题。

师:你知道校园旗杆有多高吗?

引导讨论要想知道测量旗杆的方法,要先对立杆测影数据进行研究。接着,教师出示数学兴趣小组在同一时间同一地点测出的三组竹竿长与影子长的数据(图8)。

	竹竿1	竹竿2	竹竿3	…
竹竿长(m)	3	6	9	…
影子长(m)	2	4	6	…

图8 竹竿长与影子长

小组合作,探究竿长与影长之间的关系。

汇报1:我们小组选择竹竿1和竹竿2进行研究,我发现比例式3∶6=2∶4。

汇报2:我们选择竹竿2和竹竿3进行研究,我发现比例式:6∶9=4∶6。

汇报3:我们小组讨论发现,同一时间同一地点竿长与影长的比值相等,它们成比例关系。

小结:在同一时间同一地点,竿长与影长的比值相等,它们成比例关系。

人们利用这个知识可以测量出生活中很多不容易直接测量的物体高度，比如，旗杆、建筑物、大树等。

2. 调制果汁，继续巩固比例的知识。

师：果汁∶水=1∶9 时口感最佳，这两杯果汁你会选择哪杯？为什么？

果汁∶20 mL 水∶180 mL　　果汁∶30 mL 水∶360 mL

图9　运用比例知识选果汁

生1：我会选择第一杯果汁，因为第一杯的果汁∶水=1∶9。

生2：我会选择第一杯果汁，因为第二杯的果汁∶水=1∶12，太淡了。

师：请你来重新调配第二杯果汁，如果保留果汁 30 毫升，需要加水多少毫升？

生：果汁 30 毫升，需要加水 270 毫升，因为 30∶270=1∶9。

师：如果保留水 360 毫升，需要加果汁多少毫升？

生：水 360 毫升，需要加果汁 40 毫升，因为 40∶360=1∶9。

师：你能自己调配一杯口感最佳的果汁吗？

表1

	第一杯	第二杯		第三杯	…
果汁(mL)	20	30	40		…
水(mL)	180	270	360		…

生1：果汁 50 毫升，水 450 毫升。

生2：果汁 80 毫升，水 720 毫升。

小结：不管怎么调配，果汁与水的比要和口感最佳的 1∶9 形成比例。

师：观察表格，你发现了什么？

小结：成比例的两个量，一个量变化，另一个量也要跟着发生变化。

3. 比例在生活中的应用。

通过微视频，让学生了解比例在生活中的应用很广泛。

设计意图：练习设计充分体现“应用——拓展——延伸”的设计思路，层次性、指向性强。同时也强调与正比例、函数思想的渗透关联，体现了单元教学的整体建构；微视频感受到比例的应用价值，获取积极的数学情感体验。

活动七:回顾反思,积累学法

师:回顾学习过程,你有什么收获?

设计意图:反思中不仅关注学习内容,更关注学习过程、学习方法的回顾,充分体现新课程“重思想”“重经验”的理念。

【课后总评】

“比例”是西南大学版小学数学六年级下册的内容,是在学生已经学习了比的相关知识的基础上学习的。本课有如下特点:

1.关注联系,充分体现“大单元教学”的整体建构。

本课的学习活动牢牢建立在学生已有的认知经验——“图形的放大或缩小”的基础之上,由“倍比关系”,引出“比例关系”这个本质联系,建立起“比例”与“图形的放大或缩小”之间的认知关联。

2.直击知识的“本质属性”,既有“理”的支撑,又有“形”的基础。

“比例”的实质是一种关系,是表示两个比相等的关系,它有几何属性和代数属性两种表征形式。学生在充分感知体验“按比例”放大或缩小这个“形”的基础上,抽象出比例式这个“理”,从而实现几何、代数意义的有机融合,使“比例”数学模型的建构丰富饱满。

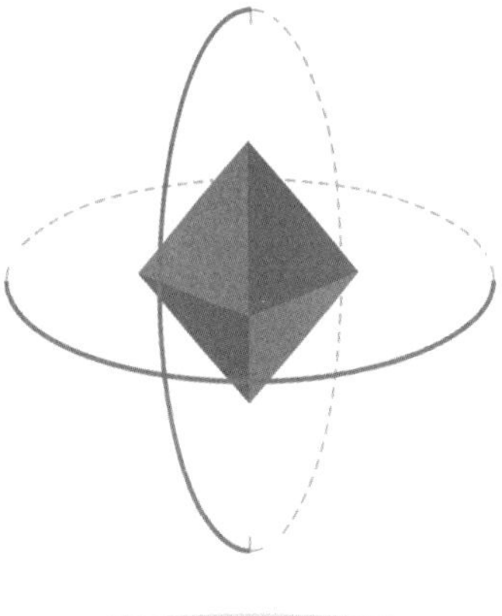

感悟“变与不变”的数量关系
——“成正比例的量”实录与评析

设计与执教:温　倩　设计与评析:张　燕　何桂新

【课标要求】

《课标》指出要通过具体情境,认识成正比例的量,能在具体情境中描述成正比例的量,能找出生活中成正比例的量的实例。因此,本案例在教学正比例过程中,着重让学生感悟数量关系之间变与不变的规律,使学生对数量关系的认识和思考从以往的静态过渡到动态,乃至抽象概括,发展模型意识,落实核心素养。

【学习目标】

1. 自主合作,探究两种相关联的量变化规律,理解成正比例的量。

2. 通过算一算、想一想、说一说等教学活动,经历正比例关系的形成过程,感悟变与不变的数量关系,积累数学活动经验,培养观察、分析、归纳、概括能力,发展几何直观、模型意识。

3. 在探究中,获得积极的情感体验,体会数学与生活的联系。

【学习活动】

活动一:联系生活,搭建知识桥梁

师:在六一儿童节游园活动中,游园票的使用和剩余情况是怎么样的呢?观察游园票使用情况,你发现了什么?

表1　15张票中已用张数与还剩张数情况统计表

已用张数(张)	1	2	3	4	…
还剩张数(张)	14	13	12	11	…

生1:已用张数越来越多,剩下张数越来越少。

生2:已用张数和还剩张数加起来始终等于15张。

师:像这样,一个量变化另一个量也随着变化的两个量就是相关联的两个量。

师:在这里,已用张数与还剩张数就是两个相关联的量。你能利用已用张数、还剩张数与总张数的关系列出等量关系式吗?

生:已用张数+还剩张数=总张数(不变)。

设计意图:通过有趣的活动和问题串的形式,激发孩子们的兴趣和求知欲,利用图表进行描述和分析,培养学生的几何直观。通过研究简单的相关联的量的关系,建立相关联的量的数学模型,培养学生的模型意识,为理解正比例关系作铺垫。

活动二:探讨关系,丰富认知

师:你是怎么理解相关联的量的呢?你还能列举一些例子吗?

生1:一个量变化另一个量也随着变化,比如一瓶矿泉水,喝掉的水与剩下的水就是两个相关联的量。

生2:坐客车时,已经开的路程和还剩下的路程就是两个相关联的量。

生3:这节课已用时间和剩余时间也是两个相关联的量。

设计意图:这里学生已经认识两个相关联的量,但对两个相关联的量的概念还不深刻,通过举生活中例子,加深学生对两个相关联的量的理解。利用两个相关联的量的数学概念与现实世界中的问题建立联系,培养学生的应用意识。

活动三:探究规律,感受“变与不变”

学生尝试在学习任务单上研究表2、表3,发现表中两个相关联的量的关系。

任务1:一辆汽车行驶的速度是多少?钢笔的单价是多少?

任务2:我的发现。

表2　一辆汽车行驶时间与行驶路程情况统计表

时间(小时)	1	2	3	4	…
路程(千米)	60	120	180	240	…

表3　购买5元一支的钢笔数量与总价的情况统计表

数量(支)	1	2	3	4	…
总价(元)	5	10	15	20	…

学生独立思考完成学习任务,围绕以下几个问题展开讨论:

1.说一说:这两个量是相关联的量吗?

2.你是怎么观察发现的?

3.如果是相关联的量,它们之间的变化有什么规律?

小组汇报1:从左往右看,表2中行驶的时间增加,行驶的路程也随之增加,路程随时间的变化而变化,是两个相关联的量。表3中钢笔总的价格也随着数量的增加而增加,也是两个相关联的量。

小组汇报2:它们的增加是有规律的,表2中时间扩大为原来的几倍,路程也扩大为原来的几倍……表3也是如此,钢笔的支数扩大为原来的几倍,总价也扩大为原来的几倍。

小组汇报3:从右向左看,发现表2时间减少,路程也会减少,路程也是随时间的变化而变化的,路程和时间是两个相关联的量;表3中总价也随着数量的变化而变化,也是两个相关联的量。

小组汇报4:减少也是有规律的。表2时间缩小为原来的几分之几,路程也随着缩小为原来的几分之几。表3数量缩小为原来的几分之几,总价也缩小为原来的几分之几。

小组汇报5:表2中无论时间和路程怎么变化,它们的速度都是60千米,表3中钢笔的单价中也是不变的。

师:观察图表时我们可以从多个角度观察,发现图表中两个量的变化规律。你能利用它们之间的关系列出等量关系式吗?

生1: $\frac{\text{路程}}{\text{时间}}$=速度(不变)　$\frac{\text{总价}}{\text{数量}}$=单价(不变)

师:现在你知道为什么时间扩大几倍,路程也扩大相应倍数的吗?数量扩大几倍,为什么总价也随着扩大相应的倍数的吗?

生2:因为路程与时间的比值、总价与数量的比值是不变的。

设计意图:给学生创造自主探索的空间,鼓励学生小组合作,利用图表分析实际情况与数学问题,发现两个量之间的变化关系,同时找到它们变化的根本原因,在生生交流中明确“变与不变”的道理。

活动四:概括抽象正比例

教师引导学生整理以下三个等量关系式,将这些等量关系式进行分类,得到一个加法等量关系式和两个除法等量关系式。

已用张数+还剩张数=总张数

$\frac{\text{路程}}{\text{时间}}$=速度(不变)　　$\frac{\text{总价}}{\text{数量}}$=单价(不变)

师:上面三组等量关系式它们有什么不同?

生:一个是加法关系式,有两个是除法关系式。

师:观察两组除法关系,它们有什么共同之处吗?

生:表2中对应两个量的比值都是60,表3中对应的两个量的比值都是5,也就是说对应的两个量比值相等或商不变。

师:像这样,相关联的两个量,相对应的数的比值一定,这两个量就是成正比例的量,它们的关系就是成正比例关系。

引导学生根据等量关系式用字母表示正比例关系:$\frac{y}{x}=k$ 或 $y=kx$(k 不变)。

设计意图:单一的两个量的关系让学生难以一下子发现成正比关系的量和其他相关联的量的区别,因此这里给学生观察了多组数据,通过三组等量关系式两两进行比较,让学生能够通过对比发现只有呈除法关系的两个量,商不变的情况下才呈正比例关系,使学生更为系统地认识正比例关系。在重点研究了两个量的正比例关系后,学生对正比例关系有了一定的认识,再通过建立正比例关系数学模型,渗透化归思想和模型思想。

活动5:知识迁移,体会生活中的正比例

师:你还能列举生活中成正比例的量的例子吗?

生1:一台机器每时生产10个零件,它生产的零件个数和生产所用的时间成正比例关系。

生2:每次搬砖的块数一定,搬的总块数与搬的次数成正比例关系。

生3:一个圆的周长和直径成正比例关系。

设计意图： 学生通过举例子，感悟生活中成正比例的量，加深学生对成正比例的量的理解，帮助学生有意识地用已有的数学模型与生活建立联系。

【课后总评】

“成正比例的量”是西南大学版数学六年级下册的内容，整节课从“游园活动中游园票的变化”这个具体问题入手，引导学生从变与不变中，感受两个相关联的量的关系。本课立足于培养学生良好的模型意识，从整体上看，有如下特点：

1. 注重发现两个量的本质关系，感受两个量之间关系的多样性。

从学生所熟悉的生活例子：六一儿童节游园活动中游园票的已用张数和未用张数入手，通过表格引导学生观察和探究什么样的两种量是相关联的量，理解变量中的定量，进而揭示两个相关联的量的关系；利用行驶路程、时间与速度的关系和总价、数量、单价的关系，感知两个量之间关系的多样性。

2. 注重发现两个量之间变与不变的关系。

从游园票已用张数与剩余张数的变化，到总票数不变，发现两个相关联的量的关系；从时间与路程的变化到速度不变，总价与数量的变化到单价不变，发现成正比的量的规律，从而在“变与不变”中探索发现正比例关系。

3. 注重分类对比观察，区分成正比例的量的关系。

通过学生计算和观察，发现两种相关联的量扩大为原来的n倍时，另一个量也扩大为原来的n倍，而这两种数量对应的数的比值始终不变。通过对比加法等量关系式发现正比例关系的不同之处，从而理解正比例概念的本质特征，归纳总结出什么样的量是成正比例的量。

4. 注重培养学生的模型意识，感受数学符号魅力。

教学中充分放手，让学生去探索情景中两个量的关系，学生以等量关系式的形式描述两个量的关系，初步建立两个量之间关系的数学模型，再通过这些数量关系对比，分析发现成正比例的量的数量关系，最后利用数学符号归纳概括出成正比例量的关系，一步一步构建正比例关系的数学模型，感受小小的数学符号概括出说不尽的数量关系，培养学生的符号意识，体会数学的简洁美。

发展模型意识

——“探索规律”实录与评析

设计与执教：彭竞蝶　设计与评析：杨雪梅

【课标要求】

《课标》要求，教师在教学过程中，应引导学生从一些事实和命题出发，依据规则推出其他命题或结论，引导学生在具体情境中通过简单的归纳、类比，得出一些初步的结论。本课例通过引导学生从日常事物中发现和认识数与数、图形与图形等之间的内在联系，总结内在规律，学会从现实中进行数学抽象，逐步培养学生的观察能力和推理能力，发展学生的模型意识、创新意识，培养学生的核心素养。

【学习目标】

1.通过观察、比较、类比等方式寻找规律，初步培养推理能力。

2.运用数学语言准确、完整地描述规律，培养数学思维和表达能力。

3.运用规律解决问题，感受数学与生活的密切联系及规律的价值。

【学习活动】

活动一：感受规律，发现规律

1.贴气球，感受规律。

师：学校开展庆六一活动，场地的布置需要用到气球做装饰。

随机呈现，猜颜色：

图1

师：猜猜看，下一个会是什么颜色的气球？

规律呈现，猜颜色：

图2

师：现在能猜出下一个是什么颜色了吗？

感受规律、揭示重复。

师:刚开始猜不准,现在怎么一猜就中?

生:因为有了规律。

师:这里的规律是什么?

生:气球的颜色在重复出现。

师:有了重复,排列就有规律。

2. 揭示课题——探索规律。

师:今天,我们就一起来探索规律。

> **设计意图**:通过“猜气球”活动,让学生发现生活中的规律,初步感知规律“重复出现”的特征,引出课题。

活动二:构建“重复”,感受规律

1.感受规律,构建“重复”。

图3

师:视频里的画面,也有重复现象,你能找到吗?

生1:灯笼一绿一红在重复出现。

师:红、绿重复排列的灯笼特别引人注目。

生2:桌子、椅子在重复排列。

师:这样的重复排列让会场看起来整齐有序。

2.类比规律,理解“重复”。

师:这样的重复现象,在房间里也有。能找到吗?

图4

生:沙发上、窗帘上、地毯上、小朋友的衣服上,都有重复现象。

> **设计意图:**借助视频、房间等现实情境中的重复现象,让学生感受规律的存在及其价值。在找、比、说等过程中,学生初步理解重复出现的排列规律。

活动三:构建"一组",寻找规律

1.圈一圈,认识"一组"。

师:刚才,我们发现气球的颜色也在重复出现。你能用什么标记,让大家一眼看出气球是怎样重复出现的吗?

生:圈一圈、画一画等。

师:孩子们想到了这么多的好办法,我们就用圈一圈的方法,可以吗?

师:看,圈起来的部分,一红一黄就是一组,像这样一组一组重复出现,我们就说这样的排列有规律。(板书:一组一组)

2.读一读,感受"一组"。

师:来,把我们找到的规律读一读。(老师引导读出停顿)

3.比一比,理解"一组"。

师:我们运用圈一圈的方法,继续寻找规律。想一想,怎样圈?

图5

师:老师收集了两种圈法,你赞同哪一种?为什么?

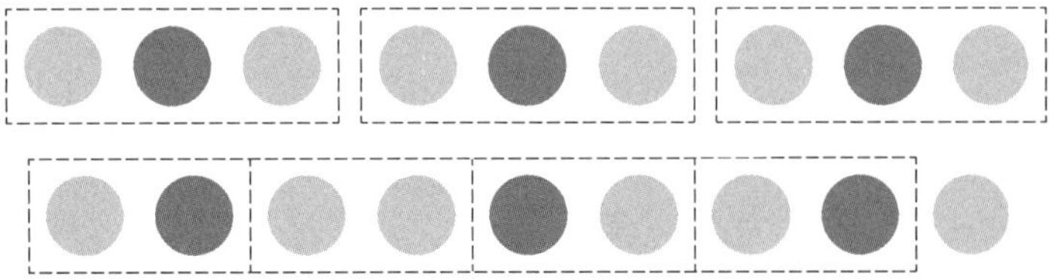

图6

师:对于第二种圈法,你有什么想说的吗?

生:没有圈完。

师:我们圈的目的是什么?(找规律)怎样才有规律?(重复出现)这里有重复出现吗?(没有)看来,并不是因为没有圈完,是吗?是因为后面的每一组不是第一组的重复出现。

师：在圈的时候我们要注意什么？

生：圈出重复的。

师：对，我们要全面地观察，找到重复现象，再试一试。

师：尝试是解决问题的好方法。

设计意图：通过“圈一圈”“画一画”“说一说”等活动，学生初步探索出找规律的方法，即先找到重复出现的一组图形，并引导学生在练习、比较中全面观察，不断尝试，找到重复现象，激发数学思考，总结学习方法。

活动四：运用规律，深度感知

1.感受不同表现形式下的相同规律。

（1）利用规律解决问题。

师：孩子们，你们能根据简单的排列规律解决下面的问题吗？

1，1，2，1，1，2，1，1，2，____，____，____。

A，A，B，A，A，B，A，A，B，____，____，____。

（2）汇报交流，感知AAB排列规律

学生分享数字、图形、字母的排列规律。

师：仔细观察，三个组的排列方式有什么相同，什么不同吗？和小组同学交流。

生1：都是3个一组。

生2：每组的规律都一样。

生3：前2个一样，后1个不一样。

生4：这是数字，这是图形，这是字母，表现形式有所不同。

师（小结）：老师听明白了，它们虽然用了不同的形式来表现，但规律都是一样的。这种规律，在数学上可以用AAB来表示。（板书：AAB）

2.感受相同规律下的不同表现形式。

师：在这两行中，A代表什么？B呢？

生：A代表1和□，B代表2和□。

师：那这里气球的排列是AAB式的规律吗？（不是）

师：那你觉得是什么规律？（AB，并板书）

师：你能把气球按AAB的规律排列吗？谁来试试？

师：想象一下，AAB的排列规律还可能代表什么？

生：可以代表1个苹果、2个梨为一组的排列规律。

生：还可以代表1支铅笔、2块橡皮为一组的排列规律。

师：如果按1个苹果、2个梨为一组的排列规律，接下来该怎么排列？我们一起说一说吧。

师：如果按1支铅笔、2块橡皮为一组的排列规律呢？

师：像这样的排列规律，我们还可以找到哪些？

学生自由表达出ABB这样的排列规律。

师：孩子们真有想象力，能用这么多的形式来表现这个规律。

设计意图：首先，引导学生从不同排列中找出相同点，发现这些排列中都有相同的排列规律，从而理解不同的表现形式能反映出相同的规律。这些相同的规律，可以用其中一种简单的形式来概括总结，渗透模型思想。其次，根据同一种排列方式，用不同的表现形式来表现这一规律，充分发挥学生的想象力，将学生的思维推向更高的层次，让学生充分经历寻找规律、发现规律、总结规律的学习过程。

活动四：拓展规律，设计创作

1.创造规律。

师：除了AB、AAB、ABA这样的排列规律，你还想到了哪些其他的排列规律？（学生拓展排列规律，如：ABC，ABCC……）

师：来，咱们来当当小小设计师。你想到了什么样的排列规律，用你喜欢的方式表现出来。（学生创作）

2.体验规律。

师：你是怎么想到创作这样的排列规律的？（讲讲规律背后的故事吧）

师：在音乐里，也能见到这样的排列规律。你能唱一唱吗？跟着小小歌唱家唱一唱。

师：在体育活动中，也有许多有趣的规律，想体验一下吗？全体起立，踏步走，一二一、一二一、一二一……什么规律？

生：ABA的排列规律。

师：还有谁想来展现你的规律？

让学生大胆展示和表达。

设计意图：引导学生结合生活经历，创造出有规律的排列现象，并讲述自己创造规律的过程及规律背后的故事，将数学生活化、情境化，充分发挥学生的想象能力，培养学生用数学的语言描述现实生活中的规律现象的能力。

【课后总评】

本课例重在引导学生感受生活中简单重复的排列规律，发现某些排列规律的相同现象，鼓励学生自主归纳生活中的排列规律，并学会用简单的数学形式表现同一种排列规律。

一是关注学生已有知识经验，引导学生发现现实生活中简单重复的排列规律。

通过猜气球颜色这样有趣的游戏活动引入课题，让学生感受生活中简单的排列规律；在具体情境中寻找简单的有规律的排列，如会议室里的物品摆放、地毯花纹等，让学生感受规律中的重复现象，也就是物体排列中同一类事物的重复出现，并感受规律带来的美感。

二是关注学生知识的形成过程，通过观察、比较、类比等学习活动寻找规律，培养学生的推理能力、创新能力和语言表达能力。

本课例，让学生在丰富多彩的体验活动中，经历独立思考、小组讨论，自主探寻规律的本质。通过观察和比较，学生发现这些重复出现的规律有着完全相同的特点，把这些完全相同的内容分为一组，而这一排列规律就是一组一组地重复出现的现象，从而总结出找规律的方法，即找出重复出现的一组。

三是关注学生模型思想的培养，把握数学本质。

学生在发现排列规律时，通过归纳、总结，用同一种方式来表现同一种规律，同时，学生还能根据要求，用不同的方式表现同一种规律，渗透模型思想。让学生思考，除了课堂上学习过的排列规律以外，还能想到怎样的排列规律，充分发挥学生的想象，以此拓宽学生思维。让学生尝试设计不同的排列规律，创造不同的排列方式。让学生大胆表达，讲讲规律背后的故事，即用数学的语言表达规律，用数学的符号记录规律，把握数学的本质。

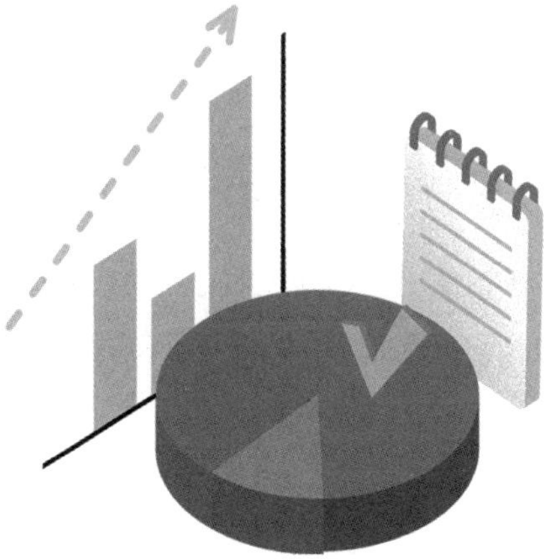

符号表达的一般性

——"字母表示规律"实录与评析

设计与执教:周小刚　设计与评析:陈　强

【课标要求】

《课标》要求,在具体情境中,探索用字母表示事物规律的方法,感悟用字母表示具有一般性,初步体会符号的使用是数学表达和数学思考的重要形式。在本课例中学生经历从现实情境中抽象出数量关系并用字母表达的过程,感受符号表达的一般性和现实世界的广泛应用,体会数学的价值,发展学生核心素养。

【学习目标】

1. 在真实问题情境中,自主探究、发现规律,能运用字母表示规律,并解决实际问题。

2. 经历从具象、半抽象到抽象的思维过程,知道用符号表达的运算规律具有一般性,体会符号的使用是数学表达的重要形式,发展符号意识、推理意识和模型意识等核心素养。

3. 在学习交流过程中,获得积极的情感体验,增强数学学习的兴趣与信心;在学习活动中,了解中国传统文化,培养热爱家乡、热爱祖国的爱国主义情怀。

【学习活动】

活动一:感受真实情景,激发学习需求

(课前)播放江津区中山古镇"千米长宴"视频,并与学生交谈,拉近师生距离。

(一)视频介绍"长街宴"

师:课前我们一起了解了中山古镇的"千米长宴",其实这种宴席形式是我国少数民族哈尼族的一种传统习俗,被称"长街宴"。下面我们跟随视频来了解一下吧。

播放视频片段。

（二）提出数学问题，聚集核心问题

师：看了视频，同学们能提出哪些和数学有关的问题呢？

生：“长街宴”一共有多少张餐桌？

生：“长街宴”一共可以容纳多少人吃饭？

生：“长街宴”的餐桌摆放有什么规律？

师：同学们的问题都很有价值，本课我们一起来研究“长街宴”中共坐人数和餐桌数的变化有什么规律。（教师板书“规律”）

设计意图：通过本地风俗民情引入，学生对本课所学知识有一种亲近感；由此引出“长街宴”的相关问题，数据真实，有挑战性，学生学习兴趣浓厚。

活动二：经历问题解决过程，发展符号意识

（一）简化问题

师：我先来回答之前同学提出的一个问题，哈尼族“长街宴”餐桌数最多的一次是2010年，当时首尾相连共有2050桌。要研究其中的规律，我们有必要把全部餐桌拿来一起研究吗？

生：我觉得选其中的几张餐桌来研究就可以找到规律了。

师：这个同学的回答，体现了科学研究的一般方法，非常棒（掌声）！本课我们就选取1~3号餐桌来进行研究（课件出示示意图，如图1所示）。

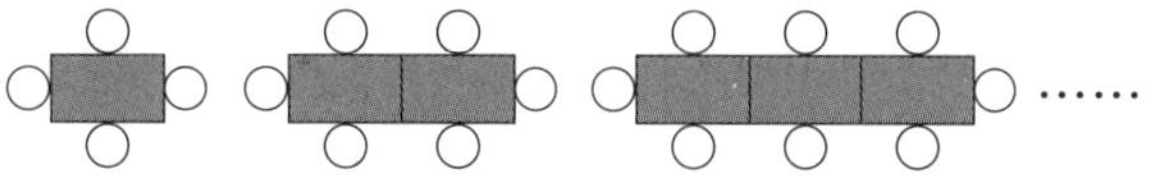

图1

设计意图：本环节先让学生思考研究样本数量的选择，渗透化繁为简的研究方法，再通过电脑将生活图片抽象为数学几何图形，为接下来用算式表示规律，到进一步用字母表示规律做好铺垫。

（二）寻找规律

师：如图，1张餐桌可以坐4人，如果我们把2张餐桌拼在一起可以坐几人？（生：6人）如果我们把3张餐桌拼在一起可以坐几人？（生：8人）。

师：(有挑战性的语气)如果我们把10张餐桌拼在一起可以坐几人？

生：22人。

师：你是怎样快速得到结果的？

生：10×2+2。

师(板书并追问)：为什么这样算？

生：左边和右边不变，上下10乘2等于20，加上2人就是22人。

课件演示学生的思考过程。

师：哪位同学愿意尝试说一说共坐人数与餐桌数的变化规律？

(学生表述可能较复杂，逻辑不够清楚，能说就行。)

(三)表示规律

师：从同学们的回答，老师发现大家已经找到了规律，但对于怎么表述，还有疑惑。下面我们继续学习，看是否有更好的表达方式？

师：刚才这位同学用算式解释了22人是怎么来的？(板书完善算式22=2×10+2)哪位同学能用同样的方法表示1张餐桌的人数？2张餐桌的人数呢？3张呢？

教师根据学生回答，纵向排列完成板书，注意中间和末尾要打省略号。

师：我们一起来观察这些式子，什么在变？什么不变？

生1：餐桌数在变，两边的人数不变。

生2：总人数也在变。

师：如果我们用a表示餐桌数，b表示共坐人数，大家能用字母来继续表示吗？

生：$b = 2a + 2$。

师：同意吗？谁能来说说这个式子表示什么意思？

生：共坐人数等于餐桌数的2倍加2人。

师：对，这就是我们一直在寻找的规律，你说得真清楚(掌声)。这就是我们今天要研究的内容，用字母表示规律。(板书完善课题)

设计意图：本环节，先让学生用数字算式表示规律，再利用“变与不变”的方法找到变量和不变量，用字母去表示变量形成新的字母表达式，使学生学会用字母表示规律的方法。学生在具体情景中，通过逐级抽象，体会字母表示规律的一般性，使抽象、概括能力得到了培养，符号意识得到增强。

（四）应用规律

师：现在我们回到开课时的问题，2050桌可以坐多少人呢？谁能运用这样的规律（手指板书）进行解答？

生：4102人。

师（追问）：你是怎么得到的？

生：因为a表示餐桌数，当a等于2050时，共坐人数$b=2050\times2+2$，等于4102人。

师：如果某次长街宴共有800人参加，按这样的摆法，需要摆多少张餐桌呢？

学生独立运算，汇报结果，老师规范板书。

（五）感悟作用

师：以前我们一直在学习探索规律，今天又学习了用字母表示规律，它好在哪里？有什么优点呢？

学生同桌讨论，交流分享。

教师根据学生回答，适时板书：简洁、概括。

活动三：运用符号推理，感悟结论一般性

（一）合作探究，寻找多种表达

师：共坐人数与拼在一起餐桌数的变化规律还有其他表示方式吗？下面我们分小组一起来探究。

请一名学生读小组合作要求，明确小组合作任务。

根据任务单，开展小组合作学习。

教师来回巡视，及时转变自身角色（对于学习有困难的小组，教师应及时

成为该小组的“优等生”，帮助本小组其他成员找到研究方向和思路，迅速展开学习）。

（二）分享汇报，形成对比素材

教师根据学情，选择有代表性的两个小组上台汇报，教师板书。

预设一：首尾两桌人数不变，中间共坐人数是中间餐桌数的2倍，用字母表示为：$b=3+2(a-2)+3$

预设二：假定所有餐桌没拼在一起，则可以坐$4a$人，每拼一桌则减少2人，用字母表示为：$b=4a-2(a-1)$

（三）运算推理，感悟一般性

师：孩子们能举一反三，思维开阔，教师为你们点赞。下面我们一起对这两个式子进行演算，看结果会怎样？

教师和学生一起演算，发现最终结果均为$b=2a+2$。

师：同学们有什么发现？（学生自由发言，点到即可）

师：是的，这也体现了用字母表示规律的高度概括性，我们在数学上称之为一般性。

设计意图：小学阶段强调从多角度探索规律，培养学习思维的灵活性。本环节利用字母表达式的演算、推理，将原来规律的多种表示抽象为一种表示，对学生探索规律的知识体系进行了重新建构；同时，通过经历本环节学习过程，学生对符号表示规律所具有的一般性，感悟更足、更深刻，符号意识得到进一步增强。

活动四：解决实际问题，体会数学表达

课件出示问题：张老师通过上网找到了一组能预测成年人身高的公式。

$$A=(F+M)\times 1.08\div 2$$
$$B=(F\times 0.923+M)\div 2$$

其中，F表示父亲身高，M表示母亲身高，不计算，你能判断哪个公式是预测男孩身高，哪个公式是预测女孩身高的吗？

学生独立思考，同桌讨论，分享汇报。

学生根据课前收集的父母身高数据，选择对应的公式计算，预测自己成年后的身高。

设计意图：本环节设计选用与学生紧密相关的、感兴趣的问题学习，主要有三个作用：其一，学生在不计算的情况下选择公式，需要先读懂用字母表示的规律，达到巩固本课知识的目的；其二，在算身高的活动中，进一步体会字母表示规律的作用，感悟符号表示规律的一般性、可操作性；其三，本环节很好地将数学与生活进行联系，让学生充分体会如何用数学语言表达现实世界，积累了数学经验。

活动五：回顾学习过程，构建知识体系

学生谈本课的收获。

师：这节课同学们收获满满，下面我们一起再次梳理一下本课的学习过程。

学生根据黑板板书进行梳理，教师在旁边适时用精练语言总结，并张贴关键词（如图2所示）。

本课板书：

字母表示规律

简洁 概括

$4=2\times1+2$

$6=2\times2+2$　　　　简化问题

$8=2\times3+2$

⋮　　　　寻找规律

$22=2\times10+2$　　　　表示规律

⋮　　　　寻找规律

$b=2a+2$

$b=3+2(a-2)+3$　　　　$b=4a-2(a-1)$

$=6+2a-4$　　　　$=4a-2a+2$

$=2a+2$　　　　$=2a+2$

【课后总评】

本课例是小学数学2022年版新课标教材(西南大学版)5年级上册第七单元第二小节“字母表示公式、规律”的第二课时,从属于数与代数第三学段数量关系中的内容。本课例学生在具体情境中,根据教师抛出的问题链,探索用字母表示事物规律的方法,发展了符号意识、推理意识和模型意识等核心素养。具体有以下亮点:

1.学习情境创设真实,有利于学生体会数学价值。

这节课在教学素材的选取和真实问题情境的选择方面体现了新课标的要求。开课时,选用学生熟悉的家乡历史文化古镇——中山镇的“千米长宴”进行引入,学生一下对本课的学习产生亲近感,为即将到来的学习做好了情感铺垫。新知探究阶段,这节课将教材中的内容与“长街宴”的真实情境进行了很好的融合,学生在真实可信的数学情境中去提出问题、解决问题,加深对所学内容的理解,促进了“四能”的提高及“三会”的培养。同时,学生在学习中感受家乡文化,也体现了情境素材的育人功能。

2.问题链设计合理,促进了学生深度思考与学习。

本节课很好地体现了“问题引领、任务驱动”的有效教学策略。整节课,教师紧紧围绕教学主题,利用核心问题引领学生主动探究,走向深度学习。如学生观看完“长街宴”视频后,教师提问“共坐人数和餐桌数的变化有什么规律”,学生围绕问题,利用原有知识探究规律,完成任务;接下来教师又提出挑战性问题“你能用字母表示出这样的规律吗”,激发学生探究新知的内驱力;最后,“用字母表示规律好在哪里?”“变化规律还有其他表示方式吗?不同表示方式的结果一样吗?”……一个个问题链的抛出,学生沿着知识大道一路探索前行,在完成一个又一个的挑战性任务中,孩子们的学习既自主又不偏离,高效地达成学习目标。

在关联中建结构

——“较复杂分数问题”实录与评析

设计与执教：万美廷　设计与评析：张国元　黎　娟

【课标要求】

《课标》指出，学生应逐步学会用数学的眼光观察现实世界，会用数学的思维思考现实世界，会用数学的语言表达现实世界。在数学教学中，培养学生运用常见的数量关系解决实际问题。本课例在复习分数乘除法问题中，引导学生逐步形成模型意识和几何直观，提高解决问题能力；让学生能解决较复杂的真实问题，形成几何直观和初步的应用意识，提高解决问题的能力，从而发展分析能力、模型意识，提高解决问题的能力，落实核心素养。

【学习目标】

1. 迁移倍数问题、简单分数问题的学习经验，自主探索较复杂分数问题的解题思路，促使学生主动利用已经掌握的知识学习新知识，充分发挥学生在学习中的主体地位。

2. 在探索较复杂分数问题的解决中，借助线段图，厘清数量关系，找到简单分数问题与较复杂分数问题之间的联系与区别，掌握分析分数问题的基本方法，从而提升分析能力、推理意识，积累数学思考经验。

3. 能利用知识的相互联系，从不同角度去思考问题、解决问题，体验解决问题方法的多样性，同时提高解决问题的实践能力。

4. 在自主探索的过程中，体会数学探索的乐趣，初步形成评价与反思的意识。

【学习活动】

活动一：唤醒已有知识经验

教师创设情境，通过解决倍数问题，引导学生回顾倍数的认识：通过已知单位“1”的量，单位“1”与比较量之间的关系，求几倍量是多少，开门见山唤醒学生对倍的认识知识记忆。解决倍的认识，教师可将线段图中的红、黄丝带凸显出来，引导学生借用线段图解决问题。

有红丝带24米，黄丝带的长度是红丝带的3倍。黄丝带有多少米？

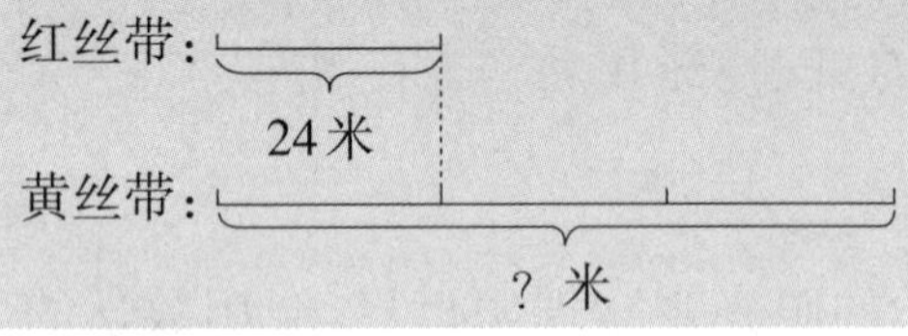

图1

有红丝带24米，黄丝带的长度是红丝带的$\frac{2}{3}$。黄丝带有多少米？

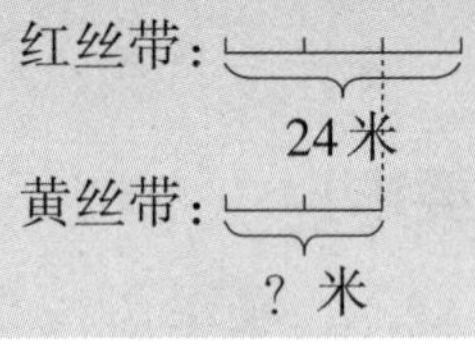

图2

学生自主解决图1中问题。

师：为什么乘3？

生：24 为单位“1”，3倍就是3个这么多。

师：刚才我们借助线段图，说明了24×3的理由，也就是用单位“1”的量乘几倍就等于几倍的量。

师：请大家仔细观察，现在这题与刚才有什么变化？什么叫$\frac{2}{3}$？你能解决吗？

生：红、黄丝带它们之间的关系发生了变化。它们的关系是：$24\times\frac{2}{3}=16$（米）。

师：刚刚我们乘的是几倍，现在乘的是多少呢？得到了多少的量？

生：单位“1”的量×几倍（或几分之几）=几倍的量（或几分之几的量）

设计意图： 通过回顾倍的认识，唤醒学生已有的学习知识经验，从而根据题意，借助线段图分析数量关系，解决简单分数问题；让学生结合具体情境，在解决问题的过程中，展开对较复杂的分数问题的学习，总结解题方法。

活动二：对比思考，打通内在联系

在回顾倍的认识、简单分数问题之后，教师提出问题（如图3所示）：“这一题复杂吗？怎样把简单分数问题变成较复杂分数问题呢？”

激励学生提出简单分数问题，然后通过变问题、变条件变成较复杂分数问题。由学生自主提问作为“变问题”的学习素材进行探索。

师：变问题，说明什么没有变？

生:条件没变。

师:我们把条件读一读。你可以提出什么新问题?

探究一:变问题

有红丝带24米,黄丝带的长度是红丝带的$\frac{2}{3}$。

______________________?

①红丝带比黄丝带多多少米?

(或黄丝带比红丝带少多少米?)

②黄丝带和红丝带一共多少米?

图3

师:这些题的问题变了,它们的关系变没有?

生:没变。

师:谁来把新问题在线段图标记出来?

探究一:变问题

1.有红丝带24米,黄丝带的长度是红丝带的$\frac{2}{3}$。红丝带比黄丝带多多少米?

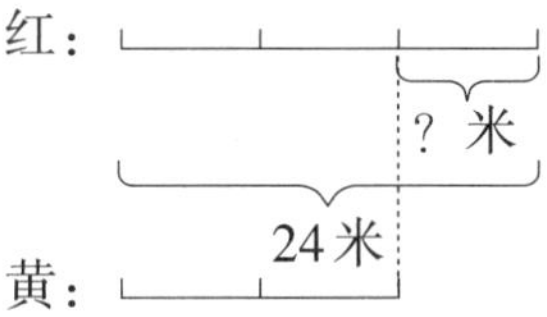

2.有红丝带24米,黄丝带的长度是红丝带的$\frac{2}{3}$。黄丝带和红丝带一共多少米?

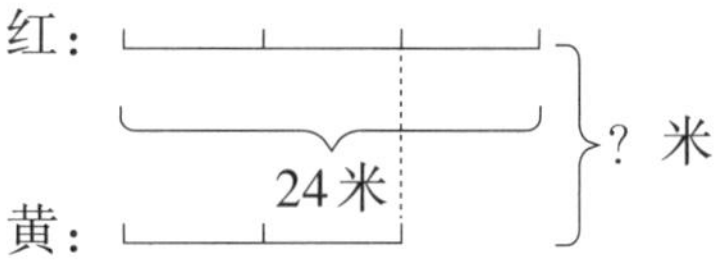

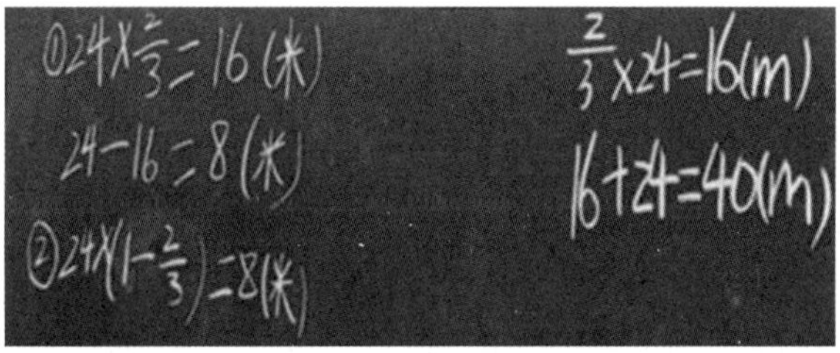

图4

学生自主完成线段图,纷纷汇报自己的做法,并同步板书。

设计意图:为了更好地让学生认识较复杂分数问题的数量关系和解题思路,掌握解题方法,教学时,让学生经历将简单分数问题在条件不变的基础上可以延伸出怎样的新问题,自主分析和解答的过程,借助已有的线段图分析数量关系;对比之前的简单分数问题,由学生主动参与设计改变成新问题,从而打通内在联系,掌握较复杂分数问题的结构特征和解答思路。

活动三：利用内在联系解决较复杂分数问题

变问题后，引导学生改题还可以变条件。教师出示新题型，让学生分析新题型与原题比较是否变复杂了。新题型中已知条件的量与分率不对应，这就要求我们要根据题目数量间的内在联系，将数量之间的关系进行一定形式的转换。鼓励学生借助直观模型充分理解并迁移应用，从而让学生在自主迁移的过程中，寻找出巧妙的解题途径，这样不仅可以拓宽学生的解题思路，还可以降低较复杂分数问题的解题难度，更能体会数学探索的乐趣。

探究二：变条件

3.红丝带和黄丝带一共40米，黄丝带的长度是红丝带的$\frac{2}{3}$。黄丝带有多少米？

图5

师：是所有条件改变了吗？哪里变了？说明什么没变？新的信息在线段图中该如何标示出来？

生板书（如图6所示）。

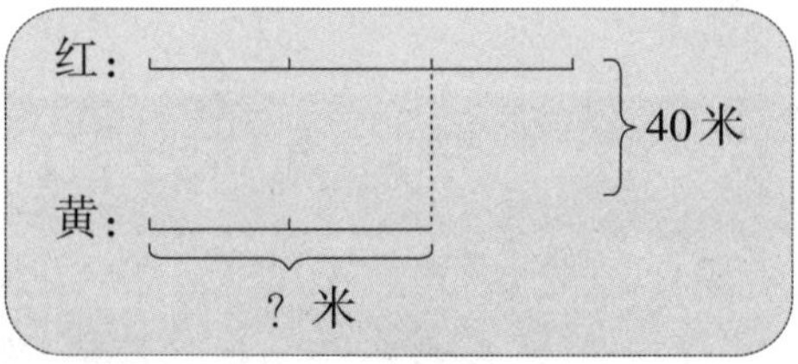

图6

师：标对了吗？这个题变复杂了吗？这个题与原来比较，复杂在哪儿？

生：一共40米。

师：为什么已知“一共40米”就变复杂了？

生：找不到具体的单位“1”。

师：刚刚的单位“1”是哪个量？

生：红丝带的长度是单位“1”。

师：现在单位“1”的量不知道了，同学们可以通过原来的知识解答吗？谁愿意上台完成呢？

学生展示汇报。

生1：先根据题意求出红丝带的长度：$40\div(1+\frac{2}{3})=24$（米），

再根据红、黄丝带之间的关系，求出黄丝带的长度：$24\times\frac{2}{3}=16$（米）。

生2：根据线段图，我们知道红、黄丝带一共的份数是(3+2)，共5份，那么我们可以算出它们每份的长度是8米；然后，我们还知道黄丝带占了其中的两份，也就是$8\times2=16$（米）。

师：大家同意吗？这里有分数，他解答中一个分数也没有，这是分数问题，为什么没有分数？这做对了吗？为什么你们认为他做对了？

师：当分数解决不出来，我们可以从份数考虑。（板书：分数→份数）3和2哪儿来的？怎么把这个分数看成份数的？

生：把红丝带长度平均分成3份，黄丝带长度看作其中的2份。

设计意图：给学生创造自主探索的空间，鼓励学生在学习任务单上尝试计算。解决问题后，静下心来思考与观察，建立知识内在联系，可以帮学生深化对方法本质的理解与认识。课堂上，通过引导学生分析题意，一组信息和问题的互换，变成一道新题型，让学生从分数意义的本源出发，可以从"份"的角度，也可以从"运算"的角度，发现这次所学和以前所学的相通之处，连接知识间的内在联系，最终使学生能感受到，面对新的问题可以借助已有的经验，通过转化寻求新旧问题之间的联系，想办法研究新问题。

活动四：列举更多方法

教师通过变问题、变条件两个环节的教学，让学生增强了对数学的应用意识，初步形成模型观念的经验基础，促使学生能自主探索并解决较复杂分数问题。此时，让学生独立思考完成进阶学习任务，然后开展全班交流。

例题：已知某小学购买红丝带和黄丝带共144米，用了红丝带的$\frac{1}{11}$装饰校园，剩下的红丝带长度是黄丝带长度的2倍。请问红丝带原来有多少米？

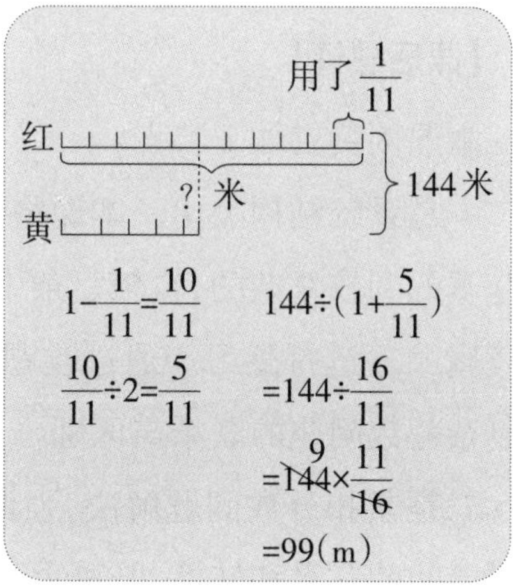

图7

师：请同学们一起把题读一读！大家仔细审题，这一题中哪一个量是单位“1”？请同学们借助线段图，用你喜欢的方法列式解答。

学生展示汇报。

生1：（如图5所示）红丝带的长度为单位“1”，由题意可以画出线段图，先画出红丝带长度11份，用了其中的1份，那么黄丝带长度就该是10份的一半，也就是5份。然后就能求出红丝带的长度$144 \div (1 + \frac{5}{11}) = 99$（米）。

生2：我的画法和他的一样，我的做法不一样，我是看的份数，144米是红、黄丝带的总量，那么总份数就是(11+5)，一共16份，那么每份就是$144 \div 16 = 9$（米），那么红丝带的长度占11份，也就是$11 \times 9 = 99$（米）。

生3：我的做法是用的列方程，我设红丝带长度为x米，黄丝带长度就是$(144 - x)$米。然后根据它们之间的关系进行列式，求出$x = 99$。

师：同学们的方法可真多，即使是较复杂的分数问题$(1 - \frac{1}{11})x = 2(144 - x)$，大家都能迎刃而解，并且还能一题多解。

设计意图：最后这道题较复杂的分数问题，关系比较抽象，在单位“1”未知的情况下，让学生理解题意，借助线段图分析数量关系，不仅有助于学生体验数形结合方法的优越性，还有利于提高学习有困难学生的分析能力，同时通过新旧知识的对比，掌握较复杂分数问题的基本解题思路和解题方法，并且还能发散学生的思维，达到一题多解。

【课后总评】

本课例具有如下特点：

一是系统结构突出。本课将倍的问题、简单分数的问题、较复杂分数问题从基本的到较复杂的，在较复杂中又从部总关系到相比关系，这样按知识发展的逻辑顺序进行复习。通过改题的方式，打通了倍的问题、简单分数的问题、较复杂分数问题的联系与区别。

二是紧扣分数问题解决，强调数量关系的分析，加强对比，在比较中弄清数量之间的联系和转换，既尊重了学生的已有知识储备，又为新知的构建架设了桥梁。题目中已知条件的量与分率不对应，这就要求我们要根据题目数量关系之间的内在联系，将数量之间的关系进行某种形式的转换，感悟对应思想，深入理解数量关系对解决实际问题的重要性。

三是系统地引导学生体会较复杂分数问题的变化和发展，从不同角度去思考问题、解决问题，提高学生解决问题的灵活性。

四是以线段图贯穿全课始终，让学生利用线段图分析数量关系，代替了“扣类型，套公式”、强调“对应分率”的传统教学方法。

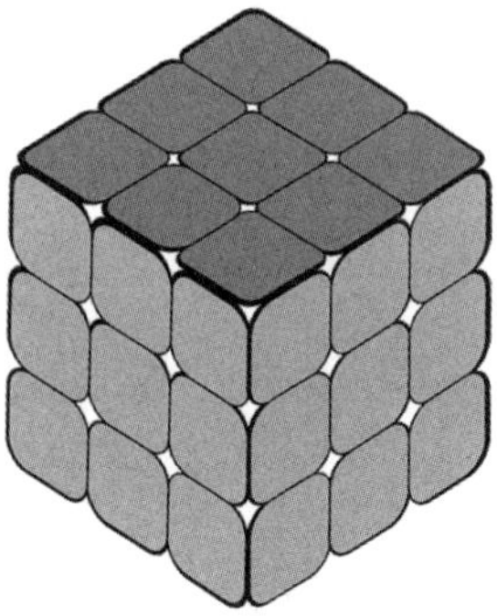

第三章 图形与几何

感悟统一度量单位

——"测量长度"实录与评析

设计与执教：陈 锴 设计与评析：王 平 高 艳

【课标要求】

《课标》在第一学段"图形的认识与测量"的"教学提示"中指出，图形的测量教学要引导学生经历统一度量单位的过程。从无标准到无统一标准，再到建立统一标准，通过创设情境，转化认知，让学生在教学实践中感受统一长度单位的意义。本课例在设计和实践中，注重把握学生在掌握比较物体长短知识的基础上，从用不同的物体作标准测量长度，到用统一的标准来测量长度，体会统一长度单位的必要性。

【学习目标】

1. 通过观察、测量活动等让学会正确的测量方法，体会测量需要建立标准和需要统一标准的必要性，形成初步量感。

2. 认识长度单位米，初步建立1米的长度观念，知道米的叠加会形成比1米更长的长度，米的拆分会形成比米更小的长度单位。

3. 培养观察能力、动手操作能力。

【学习活动】

活动一：说物体长度

教师课件出示用不同物体的长度比彩带长度的过程，引导学生思考为什么开始说不出彩带的长度，后来又可以，并说出原因。

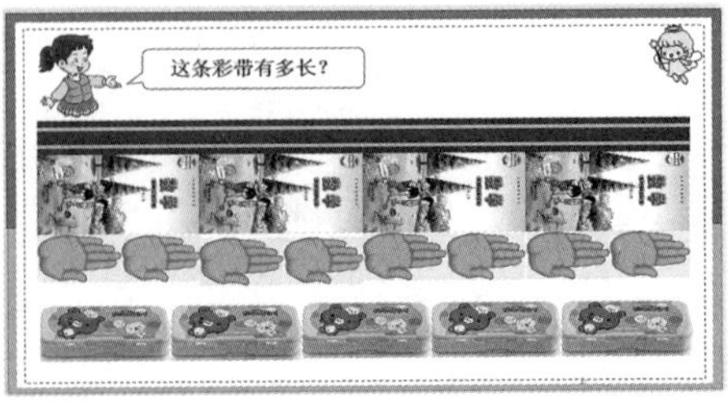

图1

师：孩子们，这有一条彩带，能一口说

出它的长度吗?

生:不能。

师:现在呢?(课件出示不同物体比彩带长度)

生:可以,有4本数学书或者8个手掌或者5个铅笔盒这样长。

师:为什么刚才说不出来,现在又可以了呢?

生:因为现在用不同物体的长度比出了彩带的长度。

设计意图:将彩带长度替换成多本书或多个手掌等物体长度,引导学生经历彩带长度非量化至量化的过程。

活动二:探究测量标准

教师带领学生再次经历用不同工具比出彩带长度的过程,认识标准并揭示测量的概念。

师:这里的数学书、文具盒、手都起了同样的作用,就是为我们比彩带的长度提供了一个标准。

师:如图2所示,每一次都是用的这本数学书的长度来比。在这个过程中,一本数学书的长度就是标准。

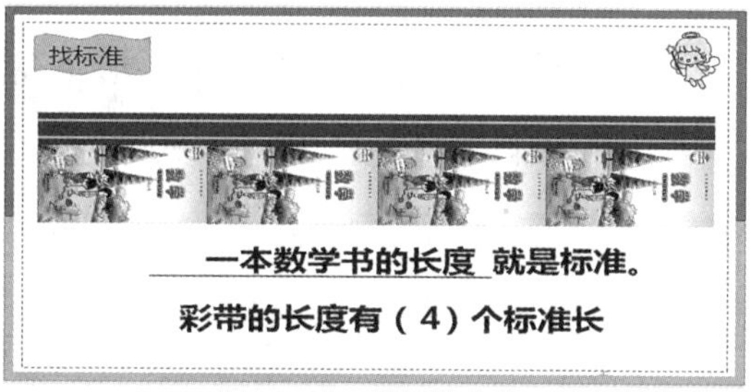

图2

学生思考,举手回答另外两个场景(图3,图4)中的标准。教师黑板板书"标准",接着揭示课题——测量长度,并板书。

师:像这样用一个物品的长度作为标准,比出彩带里有多少个这样的标准的过程,就是在测量长度。

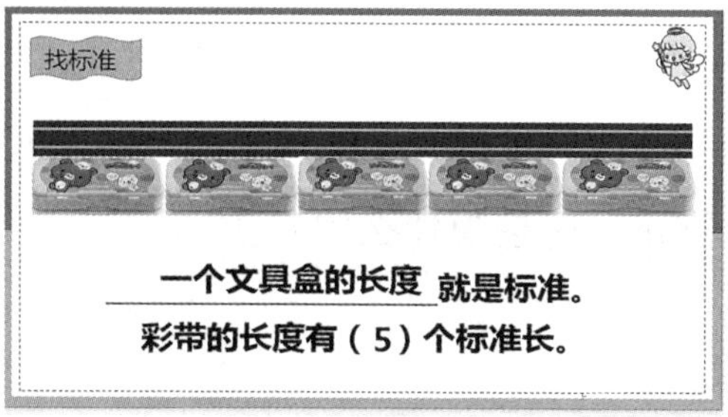

图3

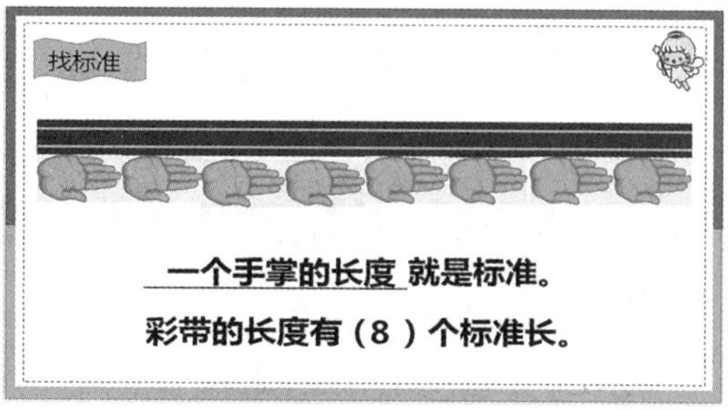

图4

设计意图：经历用不同工具测量彩带长度的过程，让学生明白什么叫测量和标准，并知道需要用标准测量。

活动三：探索测量过程，学习测量方法

在测量课桌面的实践和交流中，学生选择自己的标准测量课桌，发现不同测量工具所测量的结果不同。同时，与使用同种测量工具的同学比一比，看看测量结果是否一致，反思在测量过程中需要注意哪些问题，渗透正确测量的方法。接着放微课演示正确测量的方法，加深学生对测量方法的理解与掌握。

学生再次测量课桌面，教师将不同结果板书到黑板，与第一次测量结果进行对比并适时提出质疑：同样的课桌，为什么测量结果不一样？让学生感受到由于测量标准不一样，产生了千差万别的测量结果，造成了人们交流的不便，这才有了国际统一标准的长度单位。学生在思维的层层深入中感受到测量的意义和测量标准统一的重要性，也对长度单位“米”产生了浓厚的学习兴趣。

师：我们需要统一的标准。这节课我们来学习全世界统一的标准——世界通用的国际单位。国际统一的标准有很多，而计量长度的国际单位制基本单位是“米”，通常用字母“m”表示。

教师拿出米尺并告诉学生这就是一米的长度。

设计意图：学生学会用标准测量物体长度的方法，通过测量课桌面长度过程中出现的不同结果，引出统一标准的重要性，揭示长度单位——米，并借助米尺建立1米的长度表象。

活动四：找一找“身体的一米”

创设要根据身高买票进入游乐园的情境，引导学生借助米尺找到身体上竖着一米的位置和横着一米的位置。由此学生发现由于身高不同，手臂张开的长度不同，一米在人身体的位置也会不同。

师：小明的一米在下巴位置，小红的1米在鼻子的位置（边说边拿着米尺走进学生身边量一量），小军的1米，在肩膀处。这是为什么呢？

生：因为身高不一样。

师：为什么横着的一米位置也不一样呢？

生：因为手臂张开的长度不同。

> **设计意图**：在一系列具体直观的形象感知中，学生多维度认识长度单位“米”，初步建构起“身体上1米”的长度量感，了解自己身体上的“尺”为后面运用“身体尺”测量生活中物体的大概长度做铺垫。

活动五：体验“米”的叠加和拆分

小组合作剪出两米的彩带，并上台说说剪彩带的过程，学生汇报。

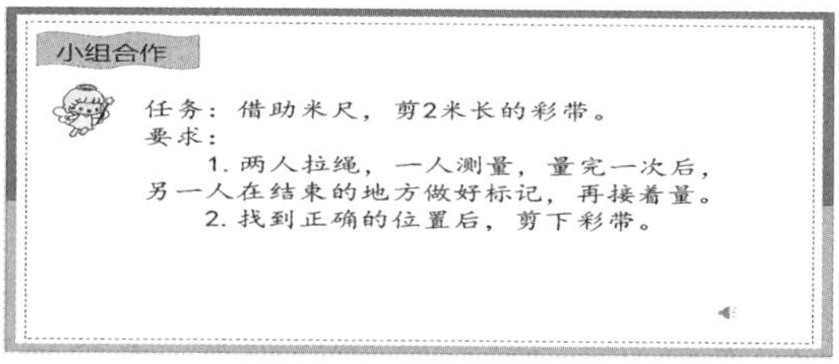

图5

教师演示用米尺量一量，再将一米彩带叠一叠，叠出两个1米长的彩带并剪下来。引导学生说出如果继续叠，3个1米就是3米，50个1米就是50米，100米里有100个1米。

师：叠一叠后就是2个1米，展开就是2米。再叠一叠呢？3个1米就是？

生：3米。或者3米就是3个1米。

师：那如果老师再叠一叠，叠了5个1米呢？

师：我再叠再叠，叠到10米呢？

生：10米就是10个1米。

师：那50个1米呢？操场的直跑道有100米，就是多少？

生：100个1米。

> **设计意图**：学生在主动观察、操作、思考和交流等活动中养成与他人合作的态度和习惯，全面建构起“米”的长度观，并学会用1米量较长的物体，知道无论多少米，都是由多少个1米叠加起来，为后续学习长度单位千米做铺垫。

活动六：用身体上的“尺”测量

用身体上的1米量黑板的长度。教师提示学生先目测需要的人数再上台手拉手量。

师：准备怎么量？

生：这样量（用身体比）。

师：那可能需要几个人？

生：3个。（上来3个不够后。再来1个。）

师：量出来大约有几米？

生：大约4米。

教师继续追问到底有几米呢，然后播放微课，得出测量黑板长度的结果是3米7分米，引出长度单位分米，并介绍1分米是由米平均分成10份后得到的。

设计意图：“长度测量”的学习，绝不仅是学会用刻度尺测量物体和线的长度，还包括学会选择恰当的长度单位、合适的测量工具进行测量。正因为如此，估测是测量教学中不容忽视的重要内容，是培养学生空间观念不可缺少的方面。另外，学生经历“身体尺”在生活中的应用，感受“身体尺”不够准确的局限性，为后续学习长度单位分米做铺垫。

活动七：课堂回顾总结

师：孩子们，这节课快结束了，谁来说说你学到了哪些知识？

师：我们怎么学到这些知识的呢？一开始知道彩带的长度吗？

生：不知道。

师：后面怎么办的？

生：借助了一些物体的长度作为标准，量出了彩带的长度；在测量课桌面的活动中，学会了测量的方法，因为量课桌面的长度时出现了不同结果，知道了统一标准的重要性。接着认识了最基本的长度单位——米，利用米尺，不仅找到了身体上竖着1米的高度，还知道了横着1米的长度；在剪彩带的活动中，知道了无论多少米都是由多少个1米叠加起来的。最后再利用身体上的尺子，量出了黑板的长度。

设计意图：带领学生回顾学习的过程，回顾学到了哪些知识，是怎么学到了这些知识的，总结学习的方法。

【课后总评】

在之前比长短的学习中，学生已经对长、短的概念有了初步的认识，并会直观比较一些物体的长短但不一定能进行量化比较，所以本课例在进入长度单位“米”的学习之前，设计一系列比较和实践活动，让学生从使用不同的工具测量彩带长度的过程中体会物体长度从非量化到量化的过程。

接着为了使学生能够真实地感受到统一长度单位的必要性，设计测量课桌面的环节，由于学生用的标准不一样，所以测量的结果也不一样，由此引起学生的认知冲突，进而理解统一长度单位的必要性。

设计多个活动认识1米，感受1米，形成身体上1米长度的量感。学生对长度单位“米”有了充分感知，在脑海中有了具体的空间观，才不会闹“橡皮有2米长”的笑话，为学习更多的长度单位建好了“承重墙”。又通过剪彩带和用身体的“尺子”量黑板面长度，知道米的叠加会形成比1米更长的长度单位，米的拆分会形成比米更小的长度单位，学生亲身串联起了多个长度单位之间的关系，打通多个长度单位间的“隔断墙”。

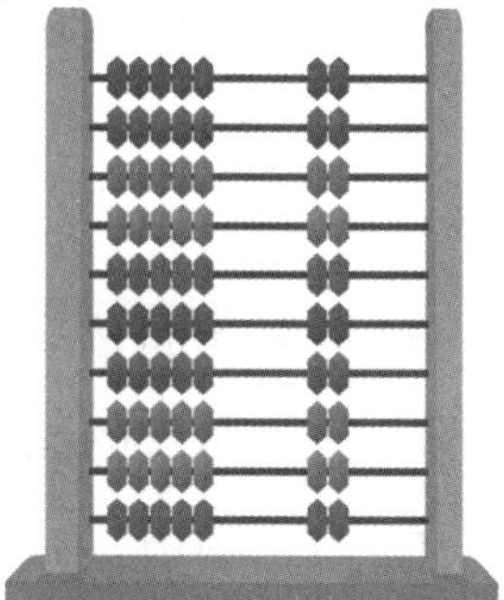

认识测量对象

——“认识周长”实录与评析

设计与执教:漆　俊　设计与评析:蹇泽华　黄　波

【课标要求】

《课标》要求,基于度量单位理解图形的长度、角度、周长、面积、体积。要结合实例认识周长和面积,增强量感和空间观念。图形的周长教学可以引导学生自主探索三角形的周长,感知线段长度的可加性,直观感受三角形的周长,知道什么是图形的周长。

【学习目标】

1.结合具体情境认识并理解周长的含义,能选用合适的方法测量规则和不规则封闭图形的周长。

2.经历用多种方法测量图形周长的过程,直观感受图形的周长,知道什么是周长,形成量感和初步的几何直观。

3.在认识图形周长的过程中经历观察、操作、比较、归纳、估一估等数学学习的过程,建立初步的空间观念,发展形象思维和推理意识,渗透化曲为直的数学思想。

4.结合具体情境,感知周长与实际生活的密切联系。

【学习活动】

活动一:初识面与周

师:(出示班级合照)这是我们班的班级合照,想把它更美观地展示在教室墙上,你想怎么办?

生:做成相框挂在墙上。

师:(出示玻璃,边条)这是做相框的其中两种材料,应该把它们分别用在哪呢?

生:玻璃盖面,边条围边。

师:这张照片的面在哪里?

师:边条围边,怎么围?谁上来用画的方法围一围。

学生上台操作。

师:围一圈,数学上也叫围一周。(板书:围…一周)

设计意图:结合课前谈话,创设为班级照片加相框的问题情境,让学生直观感受玻璃盖面,边条围边,既贴近生活,又让学生初步感悟了面和周。

活动二:初步感知面与周的关系

师:同学们,这张照片不仅记录了美好,从数学的角度观察,我们还发现了照片的面和周。这是面(师摸),这是周(师指),你觉得面和周有什么区别?

生:面是平平的一大块,周是细细的一条线。

师:面和周有什么关系呢?

生:周围着面,面在周的里面。(周紧紧地包围着面)

板书:“认识周”。

师:闭上眼睛想一想,脑海里围一围照片的一周。

设计意图:周长和面积的学习材料都是平面图形,属于同一图形的不同研究对象。基于学习材料的一致性和特殊性,研究对象高度关联,本环节帮助学生用联系的观点学习,知道周在外,面在里,面是平平的一大块,周是细细的一条线,用联系的眼光帮助学生建立周长和面积的表象。

活动三:找一周,说一周

师:你能找到数学书封面的一周吗?

师:你想从哪里作为起点开始围这一周?

生:数学书封面边缘任何一处都可以作为起点,只要是沿着数学书封面边缘,从起点开始又回到起点就是围数学书封面一周。

师:刚才你顺时针围这一周,那我可以逆时针围吗?

小结:只要是从物体表面边缘的任何一点开始,沿着物体表面边缘又回到起点,都是围一周,和起点位置无关,和方向也无关。

师:你还能找到哪些物体表面的一周呢?

活动四:描一周,比一周

师:用描的方式围出下面图形的一周。

思考:这几个图形中谁最特别？为什么?

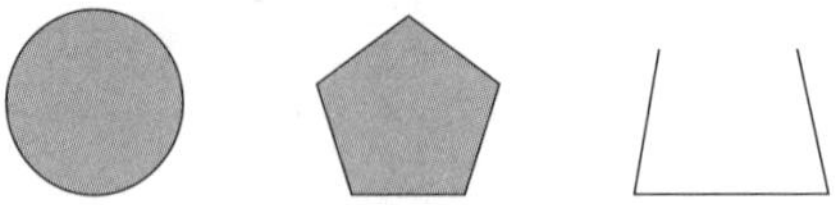

图1　对比发现周

生:最后一个图形没有封口,用周的知识来说,从起点开始不能回到起点,而前两个图形能从起点出发回到起点,首尾相连。

师:能回到起点的叫封闭图形,不能回到起点的叫不封闭图形。

生:封闭的图形才能围一周。

师:你能把第三个图形创造成有一周的图形吗?

师:对比观察几个一周,发现周有长短,选择词语“长一些”“短一些”“长得多”“短得多”来说它们的关系。

> **设计意图:**概念课的教学要遵循感知、表象、形成概念的规律。本环节在学生识周、指周、说周后进一步描周、比周,帮助学生对周建立清晰的表象;再通过对比,发现周有长短,为后面抽象出概念奠定基础。

活动五:量周长、悟本质

出示情景:小蚂蚁和七星瓢虫分别在三角形的边缘和圆形的边缘上跑了一圈。跑完后,它们为谁跑的路程更长而争吵起来。要想知道谁跑的路程长,主要比什么?

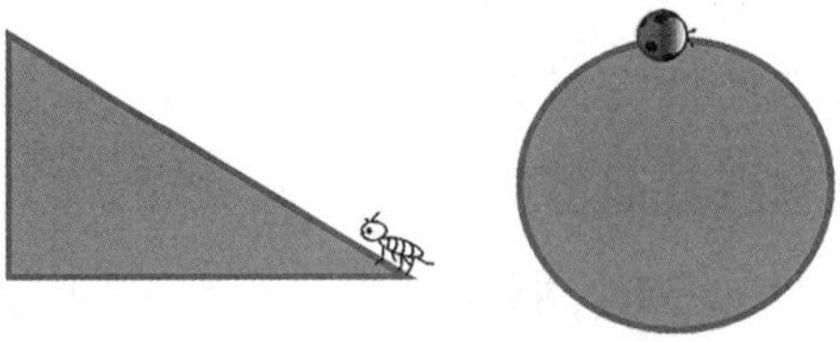

图2　体验周有长度

生:一周的长度。

师:怎样才能知道这两个图形一周的长度？有什么方法?

学生思考、讨论:(1)用什么工具?(2)怎样测量?

小组合作再汇报交流：

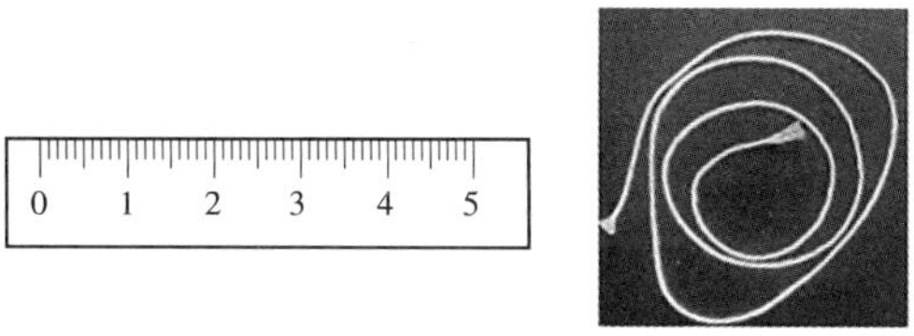

图3 测量周长的工具

(1)图形三角形:可以用直尺分别量三条边,再将三条边的长度加起来。

(2)图形圆:可以用线绕或在线上滚,化曲为直再测量。

生展示圆“剥”一周的过程,了解可以先将线围在圆的一周上,然后将线剥下来拉直再量线的长度。

回顾三角形和圆形一周的长度。

动画演示:长方形四边叠加,学生先估长方形一周的长度再用直尺量。

动画演示:叶子平面一周化曲为直,估一估叶子面一周的长度,再用直尺量。

师:今天认识了周,又知道周有长度,给一周的长度取个简洁的名字吧。

生:周长。

完整揭示课题“认识周长”。

师:什么是圆形的周长？什么是长方形的周长？什么是叶面的周长？

总结:围图形一周的长度就是这个图形的周长。

设计意图:在学生对周已经有了清晰的表象之后,本环节创设有趣的情景带领学生理解周长的本质,有周有长才是周长。在周长中,周是形,长是量,周长的本质就是要量出长度,物体表面的周长也是长度单位的累加。感悟本质之后,学生就能更好地抽象出周长的概念,也为后面概括出长方形、正方形的周长公式奠定基础。

活动六:及时巩固,深入理解

(一)解决问题

师:相框究竟需要多长的边条？需要算相框的什么?(周长)

师:你想知道几条边的数据?

生：想知道一条长和一条宽的长度。

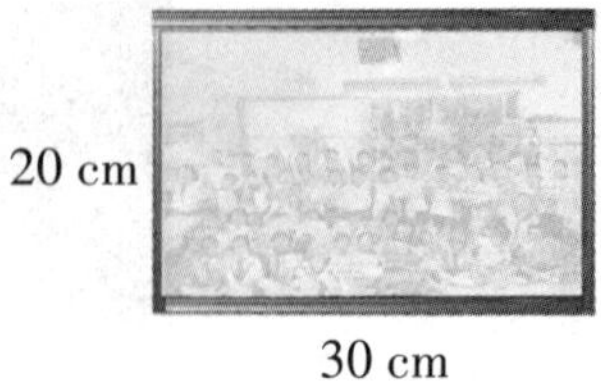

图4　相框的周长

生：相框的周长是100 cm。

（二）智力比拼

师：（出示边长为1分米的正方形）它的周长是多少？

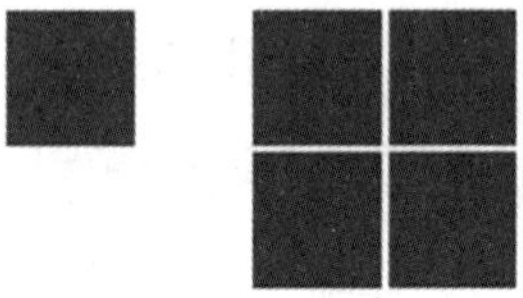

图5　算大正方形的周长

师：把4个这样的正方形拼成一个大正方形，周长会是多少？

生试一试，得出答案为8分米。

师：其余的8分米去哪了呢？

小结：算周长时只能算图形外面的一周。

师：取走其中一个小正方形，它的周长变了吗？为什么？

图6　感悟图形的大小变了，而周长却没变

生试一试，得出结论：图形的大小变了，而周长却没变。

（三）最强大脑

下图周长是（　）cm。

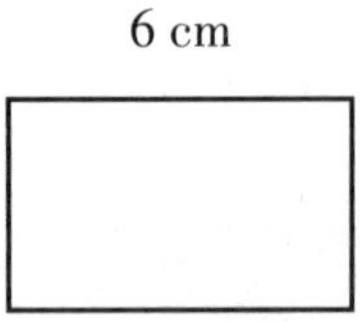

图7　猜周长

A.12 cm　　　B.20 cm　　　C.24 cm

生独立思考，汇报交流选择B的理由。

设计意图：算相框的周长是对周长概念的巩固，也呼应了开课为照片配相框的情境，解决了生活中的实际问题。用边长为1分米的正方形拼大正方形，则是对周长知识的提升与应用。学生要知道周长是围一周的长度，里面的长度不叫周长。几个练习题层层递进，让学生一步步领悟周长的本质。

活动七：回顾总结，关联本质

师：二年级的时候我们已经学习了长度，知道用直尺测量物体的长度。瞧，这支铅笔长18 cm。这两个图形的周长也是18 cm，它们有什么区别？

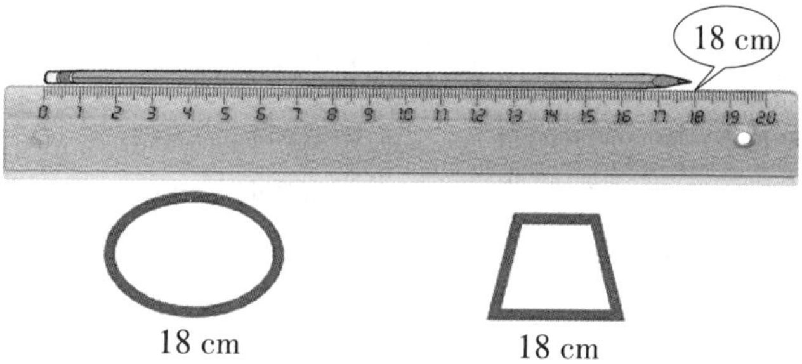

图8　对比长度与周长

生：二年级测量的是直直的线段，今天学的周长是首尾相接的。

师：它们都是长度，以前学的是直直的长度，今天变成了首尾相接的一周的长度，也叫周长。

师：那周长在生活中有什么作用呢？我们一起来看视频微课。

师：这节课我们认识了周长，你有哪些收获？

设计意图：周长中，"量"是本质，但也不能忽视形的属性。本环节的一支铅笔长18 cm，两个图形的周长也是18 cm，都是18 cm，这两者却有所区别。周长是在原来长度的基础上，增加了形的要求，一周的长度才是周长。与之前学的长度联系起来思考，有助于学生更好地理解周长的本质。微课视频则带领孩子们了解了生活中周长的应用，感受数学来源于生活，又运用于生活。

【课后总评】

本节课整合了三年级上册的周长与三年级下册的面积，立足几何单元整体教学，注重知识的纵向联系，抓住了知识的本质特征，使知识结构化。

1.注重用联系的观点学习，建立周长和面积的表象。

在教学过程中，通过同一材料，感受周和面，知道周在外，面在里，周是细细的一条线，面是平平的一大块。建立周长的过程中遵循概念课的学习路径：感知、表象、归纳、形成概念。课堂上，学生首先对测量对象进行丰富的感知，先识周、指周、说周、描周、比周、量周……在建立清晰的表象后，再通过对比，发现周有长度，抽象出周长的概念。最后通过各种练习，深化对概念的理解。

2.注重形的属性、量的本质，感受周长的本质是边的不断叠加。

周是形，长是量，有周有长也就是有形有量才是周长。“量”是本质，也不能忽视形的属性。在周长的教学中，一支铅笔长 18 cm，这两个图形的周长也是 18 cm，这样一对比，学生发现，周长是在原来长度的基础上，增加了形的要求，一周的长度才是周长。

华罗庚曾说过：数起源于数，量起源于量。度量的本质都是量的积累。本节课将一周的长度扩展为“线段和”去凸显周长的本质，实质都是边的不断叠加，也就是长度单位的不断叠加。

发展几何直观

——“三角形三边之间的关系”实录与评析

执教:熊夕源　设计与评析:陈玉鹏

【课标要求】

《课标》在“图形与几何”第三学段的内容要求中指出,知道三角形任意两边之和大于第三边。引导学生经历基于给定线段用直尺和圆规画三角形的过程,探索三角形任意两边之和大于第三边并说出其中的道理;经历根据“两点间线段最短”的基本事实说明三角形三边关系的过程,形成推理意识。本课例重视激活学生已有的认知基础,沟通前后知识之间的联系,在独立思考、自主探索、相互交流中体悟三角形三边的关系。

【学习目标】

1.用尺规作图的方法探究三角形三边的关系,理解“三角形任意两边之和大于第三边”,能运用相关原理解释生活中的现象。

2.经历“猜测—验证—结论—应用”的过程,培养运用数学知识解决实际问题的能力,积累数学活动经验,发展推理意识,增强几何直观,构建空间观念。

3.积极参与探究活动,在活动中获得成功体验,增强对数学的兴趣。

【学习活动】

活动一:激活经验,引发猜想

师:同学们,之前我们学习过用直尺和圆规画图形,你能用线段 a,b,c 围一个三角形吗?准备怎么操作呢?

出示:

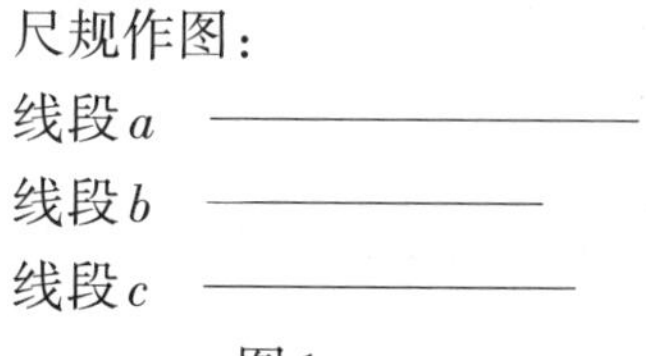

图1

生:用圆规和直尺画出线段 a,用圆规针尖对准线段 a 左端,画出线段 b;再用圆规针尖对准线段 a 右端,画出线段 c,线段 b,c 相交于一点,再连接交点与两个端点。

学生在任务单上完成，教师动画演示过程。

师：三角形有什么特点？是不是任意3条线段都能围成一个三角形呢？（引出课题：三角形的三边关系）

> **评析**：教师通过创设一个“尺规作图”的数学活动——用已知三条线段围一个三角形，激发学生已有的认知经验，奠定自主学习的操作基础。又将本课认知与三角形的认识紧密联系在一起，构建起三角形的结构化认知体系。紧接着，教师通过核心问题——“是不是任意3条线段都能围成三角形呢？”引发学生猜想，成功创设出问题情境，激发学生进一步探究的欲望。

活动二：合作探究，归纳推理

（一）例1：尺规作图，探究三边关系

1.分组实践。

师：我们以4条线段为例，如果要从中选择3条线段围三角形，你能想到几种选择方式？

出示4条线段：

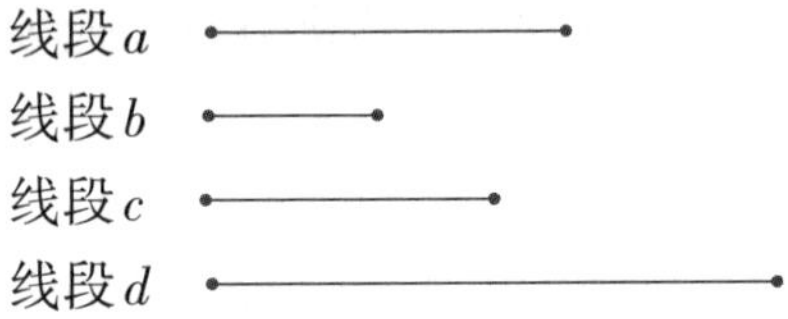

图2

生：4种，分别是abc，abd，acd、bcd（结合学生回答，教师有意识地将abc和acd写在一组，abd和bcd写在一组）。

师：接下来，我们采用尺规作图的方式展开研究。

活动要求：

（1）四人小组分工合作，一人选择一种展开研究。

（2）完成个人学习单。

（3）完成小组学习单。

小组学习单

	线段 a	线段 b	线段 c	线段 d	能否围成三角形
选择1					
选择2					
选择3					
选择4					

三角形的三边关系个人学习单

线段 a：
线段 b：
线段 c：
线段 d：

我选择的3条线段是：(　　)、(　　)、(　　)。
尺规作图：

图3

评析：在核心问题"是否任意3条线段都可以围成三角形"的引领下，教师精心设置具有挑战性的学习任务——"在已知的4条线段中，任意选择3条进行围三角形"的实践探究活动。学生根据选择方式的不同，分组尝试，自主学习，运用所学知识解决实际问题，在实践中积累活动经验，形成初步的研究结论，为进一步探究奠定实践基础。

2.小组汇报。

教师随机指定小组汇报。

	线段 a	线段 b	线段 c	线段 d	能否围成三角形
选择1	√	√	√		能
选择2	√	√		√	不能
选择3	√		√	√	能
选择4		√	√	√	不能

图4

3.合作探究。

(1)能构成三角形。

师：我们先来研究能构成三角形的情况。以"选择1"为例，我们给三角形每个顶点标上对应的字母 ABC。思考：为什么线段 abc 能围成三角形呢？

学生思维卡壳，教师引导：我们一起来看看，从 C 点到 B 点，有几种连接方式？

生：有两种。第一种，从 C 点直接到 B 点；第二种，从 C 点到 A 点再到 B 点。

师：哪种更短？为什么？

生：第一种，因为两点之间线段最短。

师：用数学式子来表示，就是线段b加上线段c大于线段a（板书：$b+c>a$）。

A点到C点，A点到B点同理教学，引出：$a+c>b$，$a+b>c$。

师：观察3个不等式，你有什么发现？

生：两边之和大于第三边。

师：你是怎么发现这个重要结论的？

生：不等式左边的式子都表示两条边之和，右边的式子表示第三条边的长度，它们都表示两边长度之和大于第三边长度。

师：研究了abc这一组线段，那acd这一组呢？是否也有这样的规律呢？

生：同样的，根据两点之间，线段最短，可以知道$a+d>c$，$a+c>d$，$c+d>a$，也可以证明三角形两边之和大于第三边的结论。

师（小结）：事实证明，三角形无论哪两边之和，都一定会大于第三边，并且每一个三角形都有这样的性质，我们可以加上“任意”两个字，也就是“三角形任意两边之和都大于第三边”。

（2）不能构成三角形。

①两边之和等于第三边。

师：研究了能构成三角形的两组线段，再来看看不能构成三角形的这两组选择情况。

指定“选择2”（abd）的小组展示学习单。

生：$a+b=d$，三条线段在一条线上，说明两边之和等于第三边的不能围成三角形。

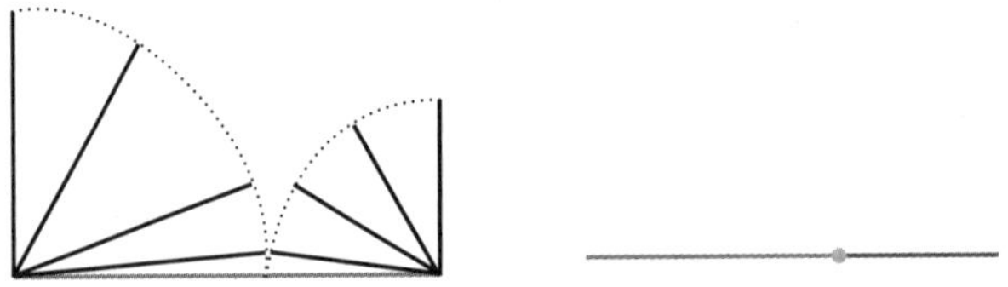

图5

②两边之和小于第三边。

师：谁画的是bcd这组线段？为什么这组线段也不能围成三角形呢？

生：另外两边太短了，无法形成交点，3条线段不能构成封闭图形。

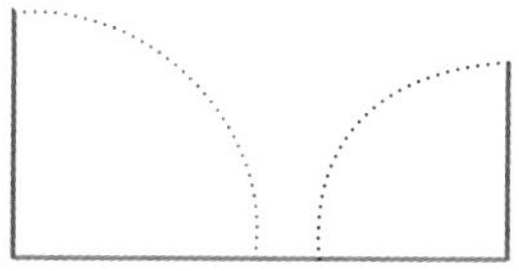

图6

师:这种情况可以用什么式子表示?说明了什么?

生:$b+c<d$,两边之和小于第三边的也不能围成三角形。

(3)归纳生成。

师:现在你能说说围成三角形的3条线段都有什么特点了吗?

生:只有两边之和大于第三边时才能围成三角形,等于或小于的情况都不行。

(二)例二:数据应用,优化判断方法

师给出4条线段的长度数据。

师:"你能根据这些信息迅速判断,哪三条线段能构成三角形?哪些不能?为什么?"(同桌讨论)

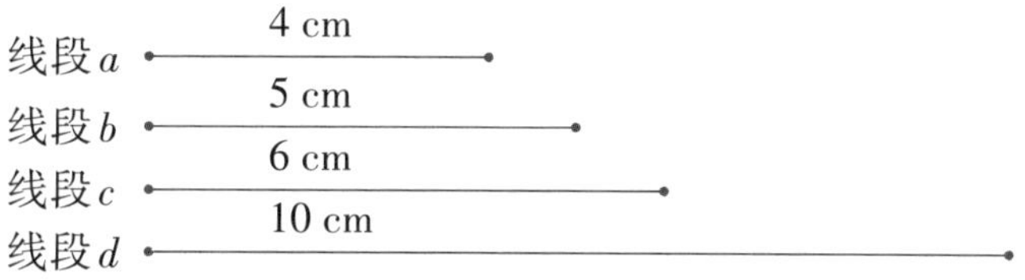

图7

生:4 cm,5 cm,6 cm能构成三角形,因为4+5>6,5+6>4,4+6>5,也就是任意两边之和都大于第三边。

师:只用一个式子能证明吗?

生:用4+5>6这一个不等式,就可以判断出这三条线段能围成三角形。因为较短的两边之和都大于第三边,那么较长的两边之和肯定也会大于第三边。

师:非常棒!方法简捷,思维严谨。用这种简捷的判断方法思考:还有哪些线段能围成三角形?

生:5 cm,6 cm,10 cm也可以围成三角形,因为5+6>10,较短的两边之和大于第三边。

评析:在实践研究的基础上,教师引导学生将实践结果分成"能围成"和"不能围成"两类,进行分类研究。通过成果展示、生生交流、师生对话等多种形式，让学生明白只有两边之和大于第三边的3条线段才能围成三角形，两边之和小于或等于第三边的都不能围成三角形，经历从正反两个方面探究三角形三边关系的过程，最终验证猜想，形成结论。整个教学逻辑严密，层层递进，很好地发展了学生数学思维，培养其推理意识。

活动三：应用内化，解决问题

（一）基础性练习

1. 判断：能构成三角形的画“√”。

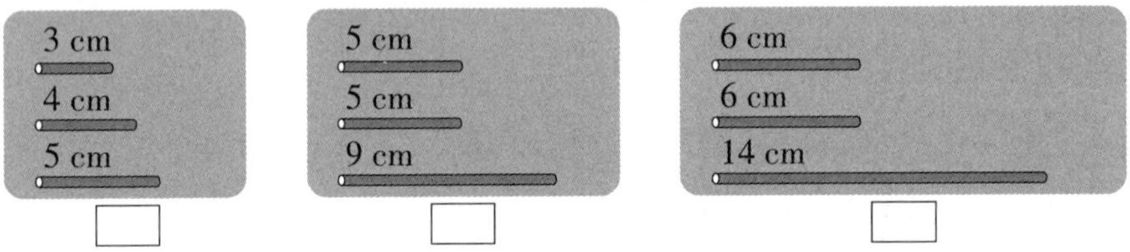

图8

2. 从学校到博物馆，怎么去路程近，为什么？

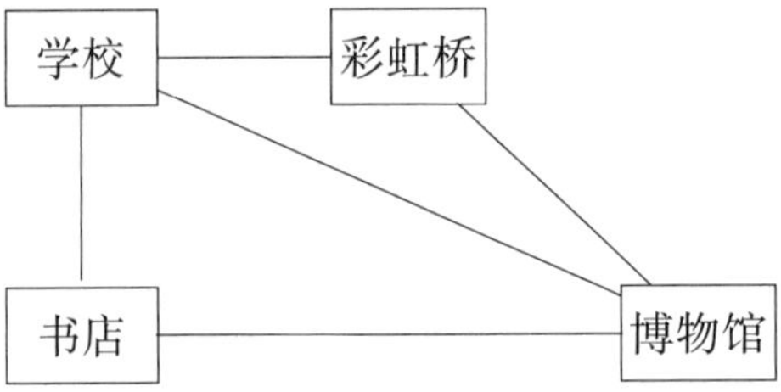

图9

学生做出选择，并交流选择依据。

（二）拓展性练习

下表的数据表示木条的长度。

1 cm	9 cm	11 cm	20 cm

（1）小军从表中选择一根木条，与4 cm、6 cm的木条首尾相连做成一个三角形框架，他应该怎么选择？

（2）小军选择的第三根木条的长度（c）应该在哪个范围内？

学生积极讨论，教师引导：如果把第三根木条作为长边，它会在什么范围？

生：它会小于其他两边之和，小于10。

师：如果把已知边6 cm作为长边，它又会在什么范围？

生：它与另一条边4 cm之和必须大于6，因此它必须大于2。

师：现在你知道小军选择的第三根木条的长度应该在哪个范围内了吧？

生：2 cm < c < 10 cm。

活动四：总结提升，交流收获（略）

【课后总评】

《课标》正式确立核心素养导向的课程目标，要求设计体现结构化特征的课程内容，实施促进学生发展的教学活动。本课例强调让学生经历独立思考、合作探究的自主学习过程，以此培养学生在具体问题情境中发现、提出、分析、解决问题的能力，积累活动经验，发展核心素养。归结起来，主要有以下亮点：

1.经历“猜想—验证—结论—应用”的探究过程。

开课伊始，教师提问：“是不是任意3条线段都能围成一个三角形呢？”引发学生的数学猜想，激发其探究欲望。紧接着，通过教师引导，学生经历自主选择线段组成三角形的实践活动过程，初步验证其猜想，继而师生合作探究，经过深层次的归纳推理，总结出任意“两边之和大于第三边”的数学结论，最后应用结论，进一步验证猜想，巩固认知。在此过程中，学生不仅积累了丰富的活动经验，解决问题的能力也得到充分发展，培养了良好的科学态度和理性精神。

2.问题引领，任务驱动。

本课例以“是不是任意3条线段都能围成三角形”为核心“大问题”，精心设置自主学习情境——从已知的4条线段中任意选择3条围成三角形，并根据学生的自主选择实现任务分解，以abc，abd，acd，bcd四种选择进行分组实践研究。学生实践后发现：有些选择可以围成，有些选择不可以。教师适时抛出第二个重要问题：“为什么有的3条线段可以围成三角形，而有的不可以呢？”引发学生对实践结果的深层原因进行思考与探索。由于此研究任务难度相对较大，教师的参与度也随之提高，但也只体现其引导作用，学习探究的主体还是学生。

在本课例中，层层递进的问题引领实现了学习方向的把控，指向知识本质的探究,体现了深度教学的特质;不同层级的、极具挑战性的学习任务真正调动起了学生数学学习的内驱力,实现学生的自主学习。

3.借助尺规,发展几何直观,建构结构化认知体系 。

由于学生的空间想象能力尚处于低水平发展阶段,两边之和大于、等于、小于第三边这三种情况对于现阶段的学生来说,比较抽象难懂,很不容易理解。此时,尺规发挥了重要的作用,将抽象的三边关系通过作图,直观、清晰地呈现在学生眼前,使学生不仅深刻体悟到知识本质,还发展了几何直观,形成相应的空间观念。

无论是组成三角形的基本素材——线段,还是用线段围成三角形的绘制过程,直至组成三角形3条线段之间的关系,它们的认知都离不开尺规这一重要手段。本课例以尺规为工具,在三角形三边关系的几何直观呈现中,帮助学生建构起三角形的结构化认知,深化了对三角形的认识。

感悟线段的可加性

——“长方形、正方形的周长”实录与评析

设计与执教:邓颖　设计与评析:谢真云　徐步阔

【课标要求】

《课标》要求,学生应能感知线段长度的可加性,探索并掌握长方形和正方形周长的计算公式。本课例在引导学生探索长方形和正方形周长计算方法的过程中,注重培养学生的空间观念、量感以及初步的几何直观。同时,通过灵活运用线段长度的可加性解决实际问题,进一步培养学生的创新意识、实践能力和社会责任感等综合品质。

【学习目标】

1. 自主探索并掌握长方形、正方形周长的计算方法,灵活利用计算方法解决生活中简单的实际问题。

2. 在经历探索长方形和正方形周长计算方式的过程中,促进量感、推理意识和初步的几何直观的形成。

3. 在解决实际问题的过程中,感受知识与生活的密切联系,体会数学的运用价值,形成初步的应用意识。

【学习活动】

活动一:复习导入,感知周长

师:孩子们,上节课我们认识了周长,谁来说说什么是周长?

生:围图形一周的长度就是这个图形的周长。

师:什么是长方形的周长?

生:围长方形一周的长度就是这个长方形的周长。

师:谁来指一指长方形的周长?

师:几条边?

生:4条边。

师:可见长方形的周长就是它四条边的长度和。

师:想看看把它展开伸直是什么样子吗?

师:把长方形的周长展开伸直,这样就更直观了。它究竟有多长呢?这节

课我们一起研究长方形和正方形的周长。

设计意图：学生在掌握周长意义的基础上，通过指一指和动画演示等活动，深刻感知长方形的周长是长方形四条边长度的累加，为后面独立探索提供引导性信息。

活动二：交流探究，归纳方法

1.研究长方形周长。

(1)独立思考，同桌交流。

师：想想，怎样才能知道长方形的周长？

生：用尺子量一量。

师：对，老师已经量了，这个长方形的长是9 cm，宽是6 cm，你能在练习单上试着算算它的周长吗？算完后可以和同桌交流。

(2)数形结合，交流分享。

学生汇报。

方法一：$9+6+9+6=30$(cm)

师：在图1中，9表示什么？6表示什么？这个9呢？这个6呢？

师：这个算式表示什么？

生：把四条边连加起来。

师：这就是它的周长。

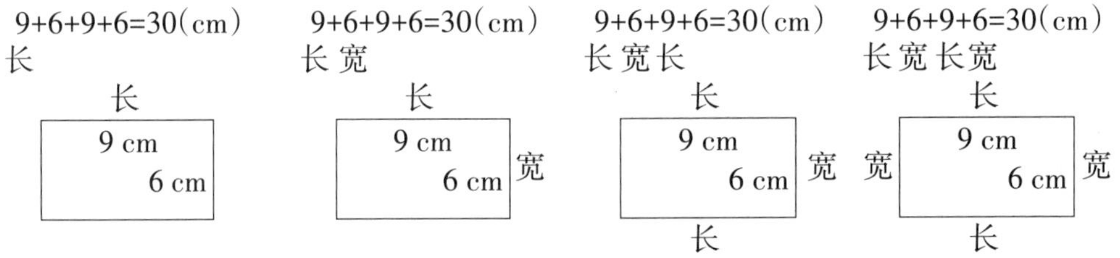

图1　结合图形理解$9+6+9+6=30$(cm)

方法二：$9\times2+6\times2=30$(cm)

师：图2中，9×2表示什么？6×2表示什么？

师：$9\times2+6\times2$表示什么？

生：两条长加两条宽。

师：这也是长方形的周长。

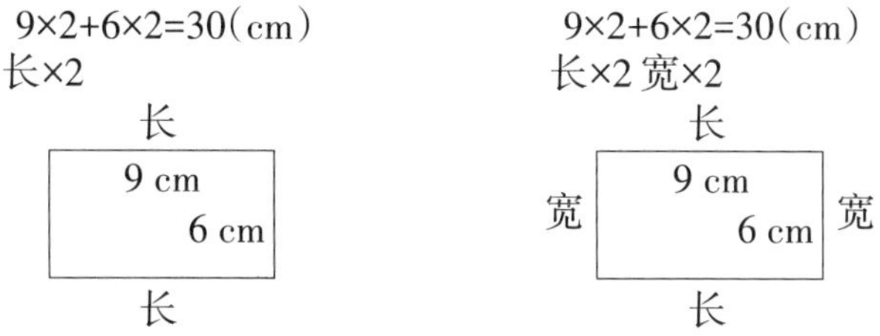

图2　结合图形理解9×2+6×2=30(cm)

方法三:(9+6)×2=30(cm)

师:你能读读这个算式吗？你是怎么想的,结合图形说说。

生汇报。

师:谁能上来在图3中找出9+6?

生指。

师:只能代表这一组吗?

生指。

师:看来9+6可以表示任意一组长与宽的和。

师:长方形可以分成几组这样的长与宽?

生:2组。

师:谁来总结一下这种方法?

生:两组长与宽的和就是长方形的周长。

师:我们再回顾一下这种方法,9+6表示(一组长与宽),有这样的(2组),所以把长加宽的和乘2。

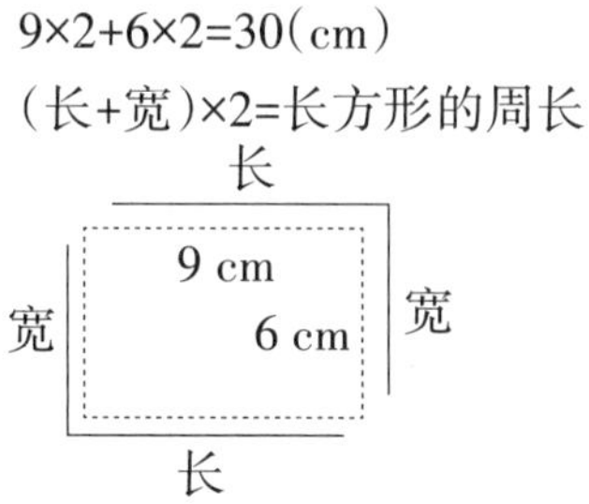

图3　结合图形理解(9+6)×2=30(cm)

(3)多中选优,优化算法。

师:刚刚我们找到的这3种方法都能解决长方形周长的问题,都是求长方形四条边的长度和,哪种方法最简捷?

生：第三种最简捷。第一、二种算了3次，第三种算了2次。运算次数越少，运算越简捷。

师：你很有数学眼光。在数学上，通常把它作为长方形周长计算的一般方法。

师：下面就用这种方法再来算一算活动单上第二个长方形的周长(长8 dm，宽3 dm)。

生汇报。

师：要算长方形的周长就得知道什么信息？

生：长和宽。

师：那知道了长和宽，就可以(算周长)。

设计意图：学生通过数形结合的方式，深刻理解长方形周长的计算方法：可以是四条边的长度连续相加，也可以是两条长和两条宽的和，还可以是两组长与宽的和，但这几种方法都是长方形4条边长度的累加。学生再在比较的过程中优化计算方法，培养优化意识。

2.类推迁移，探究正方形周长。

师：那正方形的周长又该怎么算呢？要求这个正方形的周长，应该知道什么？

生：边长。

师：它的边长是7 dm，你会算吗？请在活动单上写一写。

生1：7×4=28(dm)(说理由)。

生2：7+7+7+7=28(dm)(说理由)。

生3：(7+7)×2=28(dm)(说理由)。

师：哦，他用了长方形周长的计算方法。看来正方形也是长方形家族的一员，不过它比较特殊，哪儿特殊呀？

生：它四条边都相等。

师：哪种方法最简捷？

师：7表示什么？

师：4表示什么？

生:正方形有4条边。

师:并且它们都是(相等的)。

师:所以可以用边长乘4来计算正方形的周长。(板书:正方形的周长=边长×4)

师:计算正方形的周长需要知道什么信息?

生:边长。

师:咦,为什么计算长方形的周长需要知道长与宽两个信息,而计算正方形的周长只需要知道边长一个信息?

生:因为长方形是对边相等,需要知道长与宽,而正方形是四条边都相等,只需要知道边长。

师:总结得真好,长方形是对边相等,邻边(不相等),而正方形是4条边都相等。

> **设计意图**:学生通过类推迁移感知正方形与长方形的关系,优化正方形周长计算方法,发展推理能力。

活动三:内化方法,学以致用

1.基础练习。

师:你能用刚才总结的方法很快算出下面图形的周长吗?比比谁又对又快。(长方形长120 m,宽80 m;正方形边长10 m)

生汇报。

师:这两个图形的周长正好可以解决生活中足球场一周的长度和正方形菜地的篱笆长多少米的问题。

师:想一想生活中还有哪些问题可以用今天学习的知识解决?

师:其实只要留心观察,生活中这样的例子无处不在。

2.变式练习。

师:如果告诉周长和长,能求宽吗?给一个长方形水池围了200 m的围栏,水池长60 m,水池的宽是多少米?

师:你获得了哪些信息?

师:怎样求宽呢?和同桌讨论讨论,再把讨论结果写在练习单上。

生1:60×2=120(m),200−120=80(m),80÷2=40(m),用周长减去两条长就剩下两条宽,再除以2就得到了一条宽。

生2:200÷2=100(m),100−60=40(m),周长是两组长与宽的和,200除以2就求到一组长与宽的和,再减去长就是宽。

师:已知长是60 m,算出了宽是40 m,现在我们算算看护栏长度是否是200 m呢?

> **设计意图:**通过分层次的练习,巩固长方形和正方形周长的计算方法,并在交流与思维碰撞中培养逆向思维和创造性思维,让学生感受到数学与生活的紧密联系。

活动四:归纳总结,分享收获

师:通过这节课的学习,你有什么收获呢?

学生汇报。

活动五:拓展运用,升华提高

师:老师家有一只特别调皮的狗狗,我想在院子里围一个栅栏,方便外出时把狗狗留在家里。有几种围法?怎样围最节省材料?把你的围法在方格纸上画一画。

学生汇报。

①四条边都围;②宽边靠墙围;③长边靠墙围;④靠墙角围。

师:算一算这四种围法各需要多长的栅栏。比一比哪种围法最节省材料。

师:哇,靠墙角的方法真厉害,为我节省了一半的材料呢!学好数学的作用真大!

练习三:设计一个长6 m,宽4 m的长方形活动区域。有几种围法?怎样围最节省材料?(每小格边长为1 m)

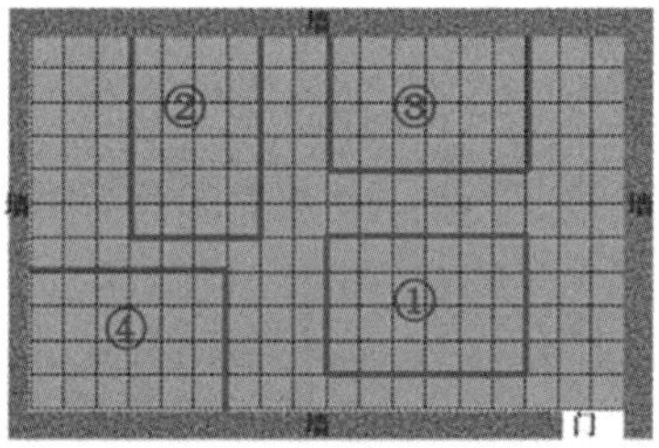

图4　栅栏的4种围法

设计意图：开放性的围栅栏问题能够有效地与现实生活相结合，从而引导学生灵活运用线段的可加性解决实际问题，并深刻感受到数学在生活中的实际应用和价值。

【课后总评】

“长方形和正方形的周长”是西南大学版三年级上册的内容，是在学生已有周长的意义和长方形、正方形特征的认知基础上开展教学的，同时也要为后面学习圆的周长和长方形、正方形的面积奠定基础。本节课的教学充分结合学生的心理特征，发展学生核心素养。主要体现在以下几个方面：

1.注重关键问题的提出。

在探究长方形周长的过程中，让学生独立思考，找到不同计算长方形周长的方法，然后全班交流，形成思维碰撞。在交流过程中提出关于数或算式表示的意义的关键问题，例如：“9表示什么？6表示什么？”“9×2表示什么？6×2表示什么？9×2+6×2表示什么？”“谁在图中找出9+6？”“只能代表这一组吗？”引发学生对“数与形”关系的思考，深刻感知公式的意义，促进学生形成量感、推理意识和初步的几何直观。

2.注重建立知识间的联系。

(1)建立直接测量和间接测量之间的联系。

长方形和正方形周长的计算以学生充分掌握周长的意义及其特征为前提。学生通过“指周长”和“化曲为直”的过程直观感知长方形的周长是四条边长度的累加，为计算长方形周长提供思路，构建周长直接测量和间接测量之间的联系。

(2)建立计算方法之间的联系。

学生通过对比观察长方形周长、正方形周长的计算方法，从而优化算法，体现数学的简捷性，培养优化意识。

(3)建立图形间的内在联系。

长方形周长的计算公式也适用于正方形的周长的计算，从而引发正方形是特殊的长方形的思考，感受知识的内在联系。

(4)建立宽与周长的逆向联系。

在熟练掌握公式计算周长的基础上解决“根据周长和长求宽”的问题,对三年级学生来说有一定的难度。但通过引导和交流解决问题后,学生能进一步理解宽与周长之间的关系,发展学生逆向思维能力和推理能力。

3.注重应用意识的培养。

最后设计的围栅栏是开放性的真实问题。在四面靠墙的院子里围栅栏,有几种围法?怎样围最节省材料?这样的设计与生活紧密联系,灵活地利用周长计算方法和线段的可加性解决实际问题,让学生在用多种方法解决问题的过程中培养发散思维。同时,在比较方法的过程中感受数学的魅力,体会数学的运用价值,形成初步的应用意识。

从一维到二维

——“认识面积”实录与评析

设计与执教:金 剑 设计与评析:郑华恒 梁 红

【课标要求】

《课标》指出,基于度量单位理解图形的面积,在推导一些常见的图形周长、面积、体积计算方法的过程中,感悟数学度量方法,逐步形成量感和推理意识。本课例学生在一维的长度概念基础上,学习二维的面积概念,为后续学习三维的体积概念奠定基础。教学时应引导学生充分体验测量结构的一致性,感受统一度量单位的必要性及选取合适的单位表示度量结果的重要性。

【学习目标】

1.通过找、摸、比、想等体验活动初步理解面积的意义,建立正确的概念表象。

2.经历比较图形面积的过程,能选择合适的面积单位刻画面的大小,培养度量意识。

3.在学习活动中,体会数学与生活的联系,积累图形与几何学习经验,发展空间观念。

【学习活动】

活动一:几何直观解码数学抽象,感知面积意义

1.创设情境,引出“面”。

课件呈现重庆灯光秀、千厮门大桥、奥体中心图片。

图1

师:孩子们关注到重庆灯光秀了吗?美丽的画面不断在大楼的墙面变换,非常壮观。在这几个地方,你也能找到面吗?

生1:体育场的地面。

生2:大桥的桥面。

师:这节课,咱们从数学的角度来研究有关“面”的问题。

2.联系生活,感知“面”。

师:在我们的生活中还有好多这样的面,谁来找找看?

生1:文具盒的面。

生2:课桌的面。

师:能找一个比课桌面更大的面吗?

生1:黑板的面。

生2:屏幕的面。

师:再大的面呢?

生1:操场的地面。

生2:大海的面。

师:数学书的面在哪儿?哪个面大?

生:封面。

师:完整地摸摸数学书的封面,感受这个面的大小。

3.渗透本质,感受面的大小。

师:面为什么会有大小呢?

课件演示由线到面再到数学书封面的形成过程。

图2

师:一条线段只有长度,形成一个面就既有了长度,又有了宽度,也就有了面的大小。孩子们体会到了吗?

4.建立“面积”概念。

(1)认识物体表面的面积。

师:面的大小指的就是面积,数学书封面的大小就是数学书封面的面积。

课件呈现课桌面、大楼墙面、千厮门大桥桥面、奥体中心地面。

师:这些面的面积指的又是什么?

生1:课桌面的大小就是课桌面的面积。

生2:墙面的大小是墙面的面积。

……

师:物体的每个面都有各自的大小。说一说什么是物体表面的面积。

(2)认识平面图形的面积。

课件呈现平面图形:长方形、三角形、平行四边形、圆。

师:我们学过的平面图形,它们的面积又指的是什么?

生1:长方形的大小就是长方形的面积。

生2:三角形的大小就是三角形的面积。

……

师:咱们来涂色感受一下这些图形的大小,你们的手掌也可以当刷子,跟着涂一涂。

课件呈现长方形涂色过程。

师:这些平面图形,都被边线围了起来,数学上把它们叫作封闭图形。什么是这些封闭图形的面积?

(3)归纳概括"面积"。

师:结合以上两个方面,说一说什么是面积。

生:物体表面或封闭图形的大小就是它们的面积。

设计意图:本环节将"面积概念"进行了分层解读。利用重庆灯光秀形成直观的面的特点,从现实生活情景引出研究对象,在找、比、摸、想等实践活动中,帮助学生直观建构起对"面"的感知。再借助由线到面的演变过程,让学生感知面的大小由长和宽两个互相关联的量决定,帮助学生对面的感知从感性认识过渡到理性认识。紧接着借助具体的"面"来描述什么是面积,帮助学生建立概念表象,让学生体验生活化的数学知识升华为数学化的数学知识的具体过程,逐步培养学生的数学抽象能力。

活动二:多样方法比较面积,经历面积单位的产生

1.重叠法比较面积大小。

课件呈现两个长方形:10×4, 10×5。

师:几号长方形面积大?为什么?

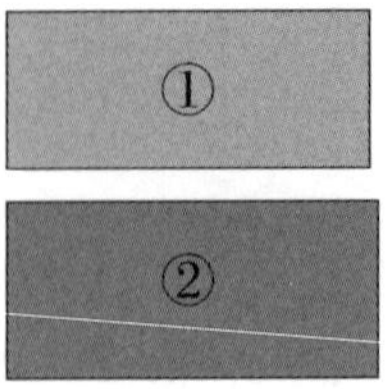

图3

生:我发现两个长方形一样长,但②号长方形宽一些,所以②号长方形面积大。

课件演示重叠法比较图形大小的过程,如图4所示。

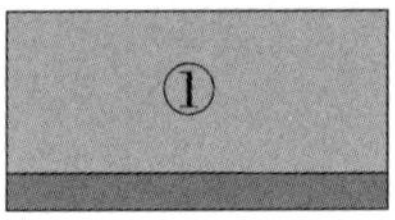

图4

课件呈现两个长方形的变化:14×4, 10×6,如图5所示。

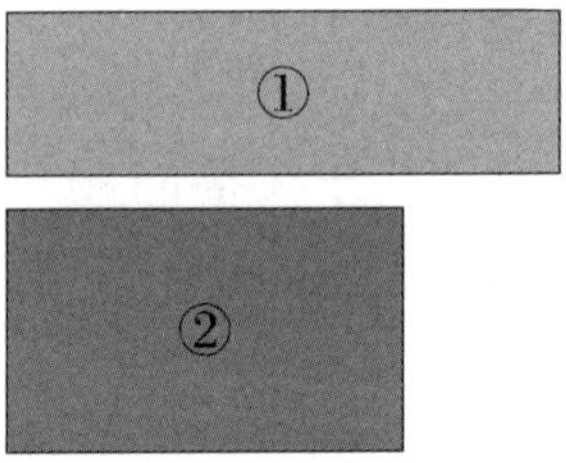

图5

师:现在,谁的面积大?

生1:一样大。

生2:②号面积大。

课件演示重叠法比较图形大小的过程,如图6所示。

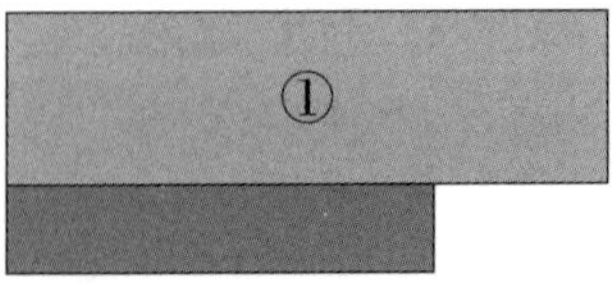

图6

师：重叠还能比出大小吗？

生：现在不能，但可以把多出的部分继续重叠比，只是操作起来有些麻烦。

师：有没有更好的比较方法呢？

生：量出它们的面积再比较。

2.选择标准，经历面积单位的产生。

师：面积该怎么量？

生：量它们的长和宽，长乘宽的积等于面积。

师：长乘宽为什么能得到长方形的面积呢？

(1)引发思考

课件呈现用铅笔测量课桌面长的过程。

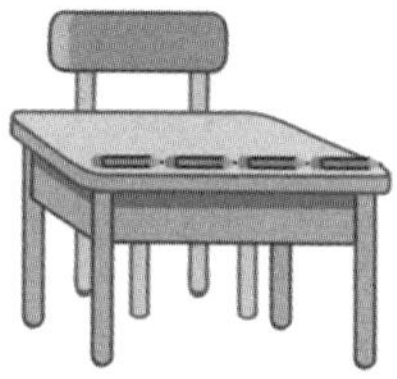

图7

师：借助小长度可以量出大长度，那小面积可以量大面积吗？

师：什么样的小面积可以量这两个大长方形的面积呢？

生1：可以用数学书的封面来量。

生2：数学书的封面有点大，用新华字典的封面来量更好一些。

生3：还可以用学具中的小正方形来量。

生4：小长方形也可以。

(2)合作探究。

课件呈现学具：小正方形、小三角形、小圆片及活动要求。

师：同桌合作，选用一种小图形作单位，分别摆在两个长方形里，再数一数每个长方形里各摆了多少个图形，并说说你们的发现。

(3)交流分享。

生1：我们选择小圆片来摆的，①号长方形摆了14个小圆片，2号长方形摆了15个小圆片，我们发现②号面积大。

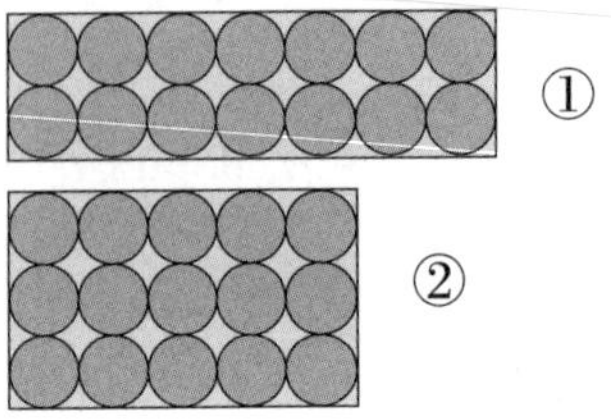

图8

师:圆片个数能准确表示长方形的面积吗?为什么?

生:不能,因为用圆片来摆,中间出现了空隙。

师:借助圆片的个数我们可以比较出②号面积大,但是不能准确地知道它们的面积是多少。有其他摆法吗?

生2:我们是选择小正方形来摆的,①号长方形摆了14个小正方形,②号长方形摆了15个小正方形,我们发现②号面积大。

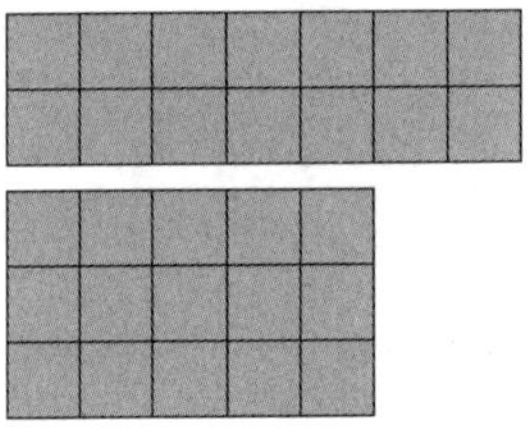

图9

师:我们发现,①号长方形长边上正好摆了7个小正方形,宽边正好摆了2个小正方形,①号长方形的面积就是7乘2等于14个小正方形大。刚才有同学说到长乘宽的积就是长方形的面积,现在你知道是怎么回事了吗?

师:有选择三角形来摆的吗?

生3:我们开始选择了三角形来摆,但是后来换成了正方形。

师:为什么换掉了?

生3:三角形每条边不是一样长的,摆起来太麻烦了。

课件演示三角形摆的过程。

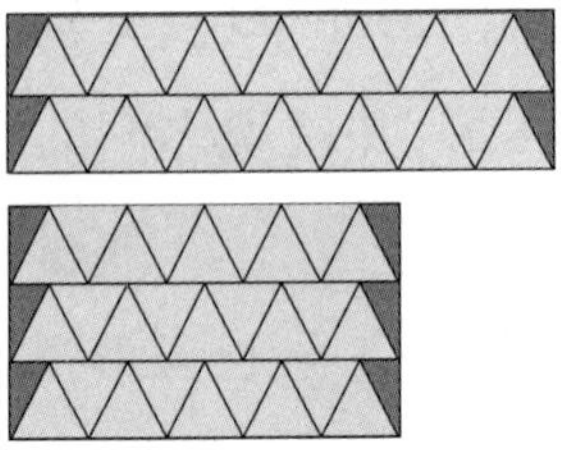

图10

师:有什么发现?

生1:三角形摆也出现了空隙。

生2:把两边空隙部分的小三角形拼起来,正好也能摆一个三角形。

课件呈现三角形剪拼的过程。

师:三角形通过剪拼也能测量长方形的面积,但要准确测量长方形的面积,哪一种图形作单位更合适?

生:圆片摆有空隙,三角形虽然剪拼后能测量,但是很麻烦,正方形能直接摆满长方形,用它做单位更合适。

师:孩子们很有数学眼光,数学上就是选用小正方形来作面积单位的。

设计意图:本环节设计了比较两个长方形面积大小的活动,通过图形的变化创设认知冲突,引导学生借助已有的度量经验"小长度可以量大长度",启发学生用"小面积去量大面积",经历面积单位的产生过程,体会面积度量的意义,渗透度量意识。

活动三:多维活动估测面积,发展学生量感

1.估面积。

出示边长1分米的小正方形。

师:老师手中的小正方形有多大?如果用它作单位来测量课桌面的大小,估计一下,课桌面会有多少个小正方形大?

生1:20个。

生2:30个。

……

课件呈现用边长1分米的小正方形测量课桌面面积的过程。

生:课桌面有24个小正方形大。

2.猜面积。

师:老师还用这个小正方形作单位,测量出了我们身边一个面的面积大约是240个小正方形大。老师测量的可能是哪一个面的面积呢?

生1:屏幕面的面积。

生2:黑板面的面积。

……

课件呈现出用小正方形作单位测量黑板面。

师:黑板面的面积大约是240个小正方形大。

课件呈现大楼墙面、千厮门大桥桥面、奥体中心地面。

师:如果要测量这些面的面积,还是用这个小正方形作面积单位来测,你们感觉怎样?

生:这些面很大,这个小正方形太小,量起来太麻烦啦!

师:量较大的面,需要用到更大的面积单位来测量,以后我们将继续研究。

> **设计意图**:本环节“估一估”“猜一猜”“想一想”的活动,可以帮助学生进一步感受面的大小,体会面积单位的价值,感悟面积与面积单位之间的关系,培养学生初步的量感。

活动四:多向类比追本溯源,建立认知结构

师:今天我们认识了面积,我们的研究过程和古人对面积的研究过程非常相似。

播放视频——面积单位的由来

图11

师:回顾今天我们研究“面积”的过程,说说你的收获。

> **设计意图**:了解面积产生的历史,丰富数学的文化价值,在将本课的研究与面积的产生进行对比的过程中,学生自主构建面积的认知结构。

【课后总评】

“认识面积”是一节几何概念课,从周长到面积是图形认识发展的一次飞跃。本课例围绕“概念表象建立”“把握度量本质”两个核心任务展开教学。

1.关注学生的认知基础，让学生经历面积概念的抽象与概括。

关于物体表面大小的认识，学生在生活中有较为丰富的经验和体会，本课的教学，为学生提供了丰富的素材，如：大楼墙面、体育场地面、桥面、数学书封面、课桌面等，给学生充分的时间感知“面”，让学生借助具体的面来描述面积，逐步抽象、概括面积，帮助学生建立概念表象，理解面积的意义。

2.关注知识的形成过程，让学生经历面积单位的产生。

面积的度量工具为什么是小正方形、圆形、三角形呢？为什么不能用直尺来量面积？面积的度量为什么要让学生去“摆”呢？学生借助已有的度量经验，进行观察、操作、比较，经历面积单位的产生过程。通过小面积摆大面积的活动，逐步体会度量工具应该与所要度量的物体具有相同的特征，丰富学生建立面积单位的表象。

3.关注学生空间观念的培养，让学生经历一维到二维的转化。

“面为什么会有大小?”“面有多大?”围绕核心问题开展探究活动，让学生直观体会线段只有长度，面既有长度，也有宽度，因此面有大小，促进学生对数学本质的感悟，同时也让学生经历从一维向二维的转化。长方形拉长、拉宽的变化过程，进一步让学生直观感受到长、宽对面积的影响，在此基础上引导学生选择合适的面积单位刻画面的大小，感悟面积与面积单位之间的关系，发展学生空间观念。

感悟应用价值

——“圆的认识”实录与评析

设计与执教:胡睿智　设计与评析:袁美洪　杨　攀

【课标要求】

图形与几何是义务教育阶段学生数学学习的重要内容。在实施教学的过程中,《课标》要求教学素材的选取应尽可能列举生活实例,引导学生概括圆的特点,利用圆规画圆,加深对圆的理解;了解中国古代数学家的杰出贡献,传播数学中的中华优秀传统文化;体会数学的价值,同时要注重情境素材的育人功能,增强文化自信和民族自豪感。

【学习目标】

1.通过动手操作,领会并掌握圆的特征,体悟圆的本质,体会圆心、半径、直径的作用。

2.经历小组合作探究过程,理解和掌握同圆中半径和直径的特征和关系,发展空间观念和提高数学表达能力。

3.学会从数学的角度认识世界、解释生活,欣赏圆之美,感受圆的数学价值。

【学习活动】

活动一:感受美丽的圆,激发学习需求

(课前)播放《生活中美丽的圆》的视频,并与学生交流,引导学生主动思考。

(一)视频介绍美丽的圆

师:古希腊数学家毕达哥拉斯描述圆时指出“在一切平面图形中,圆最美”。为什么圆是最美的图形呢?我们跟着视频来了解一下吧。

播放视频片段。

(二)提出数学问题,聚集核心问题

师:看了视频,同学们有什么想说的或者有什么想问的吗?

生:圆在生活中处处可见。

生：为什么生活中要用到圆？

生：我们学过正方形、长方形的特点，圆有什么特点？

师：同学们的问题都很有价值，本课我们一起来认识一个新朋友——圆。

师板书"圆的认识"。

设计意图：以视频导入，激发学生的学习兴趣，以问题式启发教学，促进学生主动思考，让学生自主提出核心问题。

活动二：动手画圆，体会圆的产生

（一）认识圆规，会用圆规画圆

师：课前老师让你们准备了一个圆，能说说你是怎么得到这个圆的吗？

生1：我是将一次性纸杯扣在纸上，沿着杯口画圆。

生2：我在电视上看过固定绳子的一端，拉直绳子另一端绕圈画圆。

生3：爸爸教我用圆规来画圆。

师：请你们上台来展示一下你们画圆的方法。

学生展示。

师：黑板上的三种方法，你们最喜欢哪一种？

生：用圆规画圆，最简捷，最方便。

教师介绍圆规，用微课演示使用圆规画圆的操作方法。

师：请同学们正确使用圆规在草稿纸上画出一个圆。

教师用手机把学生的作品上传到白板上，并加以展评。

设计意图：让学生亲身体验用圆规画圆的真实感受，使学生深入理解圆的概念和特点。

活动三：操作交流，探究圆的特征

（一）确定圆的位置

师：老师想用圆规在黑板的红点处画一个圆，应该怎么画？

学生上台操作，经过尝试得出结论：将圆规针尖固定在红点处。

（二）了解圆各部分名称

师：在老师发的预习单上，同学们已经预习了圆上各部分的名称，请同学上台在黑板上的圆中标出来，并说一说什么是圆心、半径、直径。

点O是圆心，连接圆心到圆上任意一点的线段叫半径，通常用r表示。通过圆心，且两端都在圆上的线段叫直径，通常用d表示。

师：请同学们再画出两个不同大小的圆，并用O，r，d分别标出圆心、半径、直径。

（三）探究圆的特征

师：刚才，我们一起认识了圆，知道了圆的圆心、半径和直径。关于圆，你还想研究哪些问题呢？

生：我想知道半径和直径的特点。

生：我想了解圆在生活中的应用。

生：我想研究圆的周长和面积。

师：同学们提出的问题都非常有价值，本节课，我们来研究圆半径和直径。结合我们刚才的学习过程，你觉得圆的半径、直径会有什么奥秘？

小组合作探究，记录下方法、结果，做好汇报准备。

生：通过量一量，发现在同一圆中直径是半径的两倍。

生：通过画一画，发现圆上有无数个点，圆的半径是圆上任意一点与圆心的连线，而且两点之间的距离就是画圆时的定长，所以圆的半径有无数条，所有的半径都相等。

生：通过折一折，发现过圆心，且两端在圆上的线段有无数条，所以直径有无数条。

生：把一个圆沿任意一条直径对折，都可以使两边完全重合，所以圆是轴对称图形。因为圆有无数条直径，而直径所在的直线都是圆的对称轴，所以圆有无数条对称轴。

设计意图：《课标》要求，概念的教学要注重整体性、结构性。在“创造”圆时，学生就已经萌发了很多关于圆的想法。因此在本环节，当教师提问“关于圆，你还想研究哪些问题”时，学生的认知需求便远远超越了教师的预设。于是，教师的“退”成就了学生的“进”，学生通过操作与交流，很快发现关于圆的几个要素的内在特性和关系，并从整体上把握圆的有关特征，形成结构化思维。

活动四:解决实际问题,体会生活中的圆

师:刚才有同学想了解“圆有什么用”,你知道吗？在生活中,圆随处可见,比如在黑板上图片中的井盖、车轮、圆形舞台。老师有三个问题。

1. 井盖为什么设计成圆形？

2. 车轮为什么是圆的？

3. 圆形舞台有什么优势？

小组合作交流,得出结论:利用同一个圆内所有半径都相等的特征。

设计意图:基于学生学情的拓展,通过了解生活中圆的应用原理,在真实生活情境中加深对圆概念的理解。

活动五:回顾学习过程,构建知识体系

学生谈本课的收获。

师:这节课同学们收获满满！下面我们一起再次梳理一下本课的学习过程。

学生根据黑板板书进行梳理,教师在旁边适时用精练语言总结,并张贴关键词。

板书设计

圆的认识

轴对称图形

同一圆内　　　　圆心:O

$d = 2r$　　　　半径:r 无数条

$r = \frac{1}{2}d$　　　　直径:d 无数条

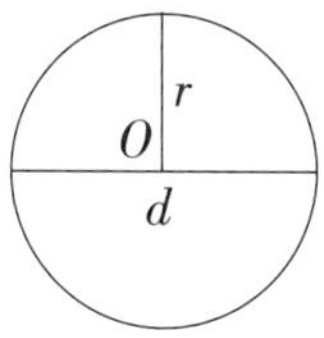

【课后总评】

本节课紧紧围绕圆的特征(包括认识圆心、半径、直径以及半径和直径的关系)、建构圆的模型进行教学,主线清晰,重点突出。

本节课首先从生活的角度感知圆,然后从数学的角度认识圆,对圆有一个系统的认知,最后联系生活应用来拓展圆。这样的结构安排符合知识的建构顺序和学生的认知规律。圆与生活有着密切的联系,开课时的车轮,圆组成的美丽图案,以及井盖、人围观时自然围成圆形等,结课时用已经掌握的圆的知识来解释车轮为什么要做成圆形的等,都无不让学生感受到圆与生活的密切联系。

整节课,大胆放手让学生自己去“探”,以剪的圆为素材,用圆规和尺子为研究工具,有目的、有意识地安排学生用折一折、量一量、画一画的方法合作探究圆心、直径和半径之间的关系。启发学生用眼观察、动脑思考、动口参加讨论、用耳去辨析同学们的答案,让学生运用多种感官参与学习的全过程,经历观察、操作类比、归纳等过程,培养学生的探索精神和创造意识,使学生在具体、直观的操作中发现了半径、直径的本质特征,以及它们之间的关系,不但突出了教学重点,而且分散了教学难点,收到了较好的学习效果。

教师注意挖掘生活现象、儿童经验、数学概念之间的融合点,基于儿童视角,引导学生从动作表征中感知圆的特征,在观察和推理中归纳圆的特征,有效促进了他们思维的进阶和发展。

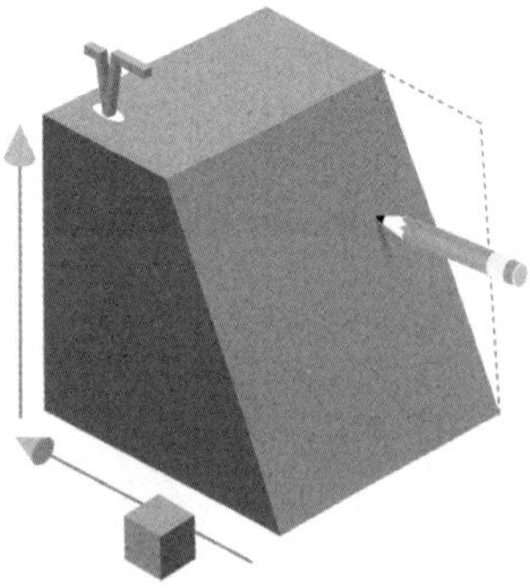

将未知转化为已知

——“平行四边形的面积”实录与评析

设计与执教:邹小红　设计与评析:蹇泽华

【课标要求】

《课标》提出,学生应对数学具有好奇心和求知欲,体会数学知识之间的联系,在探索真实情境和数学问题所蕴含的数学规律过程中,运用数学方法分析问题和解决问题。本课例在探索平行四边形面积的过程中,让学生感悟平行四边形面积和长方形面积的联系,运用转化的数学思想推导平行四边形的面积,培养学生的空间观念和推理意识。

【学习目标】

1.通过把平行四边形转化为长方形,利用长方形的面积公式推导出平行四边形的面积公式,体验割补法在探究中的应用,体会转化的数学思想,获得成功的体验。

2.掌握平行四边形面积的计算公式,能正确计算平行四边形的面积,并能运用平行四边形面积计算公式解决相关的实际问题。

3.在探究过程中,培养学生的学习兴趣和热爱生活的情感。

【学习活动】

活动一:体会为什么转化

教师创设情境,通过算长方形面积的两种方法,引导学生初步感知平行四边形可以转化为长方形。

教师出示一个长4 cm、宽2 cm的长方形,请同学们计算出面积。计算完后学生汇报。

生1:我是用长方形的面积公式计算的,$4×2=8(cm^2)$。

师:还有什么方法呢?我们在研究长方形面积时是用的什么方法知道长方形面积的?

生:用数方格的方法知道的。

师:那大家就用桌上的方格纸去铺一铺,数一数,看看和我们计算的面积一样吗?(一样)

师：刚才同学们用铺和算的方法知道了长方形的面积，那这个平行四边形的面积又是多少呢？我们能不能像研究长方形那样先借助单位面积的正方形去摆一摆、量一量。请同学们用给你们的方格纸试一试。

师：刚才大家在量的过程中遇到了什么问题？

生：我在量的过程发现不能刚好铺满。

师：那我们能不能想办法让它刚好铺满？请大家观察平行四边形在方格图上的位置，思考一下。（出示下图，学生观察思考）

借助方格纸来想想办法（每个小方格的边长表示1 cm。）

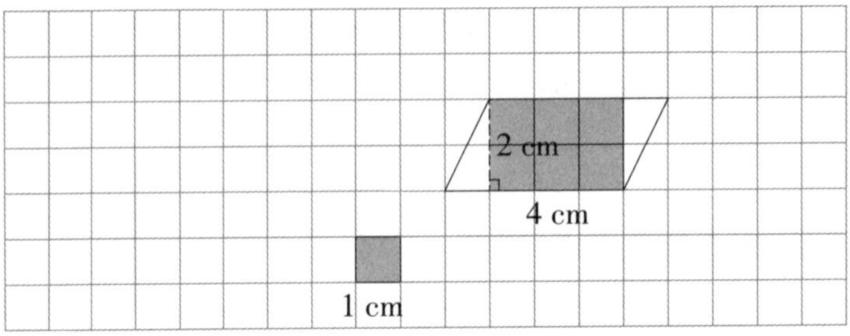

图1

师：你们想到什么办法了？请你们把想到的办法画出来。

展示画法。

生1：我是把左边的这些不是整格的移到右边，这样就和右边的组成整格了。

生2：我发现平行四边形左右两边都是大小一样的三角形，如果把左边的三角形平移到右边，就可以铺满了。这样就把平行四边形变成了长方形，就可以算出面积了。

设计意图：通过复习长方形面积引导学生用铺方格的方法去数平行四边形的面积，在铺的过程中发现新问题——铺不满，设置疑问“怎样才能铺满？”，让学生通过观察图形，并动手画一画，发现可以通过平移的方法把不是整格的组成整格。如果是直接把三角形整体平移，平移后平行四边形就变成长方形，这样就可以铺满了，初步感知了要知道平行四边形的面积可以把平行四边形转化为长方形。

活动二:探究怎样转化

初步感知了平行四边形可以转化为长方形后,教师就请同学们自己动手试着把平行四边形转化为长方形。

师:可以把平行四边形变成长方形吗? 拿出学具,画一画、剪一剪、拼一拼。

师:你是怎样把平行四边形转化为长方形的?

学生汇报。

生1:我是这样做的,我沿着平行四边形的高剪下一个直角三角形,再平移到右边,就拼成了一个长方形。

师:这样就把平行四边形变成了一个长方形。请同学们闭上眼睛,想一想这个过程。

师:我们再来看一看,和你刚才想的过程一样吗?(课件展示一遍平移过程,如图2所示)

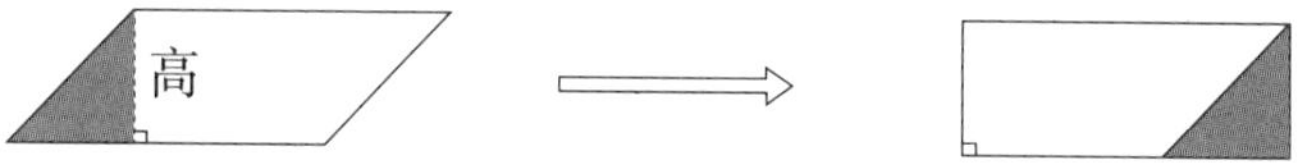

图2

师:还有其他方法吗?

生2:我是这样做的,先沿着左边的高剪下一个直角梯形,把它平移到右边,就拼成了一个长方形。(学生边展示边说方法,然后课件展示一遍平移过程,如图3所示)

图3

当学生汇报了上面两种方法后,教师出示有若干条高的平行四边形。(如图4所示)

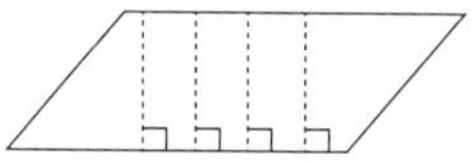

图4

师(提问):闭上眼睛想一想,沿这些高剪下能拼成长方形吗?(能)

让学生明白只要沿着平行四边形任意一条高剪,都可以拼成一个长方形。

设计意图:学生自己动手操作,先通过剪、移、拼的方法把平行四边形转化为长方形,然后学生汇报时采用课件展示、闭眼想的方式回顾平移过程，培养学生的空间观念，初步感知在平行四边形转化为长方形后面积没有发生变化。

活动三：厘清转化前后有什么联系

1.出示转化前后对比图，思考联系。

(1)拼成的长方形与原平行四边形的面积相等吗？

(2)平行四边形的底、高和长方形的长、宽有什么关系？

2.学生回答，发现联系。

师：拼成的长方形与原平行四边形的面积相等吗？

生1：面积相等。

师：平行四边形的底、高和长方形的长、宽有什么关系？

生2：我发现平行四边形的底和长方形的长相等，平行四边形的高和长方形的宽相等。

设计意图：通过两个问题的回答，再结合课件演示平行四边形转化为长方形的过程，让学生直观感受到平行四边形面积和拼成的长方形面积相等，平行四边形的底和长方形的长相等，平行四边形的高和长方形的宽相等，为推导平行四边形的面积计算公式做准备。

活动四：借助联系推导公式

师：根据长方形的面积计算公式，想一想、说一说怎样计算平行四边形面积。说说你的想法。

生1：我是这样想的，因为长方形的面积等于长乘宽，长方形的面积和平行四边形的面积相等，又因为长等于底，宽等于高，所以长×宽=底×高。既然平行四边形的面积=长方形的面积，那么平行四边形的面积=底×高。（板书：平行四边形面积=长方形面积=长×宽=底×高　平行四边形面积=底×高）

设计意图：学生知道了平行四边形面积=长方形面积，长×宽=底×高。最后得出结论平行四边形的面积=底×高。在这个过程中培养了学生的推理意识和推理能力，让学生学会找到新知识和旧知识之间的联系，为进一步学习推导三角形的面积计算公式奠定基础。

活动五:渗透转化思想

师:同学们,一起回顾一下刚才的推导过程,我们是怎样得到平行四边形的面积公式的?

生:第一步,通过剪拼把平行四边形变为长方形;第二步,借助长方形面积计算公式和它们之间的联系推导出平行四边形的面积计算公式。

学生回答后老师总结,同学们说的这个过程在数学上叫作转化。(然后微课介绍转化,让学生知道转化是一种重要的数学思想,我们以前在用,今天在用,以后还会继续使用。)

设计意图:转化是数学学习的一种重要思想,在这里专门用微课介绍“转化”的数学思想,让学生知道转化在数学学习中的运用,培养学生把未知问题转化为已知的问题,把复杂的问题转化为容易的问题的意识,在头脑里建立起“转化”的数学思想。

活动六:尝试运用

师:同学们,我们研究了平行四边形的面积计算公式,你能运用它来完成下面的例题吗? 出示例2。

方格纸上平行四边形的面积分别是多少?(每个方格表示1 cm^2)

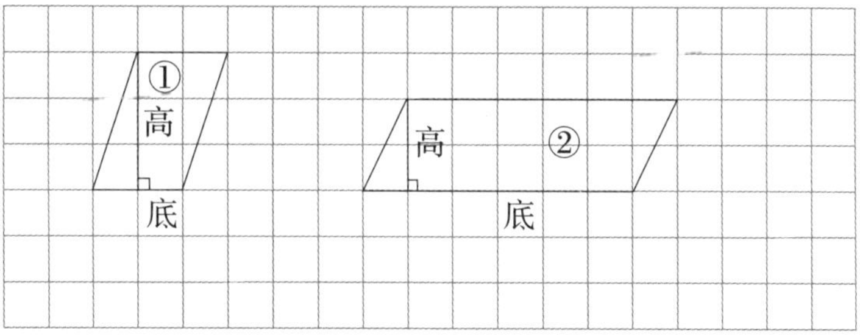

图5

学生找出相关数学信息后,运用平行四边形的面积计算公式独立完成。

学生汇报。

生1:第一个平行四边形的底是2 cm,高是3 cm,根据面积公式,面积等于$2\times3=6(cm^2)$。

生2:第二个平行四边形的底是6 cm,高是2 cm,根据面积公式,面积等于$6\times2=12(cm^2)$。

【拓展练习】

师：同学们已经会用公式计算平行四边形的面积，请大家看这两个平行四边形，想一想谁的面积大。（在方格子上出示两个形状不同，等底等高的平行四边形。）

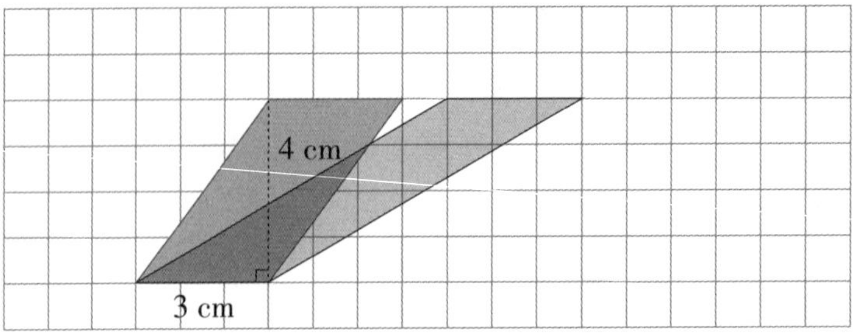

图6

生1：我觉得它们的面积相等，因为它们的底相等，高也相等。

生2：我同意他的想法，因为这两个平行四边形的底完全重合在一起，它们的底相等，而这两个平行四边形的高都是4 cm，它们的高也相等，所以它们的面积相等。

师：听了他们的回答，你有什么发现？

生3：我发现底相等、高也相等的平行四边形的面积相等。

> **设计意图**：在推导出了平行四边形的面积后，运用公式解决问题，可以帮助学生更好地理解公式、运用公式。知道平行四边形的面积与底和高的长度有关，等底等高的平行四边形的面积相等。

【课后总评】

“平行四边形的面积”是“多边形面积”的第一课，是学生在已经掌握了长方形、正方形面积的基础上学习的。本节课从“为什么转化”入手，让学生经历转化的过程，自主探索出平行四边形的面积公式，感悟转化的思想。从整体来看，有如下特点：

1.重视观察和操作活动。

在探索平行四边形和长方形的联系时，让学生手、脑、眼并用。通过剪、移、拼以及课件展示平行四边形转化为长方形的过程，更直观、更形象地理解了平行四边形转化为长方形后，面积相等。

2.注重知识之间的联系。

在把平行四边形转化为长方形，抓住前后图形面积不变，通过观察发现长方形的长就是平行四边形的底，长方形的宽就是平行四边形的高，从而推导出平行四边形的面积计算公式。在这个过程中学生获得了成功的体验，进一步激发学生学习数学的兴趣。

3.感受转化的数学思想，注重培养学生的推理意识。

新课标指出需要学生感悟从未知到已知的转化。本节课让学生自己动手把平行四边形转化为长方形，初步感知转化的思想，然后微课介绍已经用转化的方法解决过的数学问题，进一步感知转化思想在数学中的运用。在推导平行四边形面积公式时，抓住平行四边形和长方形的联系推导出平行四边形的面积公式，培养了学生的推理意识，为后面推导三角形、梯形的面积公式奠定了基础。

转化方法迁移

——“三角形的面积”实录与评析

设计与执教:刘孝乾　设计与评析:蹇泽华　刘晓玲

【课标要求】

《课标》指出,要立足学生核心素养的发展,集中体现数学课程的育人价值。新课标不仅对学生的认知发展水平提出了要求,同时也对学生学习过程、方法、情感态度价值观等方面的发展也提出了要求。因此,在本课例中,通过回顾旧知,利用平行四边形的面积推导解决三角形的面积,让学生体验了“再创造”,感悟从未知转化为已知,逐步形成量感和推理意识,为学生积累了数学活动经验,提升了学习兴趣。

【学习目标】

1. 理解并掌握三角形的面积计算公式,能正确计算三角形的面积。

2. 经历操作、观察、讨论、归纳等过程,培养分析推理能力和解决实际问题的能力,发展空间观念。

3. 运用转化的方法探索规律,获得积极的情感体验,进一步培养数学学习的兴趣。

【学习活动】

(一)回顾旧知、激活经验

教师提出问题,回忆平行四边形的面积推导过程,引导学生激活活动经验,借助平行四边形的面积推导过程思考三角形的面积推导,启发孩子将未知转化成已知,借助已知推导解决未知。

师:孩子们,还记得平行四边的面积公式是怎样推导出来的吗?

生:我们可以利用割补的方法,将平行四边形沿着一条高分割,拼成一个长方形,利用长方形来推导出平行四边形的面积计算公式。

师:是的,借助长方形的面积来推导平行四边形的面积计算公式。有了这样的学习经验,对于我们今天学习三角形的面积有什么启发?

生:我们也可以将三角形转化成学习过的图形,利用学习过的图形来研究三角形的面积。

师：将未知转化成已知，借助已知来推导解决未知，真是个会思考的孩子。

设计意图：通过回忆旧知，为学生的学习提供思考的方向，激发学生已有的知识经验。尝试用已知解决未知，将未知转化为已知，为后续三角形的面积推导打下基础。

（二）如何转化、研究方法

通过两个三角形（等腰三角形和任意的非等腰三角形）的探究，明确推导方法，借助已有经验尝试研究实践，最终找出推导转化的方法。

师：试着将这两个三角形剪一剪，拼一拼。

图1

师：完成后，你有什么发现？

生：我发现①号三角形能拼成平行四边形，②号三角形不能拼成平行四边形。

师：为什么①号三角形能拼成一个平行四边形，我们一起来观察，你有什么发现？

生：我发现①号三角形剪后是两个完全一样的直角三角形，②号三角形剪后不是两个完全一样的直角三角形。

总结：两个完全一样的直角三角形可以拼成一个平行四边形。

师：孩子们，两个完全一样的直角三角形可以拼成一个平行四边形，那两个完全一样的锐角三角形、钝角三角形可以吗？去试一试吧。

生：我发现两个完全一样的锐角三角形、钝角三角形都可以拼成一个平行四边形。

师：我们一起来观察，两个完全一样的锐角三角形、钝角三角形都可以拼成一个平行四边形。

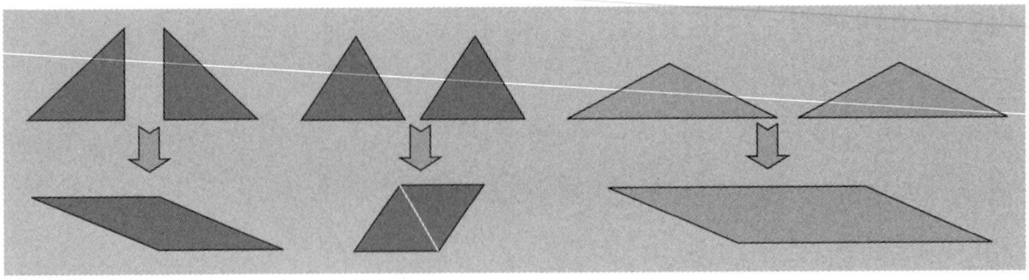

图2

总结：只要是两个完全一样的三角形，都可以拼成一个平四边形。

设计意图：平行四边形的推导是通过沿高剪的方式进行转化的，借助已有经验，出示两个三角形（等腰三角形和任意的非等腰三角形），通过沿高剪发现只有两个完全一样的直角三角形才能拼成一个平行四边形，从而变换方法，三角形转化成平行四边形不再使用沿高剪的方法，而是借助两个完全一样的三角形去拼的方法进行探究。这一过程培养了学生的动手实践能力和空间观念。

（三）前后对比，寻找联系

教师提出问题，对比转化前后的图形，寻找转化前图形和转化后图形之间的联系。

师：拼成的平行四边形与原来的三角形有什么联系呢？比一比，你有什么发现。

生：我发现三角形的底也是平行四边形的底，三角形的高也是平行四边形的高。

师：这说明三角形与平行四边形是等底等高的。

师：还有补充吗？

生：我还发现平行四边形的面积是一个三角形面积的两倍。

设计意图：通过对比、分析转化前后的图形，找到其中的联系，建立关联。

（四）借助联系，推导公式

通过已经发现的联系，借助前面推导平行四边形面积公式的经验来推导三角形的面积公式，介绍其他的转化方法，打开思路，认识解决问题方法的多样性。

师：你能利用平行四边形的面积公式来推导三角形的面积公式吗？

生：平行四边形的面积计算公式是底乘高，因为平行四边形的面积是三角形面积的两倍，所以三角形的面积是平行四边形面积的一半，可以推导出三角形的面积公式是：底×高÷2。

师：通过推导我们发现三角形的面积公式是（S=底×高÷2），我们用字母来表示，a 表示三角形的底，h 表示三角形的高，所以用字母表示为 $S=a\times h\div 2$。

师：我们用拼的方法将三角形转化成平行四边形，借助平行四边形推导出了三角形的面积公式。除了用拼的方法外，我们还可以利用割补的方法。将三角形沿两腰中点的连线来剪，剪下来的三角形通过旋转也可以拼成一个平行四边形，三角形的底就是平行四边形的底，三角形的高是拼成平行四边形高的两倍。通过平行四边形也能推导出三角形的面积公式是：S=底×高÷2。

其他方法介绍：

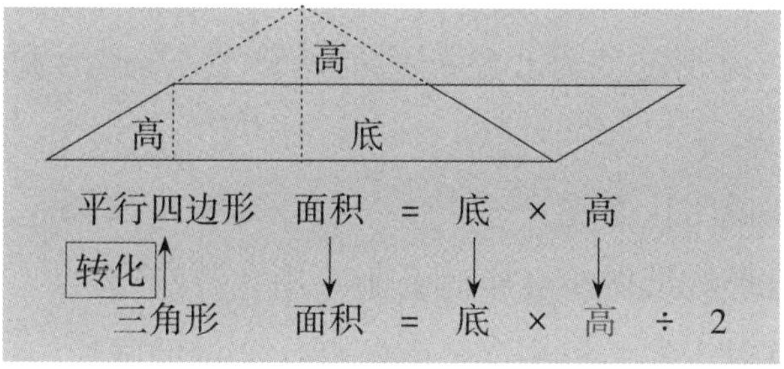

图3

总结：不管是用剪还是用拼的方法都能推导出三角形的面积。

师：你能用三角形的面积去解决实际问题吗？

设计意图：借助转化前后图形之间的联系和推导平行四边形公式的经验，推导出三角形的面积公式。同时介绍其他的推导转化方法，打开思路，认识推导转化的方法不是唯一的，但都是通过分析转化前后的联系从而推导出三角形的面积公式，从而认识转化的多样性和推导的一致性。

（四）应用所学，解决问题

完成例二，做小红旗。

（1）做200面这样的小红旗，至少需要多大面积的红纸？

（2）用一张长90 cm，宽64 cm的长方形红纸，可以做多少面这样的小红旗？

图4

师：通过题目，我们获取了小红旗的底和高的信息，如何解决这个问题？

生：先利用三角形的面积公式算出1面小红旗的面积，再乘200就可以求出需要多大面积的红纸。

师：再解决第二个问题，请孩子们观察长方形红纸的长和宽，它们与小红旗的底和高有什么关系？

生：我发现长方形的底是小红旗底的两倍，长方形的宽也是小红旗高的两倍。

师：这个发现说明什么呢？

生：说明长方形红纸做小红旗时会刚好用完，没有剩余。

师：这个信息对于我们解决这个问题有什么帮助呢？

生：要想知道长方形的红纸可以做多少面小红旗，我们可以直接用长方形的面积除以小红旗的面积，就可以算出做小红旗的面数。

师：请孩子们仔细观察这4个三角形，你有什么发现？

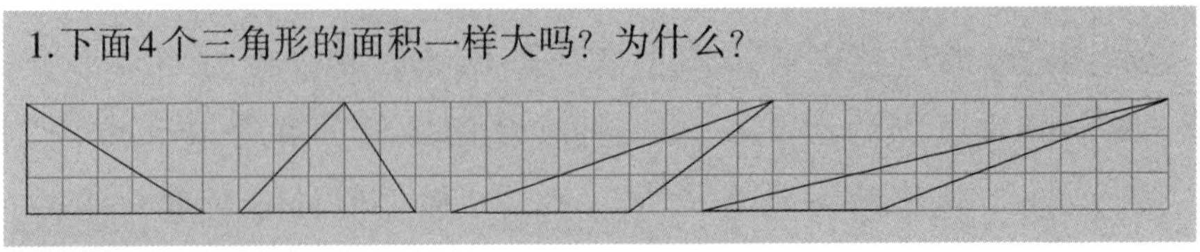

图5

生：我发现这4个三角形的底都占了5个小方格，它们的高都占了3个小方格。

师:这说明什么呢?

生:说明这4个三角形是等底等高的。根据三角形的面积公式(底×高÷2),说明这4个三角形的面积是一样大的。

师:真不错！这道题给了大家一个启示,三角形的面积和三角形的底、高都有关,等底等高的三角形面积也相等。

设计意图:借助已经学习的三角形的面积公式去解决生活中的实际问题,检验学生对三角形面积公式的理解掌握情况,同时将三角形的面积公式与长方形的面积公式建立联系,更深入地理解三角形的面积与长方形面积之间的联系。

(五)交流分享,全课小结

师:孩子们,今天的学习效果真不错。通过今天这堂课的学习,你都有什么收获?

生:我学会了求三角形的面积。

生:我知道了三角形的面积公式是:$S_{三角形}$=底×高÷2。

生:我知道了两个完全一样的三角形可以拼成一个平行四边形。

生:我知道了推导三角形面积公式的方法有很多,但是它们都是将三角形转化成我们已经学习过的图形,再利用学习过的图形来推导三角形的面积的。

设计意图:帮助学生回顾梳理本课知识,通过谈收获和疑问,全面及时反馈学习情况,便于采取补救措施。通过学习过程的反思,有助于学生积累学习活动经验。

【课后总评】

《课标》指出,学习目标要以学生的发展为本,以核心素养为导向。本课例为更好落实核心素养,在设计时根据新课标的要求精心设计了以下三个方面。

一是拉通了前后知识的联系,让学生尝试将未知转化成已知,借助已知推导解决未知。学习方法进行了正向迁移,逐步渗透了转化的数学思想;通过探索分析和解决问题,学会了用数学的思维去思考问题,初步形成了应用意识和推理意识。

二是加强了动手操作。本课例进行了各类实践活动，让学生在动手实践中发现各种图形的内在联系，感受在推导三角形的面积中不再用沿高剪的方法进行，而是利用两个完全一样的三角形通过拼凑的方法来推导，从而体会三角形面积计算的一般策略。“自主探究，合作交流，亲身实践”是新课标大力倡导的学习方式，这种学习方式让学生真正成了学习的主人。

三是在解决实际问题的过程中，通过问题引导、点拨等方式发散学生思维，让学生认识到三角形不仅仅和平行四边形有关联，可能和其他的图形也有联系。感受图形之间的紧密联系，进一步加深了所学知识的理解，让本节课的学习内容变得更充实，更广泛，拓宽了学生的视野，积累了观察和思考的经验，逐步形成空间观念。

感悟度量方法

——“不规则图形的面积”实录与评析

设计与执教：唐全梅　　　　设计与评析：张　刚　　赖其娟

【课标要求】

《课标》提出，学生在推导常见图形周长、面积、体积计算方法的过程中，感悟数学度量方法，逐步形成量感和推理意识。课例在探索不规则图形的面积计算方法过程中，挖掘与“多边形面积计算”的关联元素，感悟图形测量方法的一致性，发展学生的空间观念与量感素养。

【学习目标】

1.合作学习，探究不规则图形的面积的估测方法，感悟度量的本质。

2.借助几何直观，经历探究不规则图形的面积的过程，在观察、操作、推理、反思等活动中积累估测经验，感悟转化思想，发展量感、空间观念，以及推理意识。

3.在探究过程中，激发数学学习兴趣，感受数学与生活的联系，提高解决问题的能力。

【学习活动】

活动一：整体感知，激活经验

创设花田情境，从中抽象出规则图形与不规则图形（见图1），引导学生回顾长方形的面积计算方法，以此激活学习图形面积度量的经验。

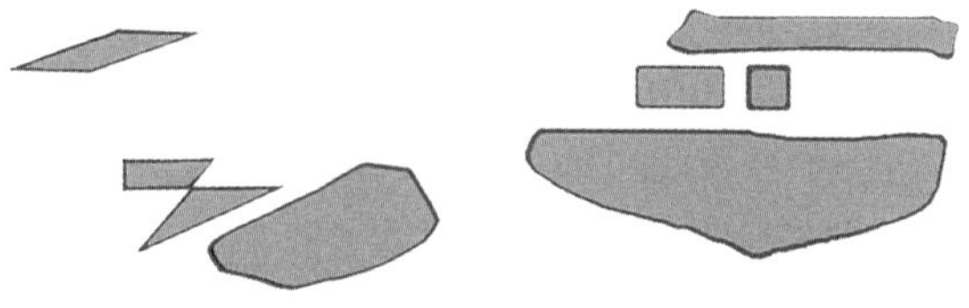

图1　花田中抽象出的各种形状的图形

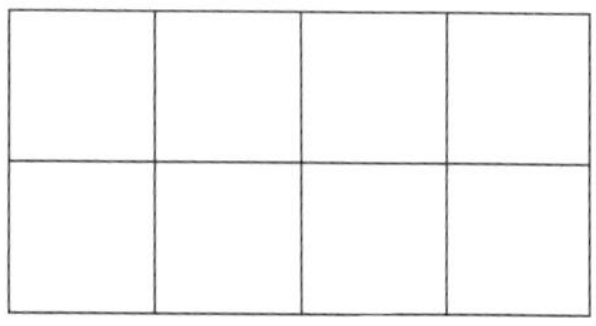

每格 1 cm^2

图2　长方形图

师：哪些图形的面积我们已经研究过？这个长方形的面积是多少？怎么知道的？（见图2）

生1：长方形面积=长×宽，这个长方形的面积就是4×2=8（cm^2）。

生2：数里面有多少个1 cm^2的格子。

师：我们能用数和算的方法求出这些规则图形的面积。那些不规则图形的面积又该怎么计算呢？

设计意图：结合真实情境抽象出规则图形与不规则图形后，唤起学生对规则图形面积度量的经验——可以用“数”的方法，用面积单位直接测量；也可以用算的方法，用公式间接量，为后面利用度量体系的结构化思维估测不规则图形的面积做好铺垫。

活动二：自主探究，建构联系

学生列举生活中的不规则图形，尝试估测树叶面积。要求：先独立尝试，再汇报。

汇报1：我用的数格子的方法来估，整格的有18格，面积是18 cm^2。18个不满一格的，都看成半格，18个半格合成9个整格，18÷2也就是9 cm^2。18+9=27（cm^2）。

汇报2：我先数整格的有18格；不满半格的有7格，忽略不计；超过半格的有10格，看成整格。18+10=28（cm^2）。

学生通过比较，都是采用数格子的方法估测树叶面积，但结果却不相同。估测结果有差异的原因是他们对不足一格的部分处理方法不同，进而探讨树叶面积的合理范围。

师：估出的面积各不相同，那这片树叶的面积应该在哪一个范围内呢？（见图3）

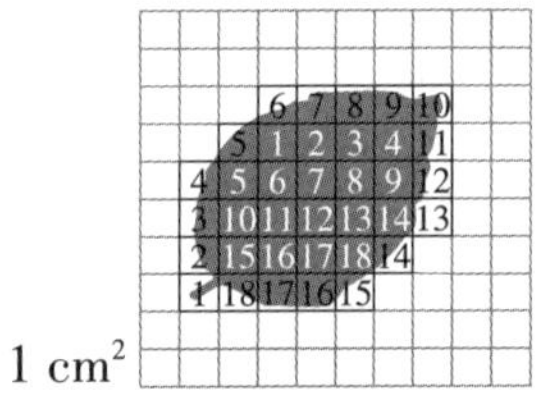

图3　树叶图

生1：这片树叶有18个整格，所以实际面积一定比18 cm^2大；还有18个不满一格的，把不满一格的也看作整格，一共有36个格子，就是36 cm^2，所以实际面积一定比36 cm^2小。

师：这片树叶的面积在18 cm^2到36 cm^2之间，两位同学估计的结果都在这个面积范围内，都是合理的。看来估算结果不唯一，只要在面积范围内都是合理的。

设计意图：在估测方法的选择中，学生首先想到的是数面积单位的个数，教师适时制造“冲突”，引导比较估测结果，发现造成估测结果差异的原因，从而寻找树叶的面积范围是在数出树叶中完整的方格数与树叶中包含的以及边缘接触到的所有方格数之间，体会估测误差，丰富发展量感。

师：有用公式直接计算出这片树叶面积的吗？

汇报3：把树叶看成一个平行四边形，底4 cm，高6 cm，平行四边形的面积=底×高，树叶的面积大约是24 cm^2。

汇报4：先沿着树叶围出一个长方形，算出面积是7×6=42（cm^2），再减去空白部分的面积14.5 cm^2，树叶的面积大约是27.5 cm^2。

汇报5：我将树叶分割成几个三角形，再把它们面积相加求出树叶的面积。

师：可以将不规则图形转化成比较接近的规则图形，利用公式计算，估出图形的面积。

设计意图：学生迁移规则图形面积度量经验，用公式计算法估测树叶面积，体会不规则图形面积计算方法的多元化，感受选择合适的估测方法会让估测更简便，提升学生的量感能力。

学生积累了估测树叶面积的学习经验后，对比沟通度量方法间的联系。

师：回顾一下我们已经学习过的有关测量的问题，测长度、测角度、测面积（见图4），它们都有什么共同点呢？

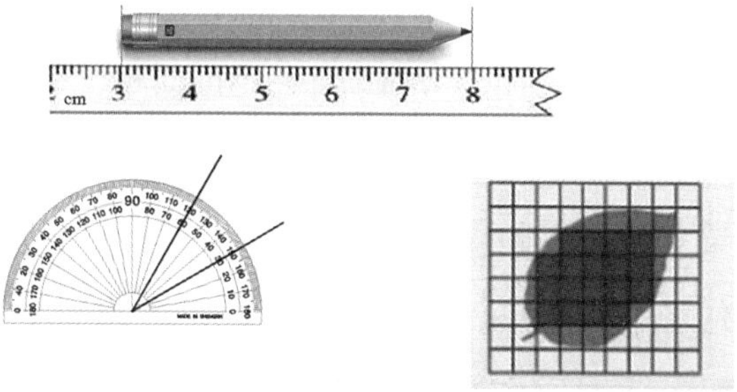

图4　已学过的测量问题

生1：测长度是看里面包含了多少个长度单位，测角度是看里面包含了多少个1度角，测面积是看里面包含多少个面积单位。

生2：它们都是看测量的对象里包含了多少个小单位。

师：所有有关测量的问题，都是以小单位为标准，看测量对象里包含了几个小单位。

师：用算的方法探究不规则图形的面积，和前面探究平行四边形、三角形、梯形的面积的思路有什么相同的地方？

生：都用到了转化的方法。

设计意图：此环节学生在对比中沟通知识间的联系，由零散走向系统，体验整体建构的力量：一是发现测量的本质就是"数"出包含度量单位的个数；二是丰富"转化"的内涵，把不规则图形转化成近似的规则图形是一种转化，扩展至整个单元、整个数学学习，它们都是不断地把未知的转化成已知的。

活动三：巩固练习，完善建构

学生通过估测花田面积，加深对不规则图形面积估测的理解，感受估测结果的不唯一，再通过用三种不同单位估计同一个圆的面积（见图5），感受测量单位的选择对估测结果的影响。

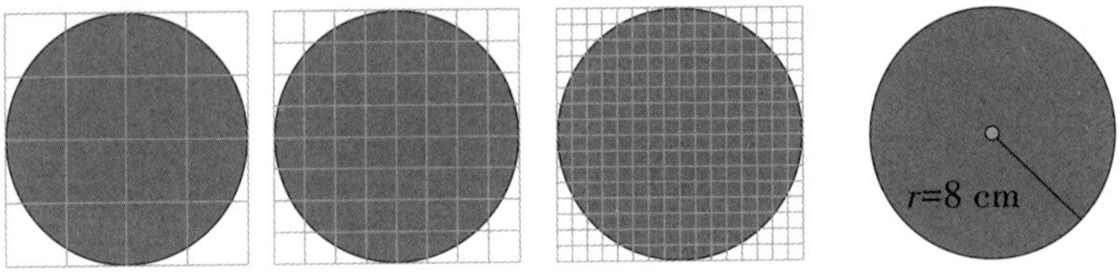

每个方格边长约是4 cm	每个方格边长约是2 cm	每个方格边长约是1 cm	圆的半径是8 cm
160 cm^2	184 cm^2	194 cm^2	200.96 cm^2

图5　不同方格纸估测圆的面积

师：使用三种不同的方格纸估计这个圆的面积，与用圆的面积计算公式计算出的较准确的结果相比，你有什么发现？

生：方格越小，估测出的圆面积越接近用公式算出来的结果。

师：为什么方格越小，估计结果越精确？

生1：方格越细，整格数越多，不满一格的就会越少。

生2：即使把不足一格的看作一格，数量上不会很多，误差也要小一些。

师:测量的标准面积越小,估算得越精确。这个方法很重要,分数、小数的产生都与"细分"有联系。

师:生活中一些物体的表面非常大,比如这个运动场,你用什么方法估它的面积呢?

生1:用算的方法。

师:如果用数面积单位的方法,你会选什么作单位呢?

生2:可以用平方米作单位估测操场面积。

师:想象一下,如果用平方米作单位来估,要数多久呢?如果以教室面积为单位估操场的面积,是不是比用平方米作单位估得更快呢?

设计意图:此环节让学生在对比中体会"度量单位"的选择可以提高估测的准确度,"度量单位"越小,估出结果越接近实际值;可以根据估测对象灵活选择合适的"度量单位","度量单位"可以是常用面积单位,也可以是熟悉的事物。学生充分感受"度量单位"在测量活动中的核心作用,把测量的经验、方法、策略融为一体,再一次提升量感。

活动四:拓展应用,加深认识

教师引导学生回归生活,借助估测经验,解决生活中的估测问题,比如估测手掌面积、扇子面积等。

设计意图:此环节让学生将所学估测策略应用于生活,在运用中发展量感。

【课后总评】

数学是整体的、系统的、结构的。把估测不规则图形的面积置于图形的测量系统中来思考,就会派生出结构化学习。本课例在学生已有面积度量活动经验和理解度量本质的基础上,抓住度量的核心内容,把握知识间的内在联系,开展估测不规则图形面积的结构化学习,通过连续、关联、循环的层次性学习,让学生领悟不规则图形面积的估测方法,体验度量方法的一致性,从而使量感的培育落到实处。

1.连续经验:面积的度量由“规则图形”向“不规则图形”转变。

本课之前学生已具备了丰富的面积测量操作技能和经验,知道多边形面积度量的核心是“面积单位”,可以借助直接数面积单位的个数和利用公式计算,求出多边形面积。无论采用哪种方法,其本质都是看图形中包含了多少个面积单位。基于这样的学情,找到知识的生长点,鼓励学生迁移规则图形面积的度量方法,主动寻找估测的方法和策略,在互动交流中寻找方法间的联系,逐渐建构合理可行的估测方法,感悟不同估测方法造成估测结果的差异。

2.整体关联:理解度量方法从“一维”到“二维”的一致性。

关联学习,就是分析事物的内在联系、结构和性质,综合地进行研究性学习。从一维线段的长度到二维平面图形的面积,再到三维立体图形的体积,其度量方法具有相通性,都是确定一个计量标准,用这个标准去度量,“数”出包含度量单位的个数。教学中,在学生建构不规则图形面积的估测方法后,引导其对比面积测量、长度测量等,沟通一维长度与二维面积度量方法间的联系,促进学生类比推理,抓住度量的本质、标准等共通元素,结构化地推进度量教学。

3.循环应用:感悟“度量单位”的核心作用。

不规则图形面积的估测在面积度量方法的统领下,还应注意在不同问题情境中选择合适的单位。教学中,首先,提供三种方格纸,估测同一个圆的面积,并将其与公式计算出的结果进行比较,理解“面积单位”越小,估出结果越接近实际图形的面积,初步感知极限思想;同时初步感知单位细分,沟通度量单位与计数单位间联系。其次,提供估测操场面积学习素材,引导学生对度量单位的选择进行又一次探寻,其度量单位可以是常用面积单位,也可以是熟悉的事物。在度量教学中感受度量单位的核心作用,让学生有效利用单位进行估测,发展学生的量感。

总之,整节课以学生已有的知识经验展开数学学习,紧扣度量的本质,整体关联一维长度与二维面积的度量,提升学生对不规则图形面积估测的理解,实现学习的再循环,促进学生量感、空间观念、推理意识的发展。

感悟度量本质

——“长方体、正方体的体积”实录与评析

设计与执教:唐静　设计与评析:蹇泽华　杨继兴

【课标要求】

《课标》在第三学段“图形的认识与测量”的“内容要求”中指出:探索并掌握长方体、正方体的体积和表面积的计算公式,能用公式解决简单的实际问题;在测量过程中,进一步形成量感、空间观念和几何直观。在“教学提示”中指出:引导学生通过对立体图形的测量,从度量的角度认识立体图形的特征;理解长度、面积、体积都是相应度量单位的累加。本课旨在探索体积公式来源、意义、用法过程中,加深对度量本质的理解,进一步培养量感、空间观念和几何直观。

【学习目标】

1. 在具体问题情境中,自主合作探索长方体和正方体的体积公式,掌握并理解长(正)方体的体积计算方法,能运用公式解决一些简单的实际问题。

2. 通过操作记录、观察分析、猜想验证、归纳小结等数学活动,经历长(正)方体体积公式的探索过程,感悟度量本质,积累探索体积计算方法的经验,发展量感、空间观念、几何直观、推理意识、模型意识等核心素养。

3. 在探究过程中,能获得积极的情感体验,形成理性精神,感受数学知识之间、数学与生活之间的联系。

【学习活动】

活动一:激活经验,引发需求

师:关于体积,你已经知道了些什么?

生:物体所占空间的大小就是物体的体积。

师:(如图1所示)这两个礼品盒谁的体积大?大多少?

图1

生1:不好比,差不多大。

生2:正方体礼盒的体积大一些,但不知道大多少。

师:看来要想准确知道谁大,大多少,需要知道它们各自的体积。这节课我们就一起来探究长方体和正方体的体积。

设计意图:基于学生对体积已有的认识,结合当地特产,创设真实情境,提出问题:谁的体积大?大多少?将对体积的认知需求从定性描述上升到定量刻画,引发探索体积计算的学习需求。

活动二:经历过程,推导公式

(一)直观感知:体积与体积单位个数的关系

课件出示: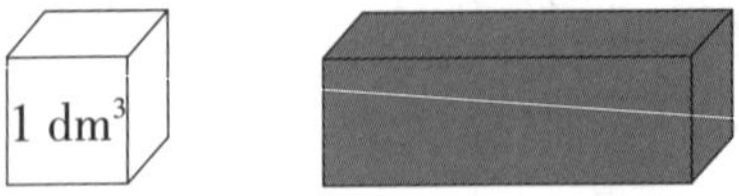

师:估一估,这个长方体的体积是多少?为什么?

生:3 dm^3,因为有3个1 dm^3这么大。(课件展示验证)

依次出示: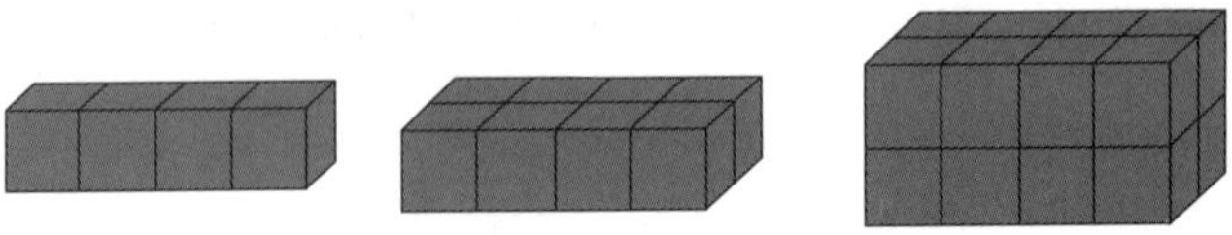

学生依次数出体积单位个数并说明理由。

(二)提出猜想:长方体的体积与长、宽、高的关系

师:这些长方体的体积为什么会不一样?

生1:所占空间的大小不一样。

生2:小正方体的数量不一样。

生3:它们的长、宽、高不一样。

师:是的,体积单位的数量不同,所占空间的大小也不一样。那长方体的体积与长、宽、高有关系吗?(有。)这个关系到底是什么?借助表格来研究。

学生独立完成表格:

完成表格,猜想长方体的体积与长、宽、高的关系是什么?

长方体	长(dm)	宽(dm)	高(dm)	体积(dm^3)
				3
				4
				8
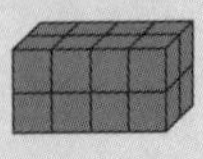				10

小组合作要求

1.摆：至少摆3个不同的长方体。

2.记：在表格中做好记录。

3.说：有什么发现？结论是什么？

结论：__________

长方体的体积=长×宽×高？

长方体	长(cm)	宽(cm)	高(cm)	体积	
				算(cm^3)	数(cm^3)
(1)					
(2)					
(3)					

图2

师：你发现了什么？

生：长方体的体积=长×宽×高。

设计意图：度量本质就是确定度量对象里包含度量单位的个数。先估体积、数体积的活动，直观感知有多少个体积单位体积就是多少，追问几个长方体体积为什么不一样，将视角聚焦到影响体积的三要素长、宽、高；再借助表格进行数据分析，提出长方体的体积计算公式的猜想。

(三)举例验证：自主合作，分享交流

师：这4个长方体的体积可以这样算，由此会想到什么？

生：是不是所有长方体的体积都可以这样算呢？

师：怎样验证呢？

出示合作要求。学生按要求进行操作、交流，教师巡视，组织反馈。

(四)得出结论：归纳概括，形成公式

组1：我们组拼出的第一个长方体长、宽、高分别是2 cm、5 cm、2 cm，算出来的体积是$2\times5\times2=20(cm^3)$，数出来的体积也是20 cm^3。第二个长方体……我们小组发现：其他长方体的体积也等于长乘宽乘高。

其他组汇报，全班交流。

师(小结)：不同的小组，不同的长方体，发现用长乘宽乘高都可以得到长方体的体积，我们的猜想是正确的。

设计意图：由特殊到一般是最基本的数学思想方法。教师提问，是不是所有长方体的体积都可以这样算呢？将学生探究视角从个体转向整体。通过动手操作，拼摆出不同的长方体，用数出来的体积验证算出来的体积。在摆一摆、算一算、数一数，比一比等活动中加深对度量意义的理解，验证算法的可行性，培养学生严谨的科学态度和理性的探索精神。

活动三：迁移应用，加深理解

（一）掌握算法，理解算理

出示：长、宽、高分别为5 dm、4 dm、3 dm的长方体。

师：这个长方体的体积是多少？算一算。

生：$5\times4\times3=60(dm^3)$

师：为什么用$5\times4\times3$就可以算出它的体积？

生1：因为长方体的体积=长×宽×高。

生2：（利用学具搭建长方体）大家看我手里的长方体，一排5个，有4排，一层就有20个，3层共有60个正方体，体积就是60 dm^3。

师：听明白了这位同学的意思吗？结合图再看一看。（动态展示图3）

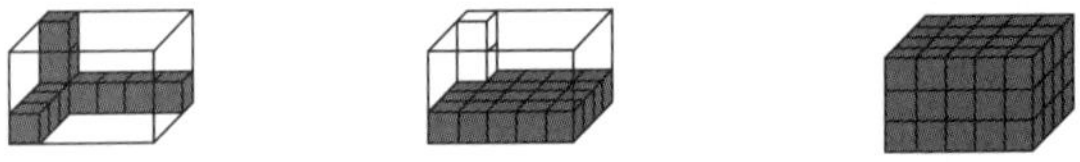

图3

师：长5 dm，说明一排可以摆5个小正方体；宽4 dm，说明可以摆4排；一层可以摆20个。高3 dm说明可以摆3层，一共是60个正方体，就是60 dm^3。

师：能在头脑里摆一遍吗？（师轻声引导）

师（小结）：真好，不仅知道怎么算，还能解释为什么。长方体的体积=长×宽×高，也可以用底层个数乘层数来计算。

设计意图：通过前面的学习活动，学生充分积累了用体积单位个数刻画体积的活动经验。探讨算理，也紧抓算体积就是算体积单位的个数进行解释。此环节，通过直观演示、语言表达、闭眼想象等形式，帮助学生进一步明晰思维过程，感悟度量本质，发展推理意识。

（二）迁移运用，类推公式

师：（图1）正方体礼盒（棱长为3 dm）的体积怎么算？为什么这么算？

生1：$3\times3\times3=27$（dm^3）。

生2：一排摆3个，一层摆3排，3层就是27个，也就是27 dm^3。

生3：正方体是特殊的长方体，正方体的三条棱相当于长方体的长、宽、高。

师：用摆体积单位的方法可以解释，正方体与长方体之间的关系也可以帮助推导。所以，正方体体积的计算公式是什么？

生（齐）：正方体的体积=棱长×棱长×棱长。

（三）整合公式，沟通联系

师：长方体和正方体的体积计算，还有别的方法吗？

动态呈现图4：高逐渐降低直到为0。

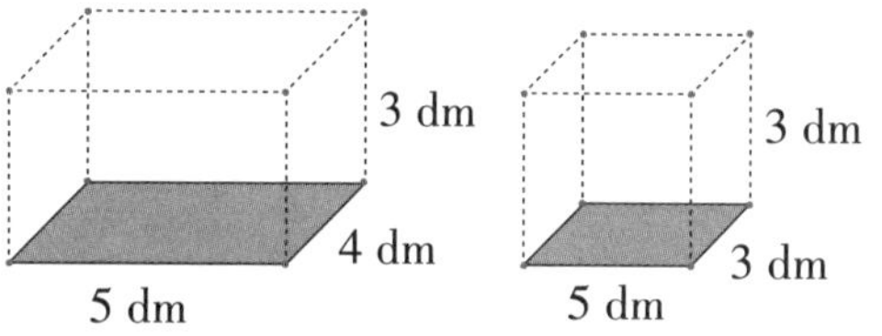

图4

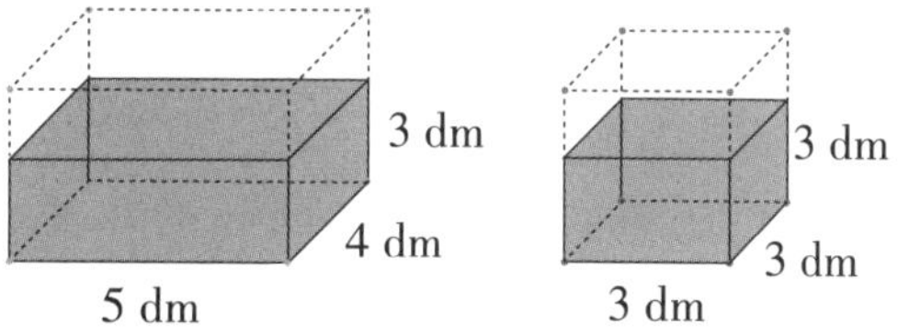

图5

师：两个立体图形都变成了什么？留下的是图形的哪个面？

生：都变成了平平的面，也就是底面。

动态呈现图5：高逐渐升高。

师：现在，有什么发现？

生：面动起来有了高度，就成了长方体或正方体了。

生：长方体和正方体的体积还可以用底面积乘高来计算。

师：底面积乘高与前面学习的底层个数乘层数，有什么联系呢？

生：高与层数相等，底面积数和底层个数也是相等的。

师：底面积数和底层个数为什么会相等呢？结合图，你能说说为什么吗？

动态出示图6。

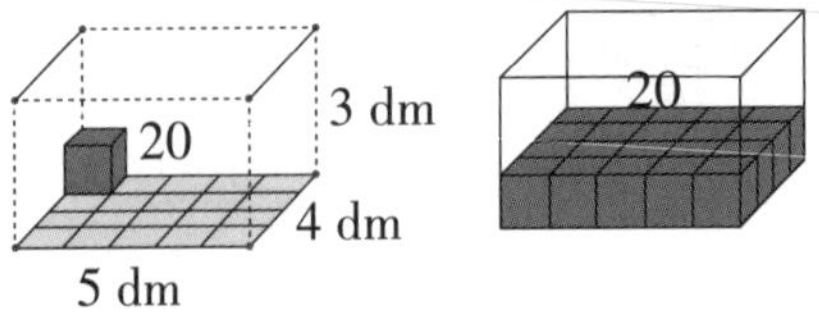

图6

生：1 dm^2上面摆1 dm^3，20 dm^2就可以摆20 dm^3。

师(小结)：会观察！一个正方形上摆一个正方体，一一对应，有多少个正方形一层就可以摆多少个正方体。所以底面积数和底层个数相等，然后乘高都能算出体积。

出示图1：长方体礼品盒底面积6.4 dm^2，高2.5 dm。

师：与正方体礼盒比，谁的体积大？大多少？

学生独立解决问题，教师巡视，组织汇报。

> **设计意图**：学习是否真正发生，关键看学生是否能抓住知识的本质以实现学习的迁移。学生用每排个数、排数、层数解释正方体体积计算；用长、正方体之间的关系推导公式；在面积单位上摆体积单位，沟通面积和体积之间的联系……从知识本质的角度将独立的知识串联，完善体积知识结构的建构。

(四)想象推理，拓展延伸

师：一个体积为25 dm^3的长方体，你能试着写出它的长、宽、高是多少吗？

学生自由猜测，课件揭示形状(图7)。

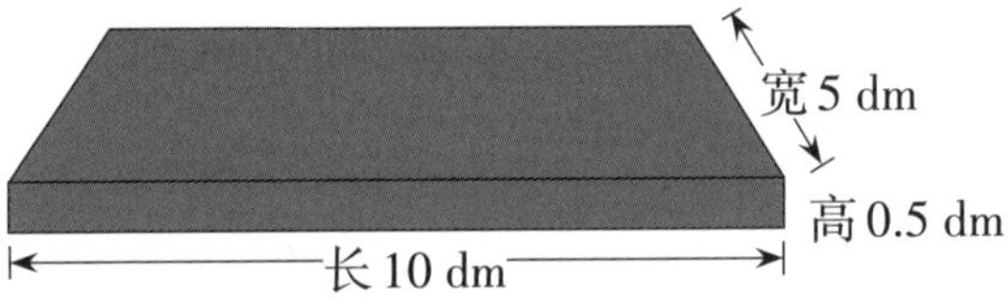

图7

师：可能是生活中的什么？

生：床垫。

师：大家比画一下它的长、宽、高，可能吗？

学生们比画后笑了，齐说不可能。

生：仰卧起坐的垫子。

师：是的，跟我们体育课上用的仰卧起坐的垫子尺寸是一样的。

垫子依次叠放：2个、4个。

师（追问）：现在的体积是多少？为什么？

师（小结）：大家以25 dm^3为标准，看里面有多少个25 dm^3也能算出体积，灵活解决了体积问题。

设计意图：根据体积倒推长、宽、高数据，既是体积公式的灵活运用，也培养了学生的运算能力。结合揭示的形状猜实物，在想象比画的过程中发展量感。通过垫子叠放算体积，感受到体积就是标准的叠加，从标准这个更大的视角思考体积计算，灵活地处理体积问题。

（五）追本溯源 明晰本质

师：长方体的体积是多少，为什么？

测量对象	测量单位	测量结果		共同点
体积	 1 dm^3	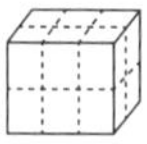	12 dm^3	测量就是看包含了多少个测量单位。
面积	 1 dm^2	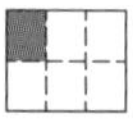	6 dm^2	
长度	1 dm		4 dm	

生：12 dm^3，因为它里面有12个1 dm^3。

师：长方形的面积呢？

生：6 dm^2，因为里面有6个1 dm^2。

师：线段呢？

生：4 dm，因为里面有4个1 dm。

师：这些测量有什么相同的地方？

生：我发现体积是看里面有多少个体积单位，面积是看里面有多少个面积单位，长度是看里面有多少个长度单位。

师：能把这三句话合成一句话吗？

生：都是看里面有多少个单位。

师（小结）：是的，不管是什么测量，都是看里面包含了多少个测量单位，这是所有测量的共同点。

设计意图：对比梳理长度、面积、体积，度量的对象和属性各不相同，其本质都是看度量对象里包含了多少个度量单位。本课从更上位的角度将图形的测量统领起来，理解度量本质的一致性，形成整体的认知结构。

【课后总评】

本节课学生经历了直接度量、公式度量、灵活度量的全过程，在对比长度、面积、体积的度量过程中，找准知识关联，感悟度量本质的一致性；在活动中积累探索度量的数学活动经验，并把这样的经验转化成数学学习的一般方法，形成数学智慧，培养学生核心素养，为学生高质量发展提供了坚实保障。

1.经历度量过程，聚焦度量本质。

课标要求我们要重视数学结果的形成过程，处理好过程与结果的关系。学生在数体积的数学活动中，经历直接度量的过程；在观察、猜想、验证形成结论环节，经历公式度量的过程；在以一个垫子的体积作为标准进行计算的过程中，积累灵活度量的经验。虽然度量方式不同，但都是看里面有多少个体积单位（标准）。通过对比长度、面积、体积的测量方法，深挖度量本质，理解度量本质的一致性。

2.凸显知识关联，实现整体建构。

数学学习要善于从千变万化的知识中去寻找关联，帮助学生建立整体认知结构。本课通过沟通体积数与体积单位个数，长方体体积数与长、宽、高，长方体底面积数与底层个数，算理和算法，长方体与正方体体积计算方法，长度、面积、体积测量本质等之间的联系，把体积的度量纳入到原有度量的认知结构中，整体建构度量认知体系，形成知识网络，感受结构化的力量。

3.注重目标达成，落地核心素养。

课标要求教学目标的确定要充分考虑核心素养在数学教学中的达成。通过观察比较谁的体积大、根据体积数猜长方体的样子等数学活动培养了空间观念、几何直观；在操作记录、观察分析、猜想验证、归纳小结等数学活动中经历长（正）方体体积公式的探索过程，培养了推理意识和模型意识；在直接度量、公式度量、灵活度量中培养了量感……环环相扣的数学活动让数学核心素养落地生根。

感悟数形结合

——“用数对确定位置”实录与评析

设计与执教:李勋梅　设计与评析:赵亚龙

【课标要求】

数学源于对现实世界的抽象,通过数学的眼光、数学的思维、数学的语言,可以简约、准确地描述空间形式,增强空间观念和应用意识。《课标》提出,用有序数对(限于自然数)表示平面上点的位置,理解有序数对与方格纸上点的对应关系,进一步发展学生空间观念。

【学习目标】

1.在具体情境中认识列、行的含义,知道确定第几列、第几行的规则;初步理解数对的含义,会用数对表示具体情境中物体的位置。

2.经历由具体的座位图到抽象成用列、行表示的平面图的过程,初步感悟数形结合的思想方法,培养初步的抽象思维能力,发展空间观念。

3.体验数学与生活的密切联系,进一步增强用数学的眼光观察生活的意识。

【学习活动】

活动一:创设情境,产生需要

教师用谈话的方式,让学生用自己的语言描述位置。学生这个时候的语言描述可能是不完整、不规范或者是不正确的,引出需要用简洁精确的语言描述位置。学习的内容来源于学生的生活实际,有需要才能引起学习的动机。

师:老师发现这位同学在课堂上坐得端正,听得认真,老师想认识一下她。大家能用自己的方法来介绍一下她现在的位置吗?

生:她坐在第2组第3个。

生:她坐在我左边……

师:这样的描述准确吗?

生:不准确。

师:有没有一种既准确又简洁的描述位置的方法呢?那么,我们今天就来学习用数对确定位置。

设计意图：根据学生熟悉的情境，激发学生已有的生活经验，让学生用自己的方式描述同学的位置。由于观察的角度不同，描述的方式也不一样，有的让人容易混淆，有的不简洁，交流后学生自然地产生统一描述方式的需求，从而有机地导入新课。

活动二：逐步抽象，掌握方法

引领学生渐渐抽象，由繁入简，由实物图到点子图再到网格图逐步深化。

（一）情境图认识“列”和“行”

1. 认识“列”和“行”。

课件出示教科书中例1座位图（多媒体课件）。

图1

师：我们来看看这幅图，图上的小朋友是怎么描述小红位置的？

生：小红在第3列第2行。

师：这里出现了两个新的词来描述小红的位置，哪两个？

生：列和行。

问：你怎么理解列和行的？能用手势比画一下吗？

生：列是竖着的，行是横着的。

师：我们通常把竖排叫作列，横排叫作行，简单地说就是“竖列横行”。

师：图上有几列？先用你的目光来画画线，我们再一起来画一画，数一数。图上有几行呢？

2. 认识第1列。

师：那这张座位图一共有几列几行？我们知道了这张座位图有6列4行。

根据小红的位置第3列第2行，你认为图中是将哪边起作为第1列的？

师：认识了第1列，从左到右依次是（边画边数），第2列，第3列……

3.认识第1行

师：认识了列，我们再来看图，你能不能找到第1行？

师：找到了第1行，那从前往后依次是第2行，第3行……

4.练一练

找小强和小娟的位置。

设计意图：在学习了列、行的含义，明确了第几列第几行的规则后，学生用这种方法来描述同学的位置，感受规则在学习和生活中的重要性，同时也培养了学生的规则意识。

（二）在方格图中找位置

1.抽象出座位图。

师：刚才我们用竖线来表示了列，用横线来表示了行，那我们的座位图就变成了这样的方格图。

2.在座位图中找小红的位置，感受唯一性。

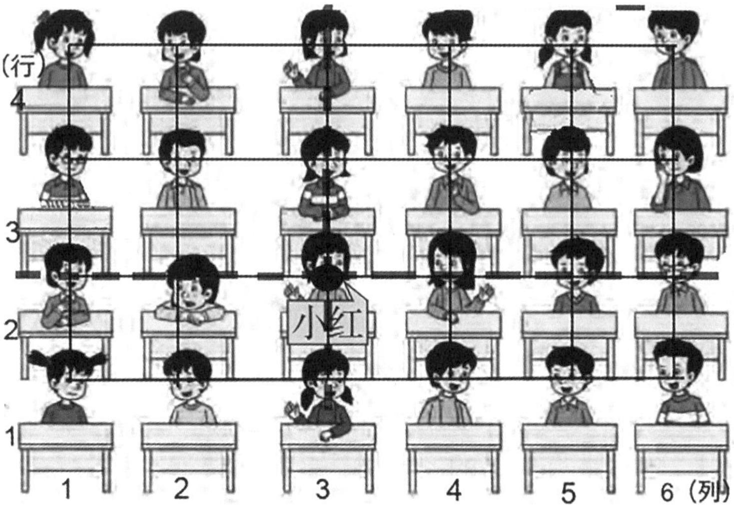

图2

师：你还能在这张方格图上找到小红的位置吗？

师：孩子们，我们在确定位置的时候只说列，或者只说行，可以吗？为什么？那我们在确定位置的时候应该怎么描述？

生：要说第几列第几行。

师：好的，现在小红在第3列和第2行相交的地方，她的位置有多少个？为什么？

生：她的位置只有一个，因为第3列第2行只有一个交点。

师：看来，用列和行来描述的位置只有一个，非常准确。

3.练一练。

找小强和小娟的位置。

> **设计意图：**借助课件由实物图到点子图过程的演示，使学生感受到点子图更加简单、清楚，是学生思维的抽象。同时，让学生感受到用“列与行的方法”确定位置的简洁性和准确性。

（三）用数对描述位置

1.用数对表示小红的位置。

师：刚才呢，我们用第3列第2行来描述了小红的位置，我们能不能用更简洁的方法来记录呢？先思考，有了想法后同桌讨论一下，再记录下来。开始吧。

教师巡视，展示学生作业。

师：为什么都是3和2，不用其他数字呢？只用一个数字行吗？

师：其实你们的想法跟数学家的想法差不多，数学家是这样来表示的：(3，2)。和孩子们一样，也用到了数字3和2，在这两个数的中间要用一个逗号隔开；为了表示它是一个整体，外面再加一个小括号。像这种用两个数组成的一对数来描述位置的方式，数学上称为数对。

师：数对(3，2)表示什么意思呢？

师：数学上，数对是有规定的：第1个数代表列，第2个数代表行。正是因为这样的规定，所以能省略很多文字，自然就做到了书写简洁。

2.练一练。

用数对描述小强和小娟的位置。

设计意图：经历“文字描述—符号表达”的由繁到简的抽象化、符号化过程，领悟用数对确定位置，从两个维度思考，充分体现了数学的简洁之美。

活动三：联系实际，加深理解

数学学习是“现实的、有意义的”，让学生体验到数学就在身边，感受数学在生活中无处不在，进而产生主动的相识情感。

1.学生在生活中找自己的位置。

2.内化提升。

师：老师再写一个(6，?)，这个数对的意思你能读懂吗？能不能表示我们在座的哪一个同学的位置？

生：只表示第6列的这样一个范围。

师：(?，4)，这一个呢？

学生回答略。

3.拓展深化。

根据A点的位置找B点的位置。

师：这是方格图的一部分，这里没有标出第1列和第1行，我们能不能根据A点的位置找到B点的位置呢？你是怎么判断的？A点在第几列第几行？那B点又在第几列第几行呢？用数对怎样表示？

学生回答略。

4.生活中的数对。

生活中数对的应用非常广泛，地理学家通常用数对来确定某个城市的位置，我们将要学习的折线统计图也会用到数对确定位置的知识；盛大的阅兵仪式上，8万名中小学生组成了背景方阵，他们翻动手中五颜六色的鲜花，需要“翻出”49种庆典背景变化，只有每个学生确定好自己的位置，听从统一的指挥，他们呈现的图案才不会出错，给人以美的享受。

设计意图：学习知识的最终目的就是应用，如果没有把所学的知识应用到解决问题中去，学习就失去了意义。简单的“数对”知识在生活中有着广泛的应用价值，本环节让学生感受到数对的作用，使学生学会用数学的思维观察、思考现实世界，真正体现了数学学科的育人价值。

【课后总评】

“用数对确定位置”属于图形与几何领域的教学内容。本课从学生已有知识经验出发,让学生结合实际情景判断物体的位置,探索用有序数对(限于自然数)表示平面上点的位置,理解有序数对与方格纸上点的对应关系。从整体看,有如下特点:

1.重视数学与生活的联系。

开课时,根据学生熟悉的情境,有效唤醒学生对“确定位置”这一知识的原有认知,同时也因学生找的标准不同而产生冲突,为下一步的学习提供了基础,进而引入新课。在探究、理解用“数对”确定位置的教学过程中,紧紧围绕学生熟悉的座位,既符合学生由具体到抽象、由特殊到一般的认知规律,又使他们体会到数学源于生活。最后当教师播放一组由8万名学生组成的壮观的背景图案时,学生更是切实感受到了确定位置在生活中的重要作用。

2.学生充分经历符号化过程。

从开始学生原生态表达同学的位置,到简化成第几列第几行,接下来引出数对,以及后面在数对中加入字母等,整个过程的每一步都赋予了其“现实需要”,学生充分感受到了数对产生的必要性和合理性,促进了学生经历符号化的过程,帮助学生弄清了知识的来龙去脉,理解了数对的本质,同时体验了数学的规范美和简洁美。

3.渗透数形结合的思想。

本节课始终抓住“数”与“形”的关系,不断引导学生用数描述形,用形反映数。练习中,先让学生用数对表示已知点的位置,以形助数;再让学生从已知的数对(同在一列或同在一行的数对)中发现规律,以数解形;然后通过一个不完整的格子图和一个已知的数对,推导出另一个点的数对,充分渗透数形结合的思想。

感受图形的运动与变换

——“图形的平移”实录与评析

设计与执教：刘　烨　　　　设计与评析：曹　果

【课标要求】

“图形的平移”在课标中属于“图形与几何”里“图形的位置与运动”的内容，《课标》要求能在方格纸上描述图形的位置，能辨别和想象简单图形平移后的图形，画出简单图形沿水平或垂直方向平移后的图形。在感受图形的位置与运动的过程中，增强空间观念和几何直观。因此，本课在教学时，通过创设情境，让学生在情境中认识到图形的平移与平移的方向和平移的距离有关；在观察、操作、独立思考等活动中找到平移格数的方法——找对应点，进而理解并掌握平移的特征和要素，理解平移的数学本质，发展学生的形象思维能力，建立空间观念。

【学习目标】

1.通过观察、操作等活动，在方格纸上进一步认识图形的平移，并体会图形平移的特征。

2.能在方格纸上按水平或垂直方向将简单图形平移，积累图形运动的思维经验，发展空间观念。

3.从平移的角度欣赏生活中的精美图案，体会数学与实际生活的密切联系，感受数学的乐趣和价值。

【学习活动】

活动一：创设情境，唤醒旧知

1.复习旧知。

师：（出示图1）你看到了什么运动现象。

图1

激活旧知。

设计意图：通过复习物体运动现象，让学生观察、思考，激活旧知，为后面的学习做好铺垫。

2.观察比较，感知物体平移的方向和距离。

回顾了物体运动有旋转和平移两种运动现象后，教师出示黑板擦，用黑板擦上下、左右平移。

师：此时黑板擦的运动属于什么运动现象？两次平移有什么不同？

让学生感悟物体的平移要关注方向。

教师再次平移黑板擦，第一次平移的近一些，第二次平移的远一些。

追问：这两次平移又有什么不同？

让学生感悟，物体的平移不仅要关注方向，还要关注距离。

设计意图：学生已经积累了关于平移方面的知识经验，但对于平移的要素还认识不深。通过创设平移黑板擦的情境，让学生观察、思考、交流，初步感知物体的平移不仅要关注平移的方向，还要关注平移的距离。

3.揭示借助方格纸的必要性。

感知平移的要素后，教师出示课件（如图 2 ）。

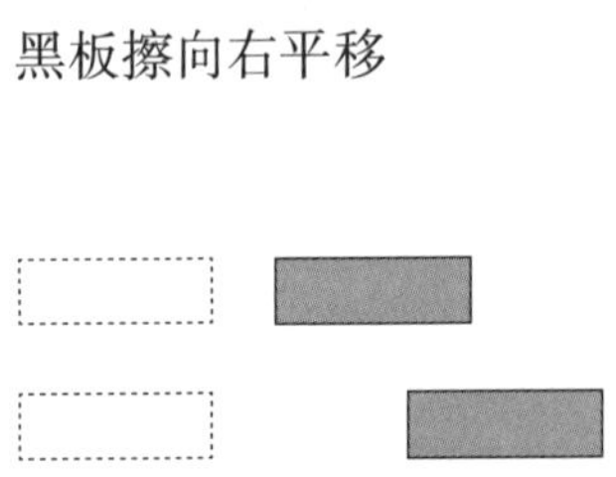

图 2

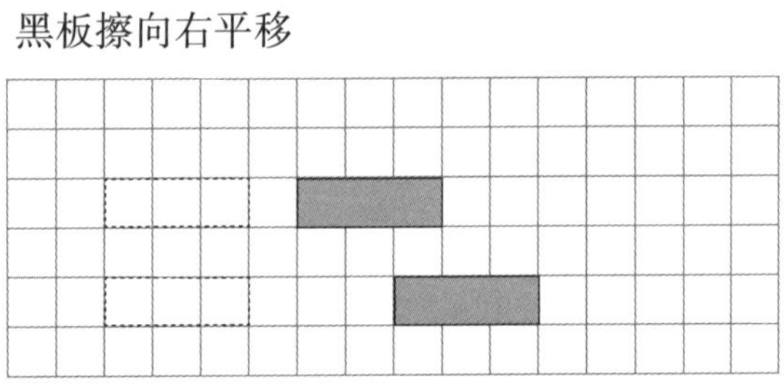

图 3

追问：(1)你认为平移的方向有哪些？(2)黑板擦第二次比第一次平移远多少？

对于第(1)个问题，学生很快说出平移的方向，教师顺势让学生明白本课是要在方格纸上研究图形的平移。第(2)个问题，到底远多少？利用课件出示方格纸（如图 3 ），一目了然，学生很容易得出第二次比第一次多平移2格。

设计意图:通过两次平移距离的比较,让学生明白借助方格纸,能很快知道第二次比第一次多平移2格,从而让学生感悟方格纸的重要性,为后面新知的学习做好铺垫。

活动二:合作交流,理解平移的距离

1.观察、比较,理解平移的特点。

弄清了平移的要素后,出示图4,然后提问。

想一想,议一议:

图a怎样平移到图b?

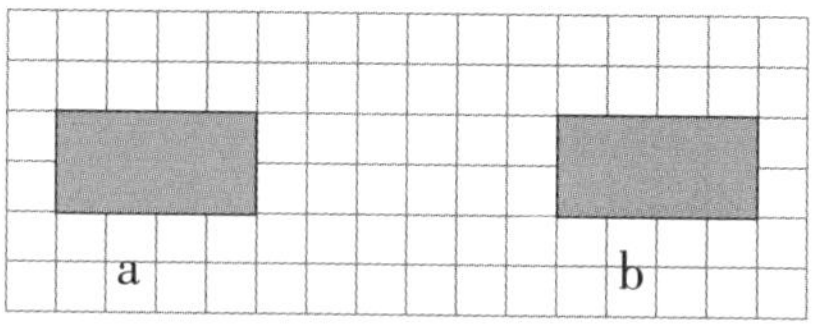

图a向(　)平移(　)格

图4

师:图a到图b,长方形的运动属于什么现象?平移后,什么变了?什么没变?

生:平移。平移后位置变了,形状、大小没有变。

设计意图:通过对比观察,让学生感悟平移后图形的大小、形状不变,位置变了,帮助学生体会平移的本质,感悟运动的不变性。同时,由于位置发生了变化,提问是怎样变化的,也很自然地过渡到对图形平移距离的进一步研究。

2.活动中理解平移的距离。

(1)既然图形平移后,位置发生了变化,那位置发生了怎样的变化?图a是怎样平移到图b的?

生1:图a向右平移了10格到图b。

生2:图a向右平移了6格到图b。

……

动手操作验证。

教师出示活动要求:

(1)在方格图上,选择适当的方法将图a平移到图b。

(2)数一数:图a平移到图b向右平移了几格?

(3)和你的同桌说一说你是怎么数格的。

学生动手操作、思考交流。

3.汇报:感悟确定平移距离方法的多样化。

(1)“数”:整体移动数方格

生:在方格图上,将长方形卡片向右平移,然后卡片平移一格数一格,平移到图b就是10格。

教师先让学生借助长方形卡片在方格纸上移一移,然后播放课件,呈现长方形平移到图b的过程,动画中长方形向右平移1格,学生就数1格,当与图b重合时刚好数10格。然后顺势揭示这种平移的方法叫作整体移动数方格。

> **设计意图**:教师先让学生自己动手操作,然后再播放课件,并让学生跟着课件平移一格数一格,与图b重合时刚好数10格。这样让学生形象直观地感知理解了什么是“平移的距离”,对平移距离的认识更清晰、理解更透彻。

(2)点对点:找对应点数方格。

生:我是在图a上找一点,然后在图b相同的地方找到这点,最后再数这两点间共有10个方格。

听学生的汇报后,教师顺势介绍找对应点数方格的方法。

师:我们先在图形的右上角确定一点,也就是定点(出示图5),看看平移后这个点在图b的哪里?

生:图b的右上角。

师:对,我们就把这一点称为它的对应点(出示图6),然后再数一数。这两点之间一共有多少个方格呢?

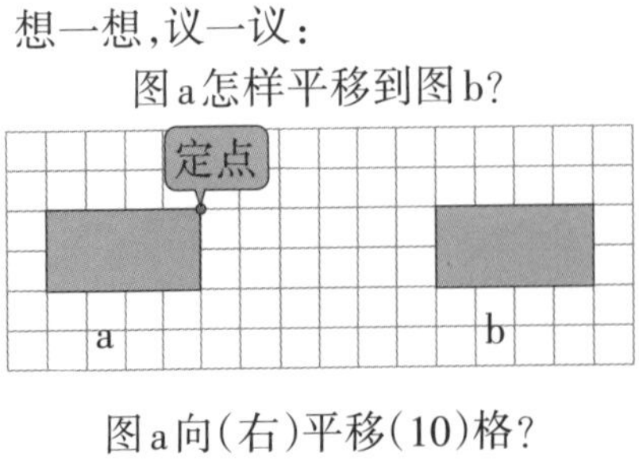

图5

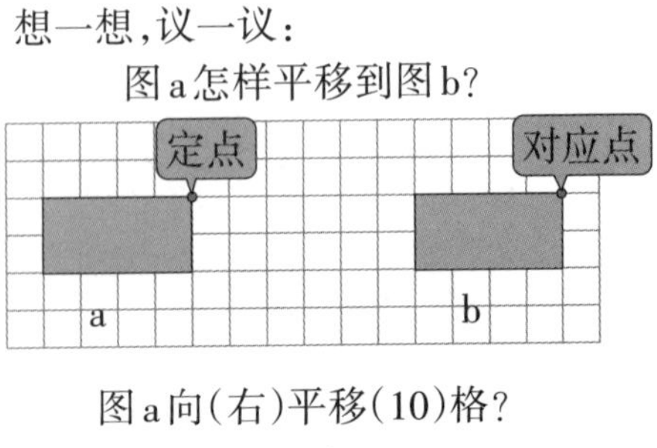

图6

生：10个方格。

师：定点只能确定这一点吗？如果在它的右下角、左下角、左上角确定一点，它的对应点在哪里？

师：图形有无数个点，这些点都可以作为定点，但通常情况下，我们要找图形的关键点，这样便于我们找到它的对应点，数起来也方便。

师：通过刚才的学习，我们知道点移动的距离与整个图形移动的距离是相同的，我们把它称为点随形动。说说你是怎样理解点随形动的。

生：点向右平移了10格，图形也向右平移了10格；图形向右平移了10格，点也向右平移了10格。

学生理解完点随形动后，教师让学生们闭上眼睛想任意一个自己喜欢的图形：如果点向右移动了4格，图形也向右平移了4格；图形向右平移了4格，点也向右平移了4格。

设计意图：有了前面“整体移动数方格”的经验，学生对“平移的距离”有了进一步的认识。在此基础上，引导学生发现确定平移的距离还可以先定点，再找对应点，最后数出这两点之间的距离就是图形平移的距离。在平移前后的图形中，对应点不是唯一的，可以是图形中的任意一点，但为了方便不弄错，我们一般要找关键点作为定点。经历这样的过程，不仅能使确定平移距离的方法逐步清晰起来，同时也潜移默化地让学生感知体会了什么是“点随形动”，充分发展了学生的空间观念。

(3)找对应边数方格。

生：在图a上找一边，然后在图b相同的地方找到这一边，最后再数这两边之间共有10个方格。

借助多媒体课件，教师顺势介绍找对应边数方格的方法，较之前的找对应点数方格，一笔带过，教学过程要弱化。

设计意图：有了前面找对应点数方格的方法和经验，找对应边数方格确定图形平移距离的方法就很简单，其本质和找对应点确定平移距离是一样的，因为边的平移本质上就是点的平移。通过这样的教学，学生既掌握了具体的方法，又加深了对平移运动本质的理解。

活动三：实际运用，深化理解

课件出示练习题。

1.正方形是如何平移的？

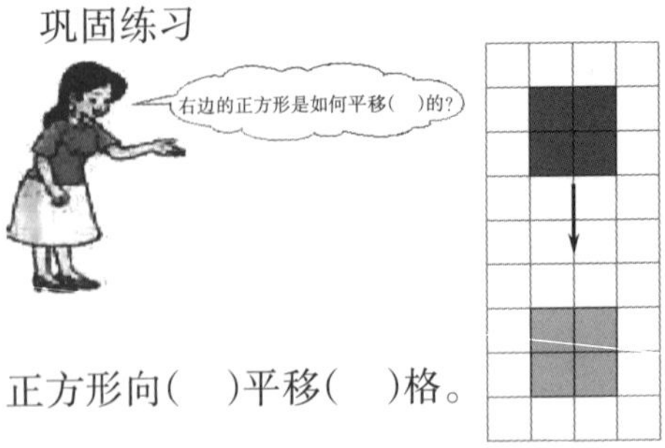

图7

2.图①如何平移到图②的位置？

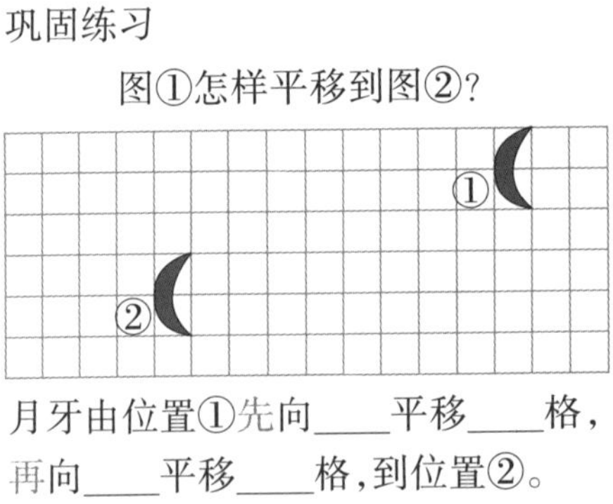

图8

让学生独立思考，再抽学生回答。观察、思考、讨论、汇报，然后动画演示，感受方法的不唯一性。

3.拓展延伸：货车过隧道（图9）。

图9

一列长400 m的火车，要通过600 m的隧道。从车头刚进入隧道到车尾离开隧道，火车一共行驶了多少米？

让学生交流讨论：怎样理解车头刚进入隧道到车尾离开隧道？你能用今天所学的知识来解决这个问题吗？

教师带领学生把这道题放到方格纸中来研究（播放动画），长方形看成是火车，从车头刚进入隧道到车尾离开隧道，火车一共行驶了10格，1格表示100 m，那10格就是1000 m。紧接着提问：这1000 m是哪些距离之和？

生：隧道的长度+火车本身的长度。

设计意图：通过练习，巩固知识，加深理解，同时让学生感知数学就在我们身边，体现数学来源于生活，并服务于生活的教学思想。

活动四：平移在生活中的应用，感知平移的美

动画出示下列图片，让学生欣赏。

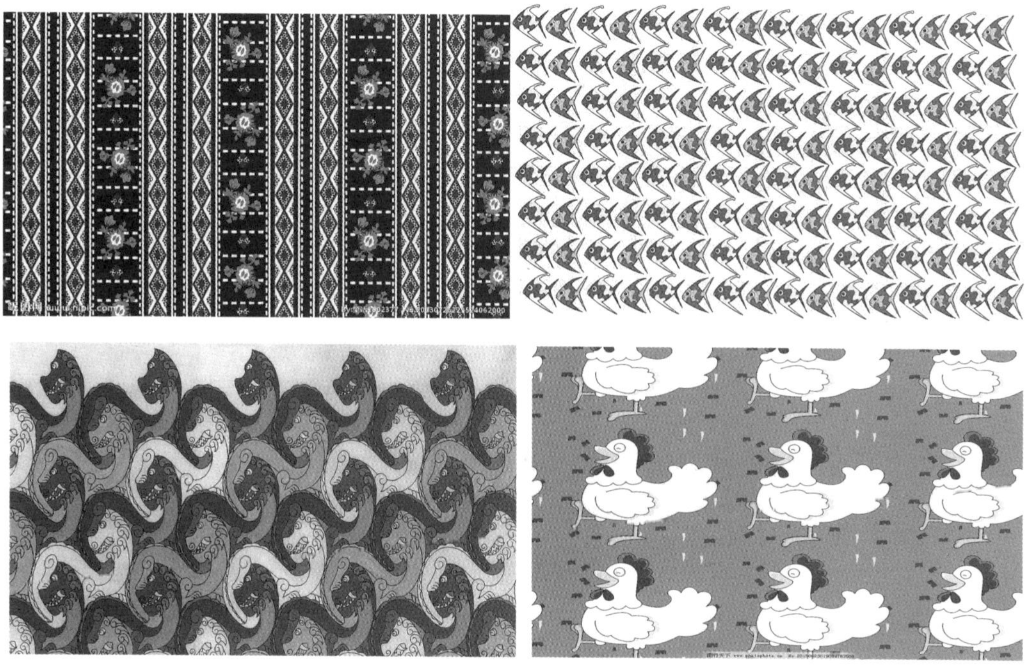

图10

设计意图：通过欣赏图片，让学生感悟平移的知识不仅能帮助我们解决生活中的实际问题，还能利用平移知识设计出精美的图案，了解平移在生活中的运用，直观感受数学与实际生活的密切联系。

【课后总评】

为了达到预期的教学目标，本节课在设计上遵从了以下几点：

1.联系生活，从生活中引入。

平移是生活中处处可见的现象，创设擦黑板情境，引入新知的学习。从周

围熟悉的事物中自主学习和理解平移现象，这也充分体现了“数学生活化”“数学就在我身边”“数学来源于生活，服务于生活”的数学思想。体会到数学就在身边，感受到数学的趣味和作用，对数学产生亲切感，激发解决问题的欲望，同时培养学生用数学的眼光观察生活，为下一步的探究创设合适的情境。

2. 注重操作，在交流中感悟。

学习知识的最佳途径是由学生自己去发现、感悟。图形在方格图中平移的距离是本节课的难点，在教学中充分考虑了学生的认知发展水平和已有的知识经验，教师给学生提供自主探究、合作交流和自我表现的机会，让学生最大限度地投入到观察、思考、操作的活动中去。学生通过动口、动脑、动手，兴趣特别高昂，能积极地参与到教学活动中。

3. 留足想象时间，培养空间想象能力。

图形与几何的教学，既要让学生建立空间观念，也要让学生拥有想象的能力，因此在课堂教学中，应留足时间让学生思考。如本节课在学生动手开始平移物体时，可以先让他们在脑海中想一想图a是怎样平移到图b的，想一想这个定点平移后在图b的哪里，闭上眼睛想一想点怎样随形动的，等等。经过自己想象，要比老师直接教授知识感悟更深，学习体验更好，课堂参与度更高。这样既收获了知识，空间想象的能力也得到了培养。

总之，本节课重视学生的感悟认知，提供大量感性材料让学生在操作中体会，使学生经历了自主观察—探究—归纳—应用的整个过程，在真实情景中解释生活现实，感受数学之趣和数学之用，发展学生空间观念。

图形运动中的变与不变
——“图形的放大与缩小”实录与评析

设计与执教：杨 霞 设计与评析：王兴华 张 泽

【课标要求】

《课标》指出，学生应经历对现实生活中图形运动的抽象过程，体会运动前后的变与不变，逐步形成空间观念和推理意识。本课例通过引导学生在方格纸上探究放大、缩小后的图形与原图形的关系，理解图形的放大与缩小的意义及其规律；在教学中重视数形结合、一一对应、变与不变等数学思想方法的渗透和感悟，进而发展学生的空间观念和推理意识，落实核心素养。

【学习目标】

1. 结合具体情境认识放大与缩小现象，理解图形放大与缩小的意义，能利用方格纸把简单的图形按要求放大或缩小。

2. 在观察、比较、猜测、验证、交流等数学探究活动中，体会图形的相似性，进一步积累图形运动的经验，发展空间观念和推理意识。

3. 感受图形的放大与缩小在生活中的广泛应用，体会数学的应用价值。

【学习活动】

活动一：联系生活，初步感知

师：在国庆阅兵式上，中国人民解放军英姿飒爽，我们一起来欣赏。

课件出示一张很小的图片（如图1所示）。

图1

生发现图片太小了，要求把图片放大。

课件演示：把图片变很大（如图2所示）。

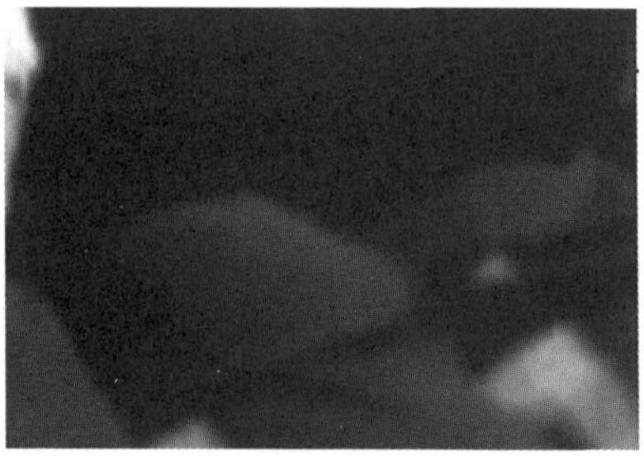

图2

生发现图片太大不清晰，要求把图片缩小一些。

课件演示：把图片缩小到适当大小（如图3所示）。

师：这张图片刚刚经历了什么过程？

生：放大与缩小。

师：在生活中还见过哪些放大或缩小的现象？

生根据生活经验举例。

师：看来，图形的放大与缩小在日常生活中应用得非常广泛。这节课我们就一起来研究“图形的放大与缩小”。（板书课题）

图3

> **设计意图：**首先创设问题情境，通过解决“如何能看清照片”的问题，自然引出把图形放大与缩小的需求，并通过课件直观演示，让学生初步感知图形的放大与缩小现象。再通过学生自己举例子，体会图形的放大与缩小现象在生活中广泛存在，有效激发学生的探究欲望。

活动二：观察对比，理解意义

课件出示以下图形放大与缩小前后的对比图（如图4所示）。

图4

师：图形放大或缩小前后，什么变了？什么不变？同桌拿出图片卡观察、对比。

学生汇报。

生1：图形的大小变了，但形状不变。

生2：我发现图形中各条边的长度发生了变化，整个图形的大小也发生了变化。

生3：我通过用量角器来测量每组图形对应的角的度数，发现角的大小没有变化。

师：大家不仅对“放大”与“缩小”有初步的感觉，还从边和角这两方面去思考图形的变与不变，真会思考。

课件出示把正常的照片压扁变形的过程（如图5所示）。

图5

师：瞧，图片像这样是出了什么问题？

生：大小和形状都发生了改变，图片完全变形了。

师生达成共识：把图形放大与缩小时要保持形状不变。

设计意图： 通过观察对比图片、几何图形放大或缩小前后的变化，初步感知图形放大与缩小的特性，即图形在放大与缩小前后，大小变化，形状不变，引导学生正确理解放大与缩小的概念。

活动三：操作对比，探寻方法

师：按怎样的要求把图形放大或缩小才能保持形状不变呢？为了便于研究，我们把图片放到方格纸上来观察。

1.观察图形的放大。

师：边观察边思考图形放大后发生了怎样的变化？小组内说说有什么发现。

课件动画演示把图形放大的过程（如图6所示）。

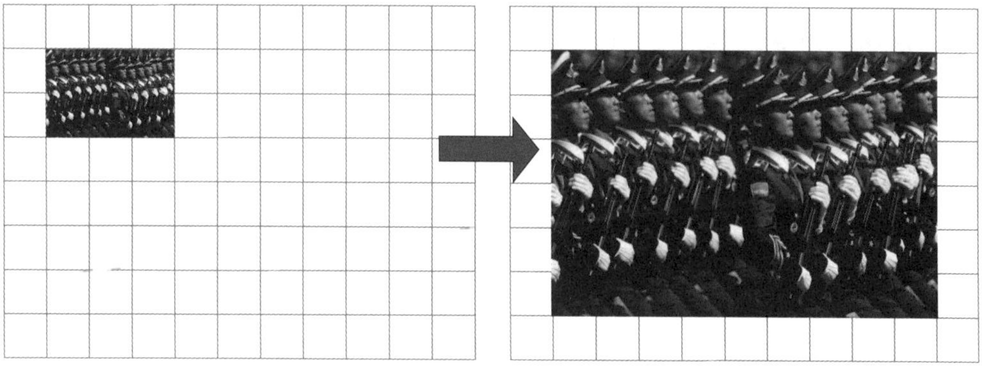

图6

生1：长方形图片的长由3格变成9格，增加了6格的长度；宽由2格变成6格，增加了4格的长度。

生2：长方形图片的长从3格变成9格，变为原来的3倍；宽从2格变成6格，也变为原来的3倍，所以长方形图片各条边的长度都变为原来的3倍。

生3：我发现放大后图片的长与原图的长的比是9∶3，化简比是3∶1；放大后的宽与原图的宽的比是6∶2，化简比也是3∶1。

生4：我还发现图形的面积扩大到原来的9倍。

师：许多同学都注意到了边的变化情况，以上哪些发现更便于探索其中的规律？

生（一致认为）：一是放大后图形各条边的长度是原图各条边长度的3倍，二是放大后的图形与原图形的长的比与宽的比都是3∶1。

师：其实放大后的图形与原图形对应边的比是3∶1，也就是图形的各条边同时放大为原来的3倍，图形的形状不变。（板书：图形的各条边同时放大为原来的3倍，形状不变。）

2. 观察图形的缩小。

师：现在我们来把图形缩小，边观察边思考图形的各条边又是怎样变化的？

课件动画演示把图形缩小的过程（如图7所示）。

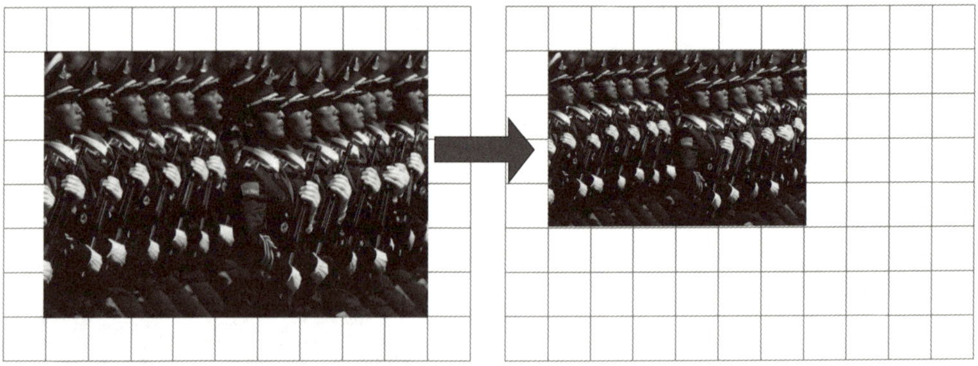

图7

生1：长方形图片的长由9格变为6格，缩小为原来的三分之二；宽由6格变为4格，也缩小为原来的三分之二，而图形的形状不变。

生2：缩小后的长与原图的长的比是2∶3；缩小后的宽与原图的宽的比也是2∶3。

师：大家都关注到了图形缩小前后对应边的倍比关系。其实，缩小后的图形与原图形对应边的比是2∶3，也就是图形的各条边同时缩小为原来的三分之二，图形的形状不变。（板书：同时缩小为原来的三分之二。）

3. 动手操作、验证猜想。

师：这是通过一次放大和一次缩小的发现。思考并猜测一下，图形放大或缩小时，怎样才能让图形的大小变化而形状不变呢？

生(一致认为):只要把图形的各条边同时放大为原来的几倍,或同时缩小为原来的几分之几,图形的大小变化,形状不变。

师:一起来验证验证。请在方格纸上按自己的想法,将给定的正方形放大或缩小(如图8所示)。

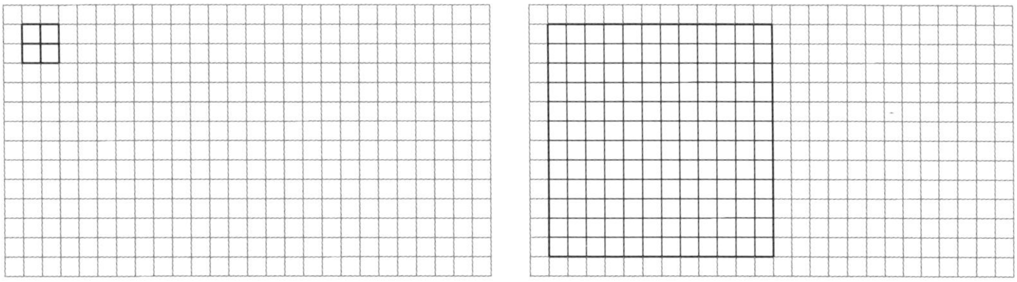

图8

生按自己的想法操作后汇报展示。

生总结发现:正如我们所猜想的那样,图形的各条边同时放大为原来的几倍,或同时缩小为原来的几分之几,图形的大小变化,形状不变。(板书)

设计意图:在探讨按怎样的要求放大或缩小才能保持形状不变时,引导学生利用方格纸深入观察、对比和思考图形的变化,发现图形放大与缩小前后对应边的倍比关系,并以一次放大、一次缩小时各条边变化情况为经验基础,引导学生大胆猜测、操作验证、得出结论。给学生充分的自主学习、探索空间,帮助学生在经历数学活动的过程中积累图形变换的经验,进一步发展空间观念,促进数学思维的发展。

活动四:巩固知识,综合应用

1.把L形的各条边放大到原来的4倍。

师:你能用本节课的知识与经验把方格纸上的L形各条边放大为原来的4倍吗?

生独立完成并展示汇报。

2.用火柴棍摆图形。

师:如果不用方格纸,你能把图形放大或缩小吗?

课件出示要求:把边长为4根火柴棍的等边三角形各边缩小到原来的四分之一。

学生以原图为参照，同桌两人共同用火柴棍摆一摆，并展示汇报。

师：为什么这次没有方格纸也能把图形缩小呢？

生：每根火柴棍都一样长，这里的火柴棍和方格纸起的作用是相同的，都是确定了一个单位长度，根据单位长度就能把图形放大或缩小。

3.用直尺画出缩小后的图形。

师：如果没有方格纸，也没有火柴棍，你还能用什么工具把图形放大或缩小？

生：直尺。

课件出示：长方形教室长 8 m，宽 6 m，如果把教室地面的平面图画在纸上，会是什么样子呢？先想象再画图，并在图上说明是怎样缩小的，让人一看就懂。

生动手实践，汇报展示所画的图和所写的文字说明。

课件出示：中国地图及其中的比例尺 1∶30 000 000。

师：这幅地图上也有说明，请看 1∶30 000 000。比较这些说明方式，哪种简洁些？

生：用一个比的方式来说明更简洁。

师：这个比在这里表示什么意思？它与今天的知识有什么联系？后面再研究。

> **设计意图**：进阶练习可以帮助学生巩固知识、形成技能、提升能力。本课综合应用从用方格纸到不用方格纸，体会只要确定了一个单位长度，就能把图形放大或缩小，有层次地促进学生思维深入发展，巩固所学知识，培养良好的思维品质。

课的最后，教师引导学生回顾与梳理，畅谈收获，建构与数学思想的联系。

师（小结）：这节课，我们通过体会图形放大与缩小中“变与不变”，透过现象看本质。“变与不变”是重要的数学思想，未来，我们将继续在“变与不变”的数学思想引领下探寻知识本质，提升数学思维能力。

【课后总评】

“图形的放大与缩小”属于“图形与几何”领域中“图形的位置与运动”的内

容，本课例基于西南大学版小学数学教材进行教学设计与实践，是从学生熟悉的感性经验出发，在丰富的学习活动中追寻数学本质，感悟数学思想，发展空间观念和推理意识。为实现学习目标，本课例主要体现了如下特点：

1.感受一一对应，追寻数学本质。

“图形的放大与缩小”的本质是“图形的相似”。本课例借助学生丰富的感性经验，引导学生在学习活动中交流碰撞，体会放大或缩小前后两个图形的边是一一对应的，角也是一一对应的，所有的对应边都是按一定规律变化的，但对应角的大小是不变的，从而理解数学意义上的图形的放大与缩小，即图形的各条边同时放大为原来的几倍或同时缩小为原来的几分之几，形状不变，进而把握知识本质。

2.探究由浅入深，凸显逻辑结构。

教学时，首先通过图片“太小”和“太大”的问题，引出放大与缩小的需求；接着通过观察对比图片、几何图形，初步感知放大或缩小的意义；然后探究按怎样的要求放大或缩小才能保持形状不变，引导学生探究其数学本质，实现从形似判断到量化判断的转变与升华。探究由浅入深、层层递进，沿着知识发生和发展的逻辑结构展开教学，帮助学生深入理解图形的放大与缩小的意义和规律。

3.感悟数学思想，落实核心素养。

一是重视数形结合，体会量变规律。本课例重视直观感知，通过在方格纸上直观演示、观察对比，引导学生由数思形，以形思数，数形结合，帮助学生更好地理解量变规律，从而突出数学知识的探究过程，提高教学的有效性。二是体验变中不变，迈向深层思维。本课例通过问题引领，引导学生在数学活动中主动发现、主动思考。通过观察与测量发现图形在放大与缩小时，变的是各条边的长度，不变的是对应边的倍比关系及对应角的大小，从而揭示图形的放大与缩小的规律。学生借助已有知识经验，从感知表象逐步深入到理解事物的本质属性，由浅层思维走向深层思维，并在探究过程中积累活动经验，发展空间观念和推理意识。

第四章　统计与概率

感悟分类的标准与结果

——“分一分”实录与评析

设计与执教:张新健　设计与评析:赵亚龙

【课标要求】

《课标》要求,会对物体、图形或数据进行分类,初步了解分类与分类标准的关系;能依据事物特征,按照一定的标准进行分类;能发现事物的特征并制订分类标准,依据标准对事物分类;能用语言简单描述分类的过程;感知事物的共性和差异,形成初步的数据意识。

【学习目标】

1.借助物体进行简单分类,感受分类的重要性。

2.通过分一分、说一说,经历分类的过程,感悟分类的标准不同分类的结果就不同,积累分类经验,形成初步的数据意识。

3.感受数学与生活的紧密联系,体会数学的应用价值。

活动一:活动感知,分类的重要性

感受分类的重要性。

师创设情境,快速出示一幅摆放着凌乱水果的图片。(如图1所示)

师:图中有苹果和橘子,你能快速准确地数出苹果和橘子的个数吗?请在练习本上记录下来。

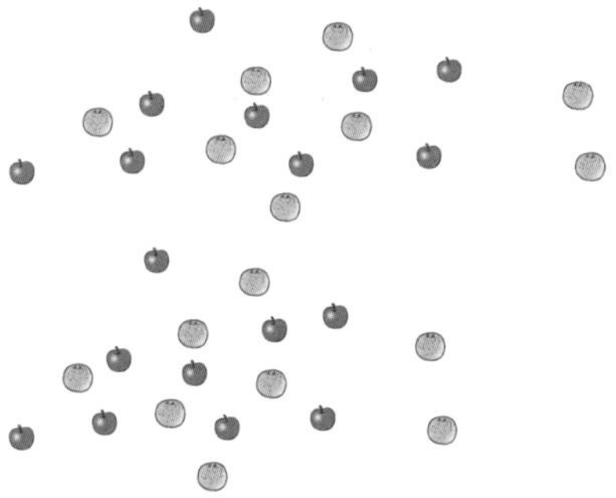

图1

师:为什么无法快速数出苹果和橘子准确的个数?

学生思考后汇报,因为苹果和橘子摆放得乱七八糟的,不整齐,数的时候容易多数或者少数。

师:有没有好的办法让咱们数的时候既不会数错,数起来又快呢?

学生汇报:给它编上序号来数;将苹果摆成一排,将橘子摆成一排。这样数起来不重复,不遗漏。(如图2所示)

图2

师(小结):这就是分类,分类后物品更整洁,还能快速准确地统计个数。

设计意图:学生通过观察摆放零乱的水果图,发现:无法快速准确记录图中水果的个数。怎样才能数得又快又准呢?此时,给学生造成认知冲突,初步感受分类的重要性。

活动二:动手操作,寻找分类的方法

1.分同一物品。

感受到分类的重要性后,教师出示红、黄两种颜色的小棒,并让孩子们动手分一分手中的红、黄两种颜色的小棒。

学生纷纷汇报分小棒的结果,教师同步投影到大屏幕。(如图3所示)

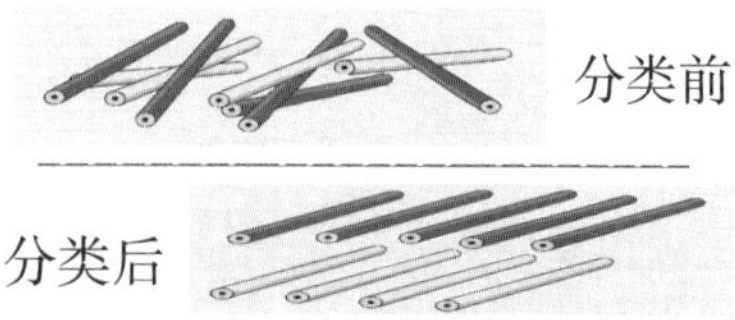

图3

师:为什么将小棒分成两类?怎么分的?

生:我按不同的颜色分了两类,红色的分一类,黄色的分一类。

师(追问):为什么要按颜色分呢?

生:因为小棒的样子(形状)都一样,所以按颜色分。

小结:形状相同的物品,按颜色分类。

2.分不同物品。

学生们尝试对同一物品分类后,教师出示相同颜色的不同图形的学具。

师:刚才我们学会了按颜色不同来分类,这些图形(课件展示),你准备怎么分类?

学生动手分类,小组汇报:按形状来分的,长方形分一类,圆形分一类,三角形分一类。(如图4所示)

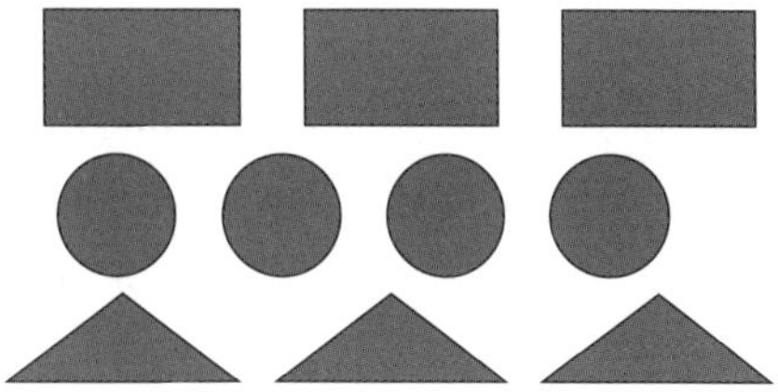

图4

师(追问):为什么要分成三类?

生:三种颜色相同的图形,一种是长方形,一种是三角形,一种圆形,所以分成了三类。

3. 由实物抽象到符号。

(1)标准不同,结果就不同。

师:我们已经学了按颜色、形状来分这两种分类方法。

(2)抽象到符号。

师:这些衣物,你准备怎样分类?

生1:我按衣裤的颜色不同分了两类。

生2:我把这些衣裤按形状不同分了两类。

生3:可以按颜色和形状不同分类,红色衣服、红色裤子、蓝色衣服、蓝色裤子,分四类。

生4:给这些衣裤标上序号来分类,这样更方便。

小结:给物品分类,可以连线,可以画图,可以用序号来代替物品进行分类。

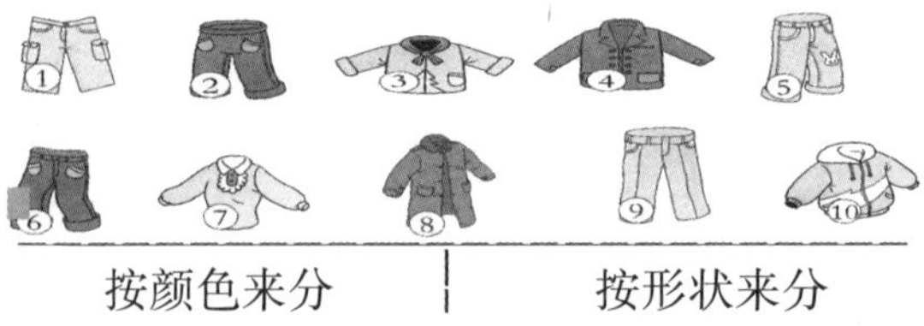

图5

师:这两种方法分出来的结果一样吗?(如图5所示)

生:不一样。

师(追问):为什么同样的物品,分类的结果不一样?

生:因为一种是按形状分的,另一种是按颜色分的,所以分类的结果不一样。

小结:分类的标准不同,分类的结果就不同。

设计意图:首先通过动手给形状相同、颜色不同的小棒分类,当出现颜色相同、形状不同的物品时,学生很容易想到按形状来分类,初步了解分类是有层次的,体会层层递进的思考。然后有了两次对物品分类的经验后，鼓励学生大胆尝试由实物抽象到符号。通过分一分、说一说，明确分类标准不同，结果不同。

活动三：随堂练习，巩固新知

1.把水里游的动物涂上颜色。

图6

生：我把鱼、海豚、鲨鱼涂了色。

师（追问）：通过涂色把动物们分成了几类？

生：水里游的分一类，陆地上生活的分一类。

2.把饮料圈起来。

图7

师：这些食物通过圈一圈分成了几类？

生：喝的分一类，其余的分一类。

设计意图：学生通过“涂一涂”和“圈一圈”的分类练习，巩固所学知识，积累学习经验。

活动四：拓展延伸不同的分类标准

师：今天学了按颜色分，按形状分，生活中还有很多分类标准。

1.说一说。

师：说说生活中的分类现象。

生1：一（1）班的同学们可以按男生、女生来分成两类，这样可以知道男女生各有多少人。

生2：还可以按照同学们的身高标准进行分类，这样可以了解全班同学的身高情况。

……

2.补充。

师:老师也找来了一些生活中的分类现象,一起来欣赏吧!(课件展示)

学校的午餐也有分类现象,图片上的餐盘把食物分了几类?

生:三类,米饭分一类,小菜分一类,肉分一类。

师:这是咱们学校运动会时拍的照片,咱们学校的孩子站成了很多方队。

师:咱们是一年级的孩子,可能站在哪个方队?

生:前面的方队。

师:六年级的孩子,可能站在哪个方队?

生:后面的方队。

师:怎么分的呢?

生1:按年级不同来分类,可以准确地了解站的位置。

师(追问):有不同的意见吗?

生2:按男、女生来分类,所有的女生站队伍左边,所有的男生站队伍右边。

生3:按年龄不同来分类。我比较小,所以站在前面的方队里,大哥哥、大姐姐比较大,所以站在后面的方队。

小结:分类的标准有很多种,分类对于提取信息很重要。

3.运用。

师:为了物品摆放整齐、美观,也便于统计,咱们要对物品进行分类。用你喜欢的分类方法整理好自己的书包。比一比谁的书包更整洁、美观!

设计意图:本环节为学生提供丰富的感性认识和实践经验,感悟分类标准与数据信息之间的关联,例如按照性别分类可以知道男、女同学的多少,按照出生年月分类可以知道同学的年龄状况等,进一步感受数学与生活的紧密联系,体会数学的应用价值。

【课后总评】

分类是对数据进行的初步整理,也是设计数据获取方案的基础。在活动中,可以让学生感知数据蕴含着的信息,为以后统计与概率的学习积累感性经验。对于“分一分”这一课时的学习,它是小学数学统计与概率中的一个初始内容,通过这部分的学习,学生经历动手分类、整理与表达的过程,掌握分类的方法,激发探究知识的兴趣,为分类与计数的拓展延伸打下良好的基础。

1.初步感知分类的重要性。

通过情境图,让孩子直观发现凌乱的水果图案无法快速准确地记录水果的个数,而排列整齐的水果图案不但美观、整洁,还能快速准确地统计个数,让一年级的学生初步感知分类的重要性。

2.分类的标准不同,分类的结果不同。

通过学生自主动手操作,分一分形状相同、颜色不同的小棒,学生很轻松地把小棒按颜色分了两类,追问其理由,因为形状相同,有两种不同的颜色,所以按颜色不同分了两类。当一些不同形状的图片摆放到学生面前时,大多数学生会发现:这些图片的颜色相同,但形状不同,所以按形状不同分成了三类。

在解决问题的过程中,分析计数的结果,体会统计的全过程。学生发现:对物品进行分类时,有许多不同的标准。孩子选择不同标准所作的解释,教师要给予充分的肯定。

接下来的活动,学生把从书上剪下来的衣裤图片进行整理分类。衣服有两种不同颜色,裤子也有两种不同颜色。这时学生会发现,至少有三种不同的分类标准:按颜色不同分为两类;按类别不同分两类;既按类别不同又按颜色不同可分为四类。学生们通过观察、思考、动手操作的过程,顺理成章地走进数学世界,在触摸中感知,在思考中认知。

由实物抽象到符号,这对一年级的孩子来说,有一定的难度。但有了前面动手操作的经验支撑,引导孩子思考:如果衣裤不是实物,而是搬到了书上,又怎样对它们进行分类描述呢?从而提出用编序号的方法,方便分类,由此认识序号的作用。给衣裤标上序号进行分类,分到不同的集合圈,最后再思考怎么分、怎样写,才能做到不重复,不遗漏。

3.打通生活与数学的关系,强化数学知识在生活中的运用。

统计与概率中的知识多源于日常生活,需要我们从学生的认知特点出发,顺应学生的认知规律,精心设计学习活动,让学生自然经历抽象到符号的过程,积极主动地探究思考,实现生活经验与数学思维之间的转化。本课让学生从感受分类的重要性开始学习,动手操作,得出结论“分类标准不同,结果不同”,再由实物抽象到符号,最后将数学知识与学生已有的生活经验对接,感受分类在生活中的应用价值。

培养数据意识

——“平均数”实录与评析

设计与执教:唐　静　设计与评析:黄　波　杨继兴

【课标要求】

《课标》第二学段“统计与概率”要求能在简单的实际情境中,合理应用统计图表和平均数,形成初步的数据意识和应用意识。学业要求和教学提示中同时强调能用平均数解决有关的简单实际问题,形成初步的数据意识,初步体会平均数的统计意义,形成初步的数据意识。可见,平均数的学习是学生形成初步数据意识重要的知识载体。本课例将平均数置于完整的统计链条中,让学生经历完整统计过程,体会平均数的统计意义,形成初步数据意识和应用意识。

【学习目标】

1. 知道用平均数可以刻画一组数据的集中趋势,认识平均数的代表性、虚拟性、区间性、敏感性,掌握求平均数的方法,理解平均数的意义。

2. 经历数据收集、整理表达、分析解释、判断决策全过程,初步体会平均数的统计意义,形成初步的数据意识和应用意识,发展统计观念。

3. 发现平均数在实际生活中的应用价值,感受数学与生活的密切联系,体会数学探索的乐趣。

【学习活动】

活动一:创设情境,收集数据

学生课前进行“3秒记数”游戏,通过打“√”的方式,收集自己的成绩数据。

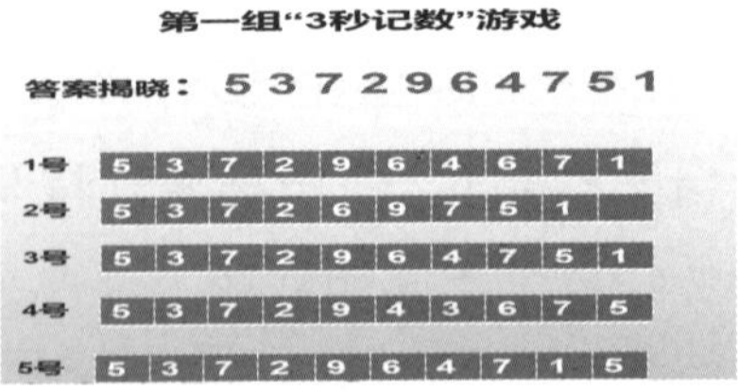

图1

第一组“3秒记数”成绩				
1号	2号	3号	4号	5号
8	4	10	5	8

图2

师:(出示图1)这是第一组同学“3秒记数”的答题卡,这样方便一眼看出他们各自的水平吗?

生：不方便。

师：有什么好方法？

生：像刚才一样，用打“√”的方式，数出每个同学对了几个。

设计意图：《课标》强调解决简单实际的问题。本环节通过创设“3秒记数”真实游戏情境，积累学习素材，激发学生了解他人成绩的兴趣。当呈现不便于观察的原始答题卡时，老师的提问“能一眼看出他们各自的水平吗？”将关注点聚焦到如何方便地了解各自的计数上，调动学生已有经验进行统计，体现数据收集的意义。

活动二：借助工具，整理表达数据

学生先将收集的数据填入统计表（如图2所示）。

师：为了观察更方便，我们还可以用统计图表示（如图3所示）。

不管是统计表还是统计图，旨在让学生感受初次收集的数据比较杂乱，通过整理，数据更清晰直观，更便于观察。条形统计图对数据的直观表达，更利于学生观察平均数的相关特征。

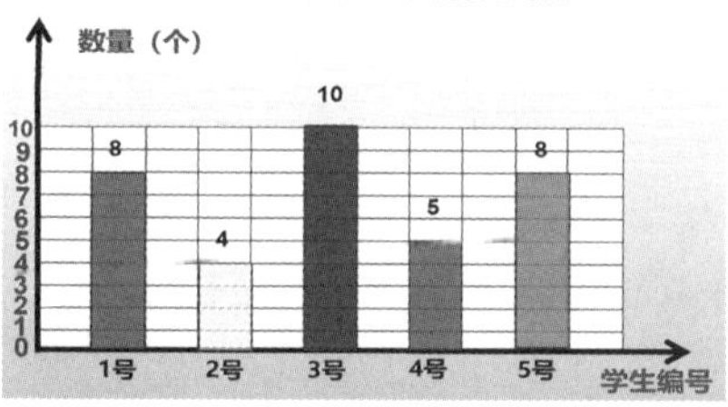

图3

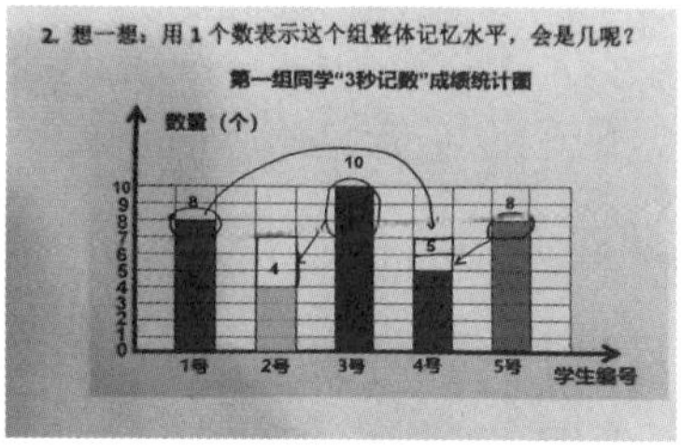

图4

设计意图：刚收集的数据是原始的，还比较散乱。只有清晰、有序的数据，才会对后期数据的分析和解释以及判断和决策带来足够的支撑。借助数据整理工具统计表或统计图，一目了然，数据整理的意义得以体现。

活动三：分析数据，加强统计理解

（一）平均数代表一组数据的整体水平

师：如果用一个数代表这个组整体的记数水平，会是几？

讨论发现:最小的4和最大的10都不能代表这个组的整体水平。

师:这个数的范围在哪里?

生:在最大数和最小数之间。

师:会是几呢?

生1:8。

生2:8只代表了两个同学的水平,不能代表一个组的整体水平,应该是7。

师:(指统计图)这里没有7呀,7是怎么来的呢?

方法一:移多补少

师(展示图4):能看懂他的想法吗?

生:10分3个给4,两个8分别分1个给5,它们就都变成了7。

抽生上台用磁扣摆出移的过程。

师:不管画还是移,都是小组内匀一匀,多的拿给少的,少的变多,多的变少,大家变得同样多。这样的方法叫移多补少。

师:为什么要变得同样多?

生:因为小组内匀一匀,大家同样多,才能代表一个组的整体水平。

方法二:求和均分

师:还有其他方法找到7吗?

生:(8+4+10+5+8)÷5=7(个)

师:(课件动态演示)这种方法,先求和再平均分,就叫求和均分。

设计意图:在统计背景中,因为数据的随机性给刻画一组数据的整体水平带来困境。在尝试用某个数代表整个组的水平的过程中,学生感受引入平均数的必要性。怎样科学合理地找到这个数?教师引导学生发现它介于“最大数”与“最小数”之间,认识平均数的区间性。“到底是几?”倒逼学生去寻找一个不大不小的数代表小组整体水平,探究出求平均数的两种方法:“移多补少”和“求和均分”。在这个过程中,学生体会到平均数就是将组内的数据相互“匀一匀”,大家变得同样多,这样代表一个组的整体水平才更有说服力,初步感受平均数的代表性,为进一步理解平均数的统计意义打下基础。

(二)平均数便于两组数据进行比较

哪个组的记数水平更高?

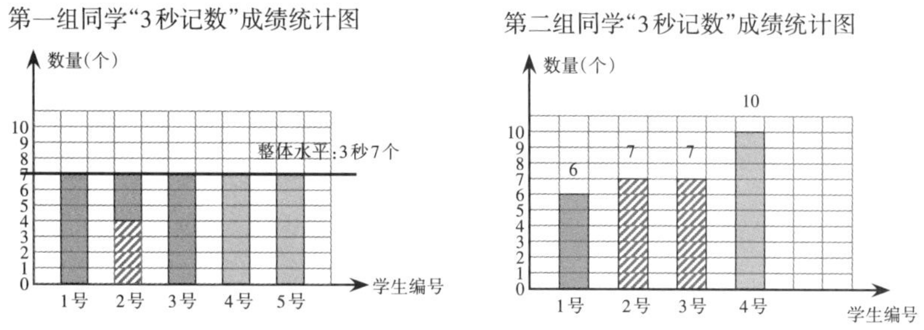

图5

师:哪个组整体记数水平更高?

生1:第1个小组,因为加起来的成绩高一些。

生2:两个小组人数不同,比总数不公平,应该比较两个组的平均数。

计算器计算第四组的平均成绩——3秒7.5个。

师(疑惑):奇怪了!游戏规则明明是记一个算一个,为什么会是7.5个呢?

生:一个同学不可能记7.5个,这个7.5是算出来的,表示这个组整体的水平是7.5个。

师:现在能比较哪个组水平更高了吗?说说你的想法。

生:第2小组,因为平均数代表小组的整体水平,第2组的平均数高一些。

设计意图:人数不同的两个组,判断哪个组的记数水平更高,比较总数不公平。因为平均数具有代表性,学生提出比较平均数的方案,平均数代表小组整体水平的特性再次被挖掘。平均数7.5的出现,造成认知冲突:游戏规则记一个算一个,为什么会出现7.5个呢?由此探讨平均数的虚拟性和便于比较的特点,进一步理解平均数的代表性。

(三)平均数的敏感性

师:5号同学的成绩加进来,这个组的平均数会变化吗?

小组围绕三个问题展开激烈讨论。

1.什么情况下平均数会变大?
2.什么情况下平均数会变小?
3.一定会发生变化吗?

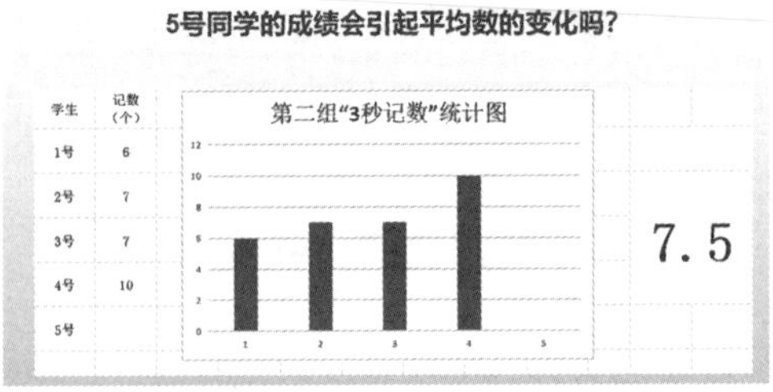

图6

师:什么情况下平均数会变大?

生:得分比7.5大,平均数会变大。(数据输入电子表格验证)

师:什么情况下平均数会变小?

生:得分比7.5小,平均数会变小。

师:最少可能得多少分?

生:0分。

生(反驳):得0分平均数不会变!

验证(图5):输入"0"分,学生纷纷发出"哇"的声音,思考后慢慢有同学举手。

生1:总成绩虽然没变,但参与统计的人数增加了,所以平均数降低了。

生2:0和平均数7.5相差得太远了,让平均数降了好多!

师:平均数7.5一定会变吗?

生1:不一定,5号得分和平均数相等就不会变。

生2:但是根据游戏规则,5号的得分只能是整数,不可能是7.5,所以一定会发生变化。

师:真好,能根据实际情况进行分析和解释。

师:了解全班整体水平,怎么办?

生:算出全班同学的平均成绩。

全班依次输入数据,参与统计的数据增多。

师:如果再出现一个"0"分的同学,还会让平均分降这么多吗?(手势)

生(异口同声):不会!

生:现在是全班同学平均,分给他的人多了,分出去的就少了。(验证推测)

设计意图：通过"增加一个得分，这个组平均数会发生变化吗？"引发讨论，体会每个数据的变化都会引起平均数的变化，认识平均数的敏感性和极端数据对平均数的影响。同时将"0分"对一个组和一个班的影响进行对比，感受大数据背景下，统计对象增加，极端数据的影响会变小，辩证看待极端数据对平均数的影响。学生在思考、猜测、验证、分析中全面、丰富地体验平均数的敏感性，充分理解平均数的统计意义。

活动四：判断决策，感悟统计全过程

教学片段一：

师：选一个组参加比赛，选哪个组？

生：选第2组，因为第2组平均成绩更高。

教学片段二：

师：我们全班的整体水平在3秒8.1个。"三秒记数游戏"的设计者也发现了这个现象。通过分析一部分游戏者的情况，发现人们的平均记数水平在7~10之间。结合游戏的挑战性和操作性，设计游戏时可将数字的个数设置为10个。

设计意图：利用数据进行决策的能力是数据意识的表现之一，也是完整统计链条的最后一个环节。基于对数据的充分分析，就可以利用数据做出推断和决策。学生经历完整的统计过程，初步体会平均数可以帮助人们做出预测和决策，感受平均数的应用价值，对完整的统计链条感知更清晰。

【课后总评】

纵观多年来，教材对"平均数"的认识、编排，经历了"算术理解""概念理解"和"统计理解"三个阶段。回顾平均数不同阶段的理解进程，也是知识从零散走向结构化、整体性的过程。在以核心素养为导向的新课标引领下，教师要找准平均数在统计链条中的位置，从统计视角整体构思平均数的教学活动。

1.任务驱动。

平均数因统计的需要产生，培养学生用数据说话的意识。统计的根本是数据，要代表一个组的整体水平、要对几个组进行比较、要进行决策等，不是凭直观判断，而是要用数据进行说明、分析、判断，当学生有这种意识时，数学学习才显得更有力量。

2.重视数据的表达与分析，让数据说话。

学生有了用数据说话的意识，怎样才能让数据更好地说话呢？零散、原始的数据不会“开口说话”，只有用统计表、统计图将这些数据结构化、直观化，让数据呈现更清晰更有序，数据才会“开口”。数据分析的过程就是培养学生数据意识的过程，学生在分析中认识平均数对整体水平的刻画、比较作用，认识它的特性，体会它的应用价值，真正理解平均数的统计意义，帮助数据分析观念的形成和发展。

3.体验完整统计过程，把孤立的知识纳入结构框架。

平均数不是孤立的知识点，将之置于完整的统计框架中，依据统计的完整逻辑设计本课，让学生经历数据收集、整理、分析、决策全过程，建构完整的认知结构，彰显平均数的统计意义，发展学生的数据意识，让学习更有效，更长效。

数据的变化与表达
——“折线统计图”实录与评析

设计与执教：熊夕源　设计与评析：蹇泽华　包小莉

【课标要求】

《课标》在“统计与概率”的“教学提示”中提出，数据的收集、整理与表达的教学，从实际情境和真实问题入手，引导学生在条形统计图的基础上，进一步学习统计图；折线统计图教学要引导学生理解折线统计图的主要功能是表达数据的变化趋势。因此，对于折线统计图的教学，需要让学生在真实情景中体会数据的变化与表达。

【学习目标】

1. 在具体情境中，掌握折线统计图的特征，能在网格图中绘制单式折线统计图；能从统计图中看出数量多少、变化幅度和变化趋势；了解折线统计图与条形统计图的区别与联系，能根据需要选择恰当的统计图。

2. 通过观察分析、归纳小结等数学活动，经历分析折线统计图的过程，体会数据的变化与信息的表达，培养数据意识和应用意识。

3. 亲历统计的过程，体会统计在现实生活中的作用和意义，会用数学的语言表达现实世界。

【学习活动】

活动一：聚焦社会热点，形成统计问题

师：为了防控各种传染病，有效控制疾病，我国自主研发出了各种疫苗。要想了解疫苗的接种情况，一定离不开数据，从哪里可以收集数据？

生：可以上网，也可以找相关机构了解。

师：我们收集到了一些数据，并将它们整理成了统计表（表1）。

表1　某地1—5月疫苗接种剂次统计表

时间	1月	2月	3月	4月	5月
接种剂次（万）	0.1	0.3	0.4	1.4	4

师：还可以将这些数据用条形统计图来描述（图1），可以用直条的高低来

表示数量的多少。(动画,见图2)这是用什么来表示数量的多少?

生:用点的高低来表示数量的多少,点高表示数量多,点低表示数量少。

师:这些点除了可以看出数量的多少,你还能看出什么?

生:从1月到5月,接种剂次在增加。

师:为了更好地研究数量的增减变化情况,我们用线段把这些点从左到右顺次连接起来(图3)。这就是这节课要研究的折线统计图。

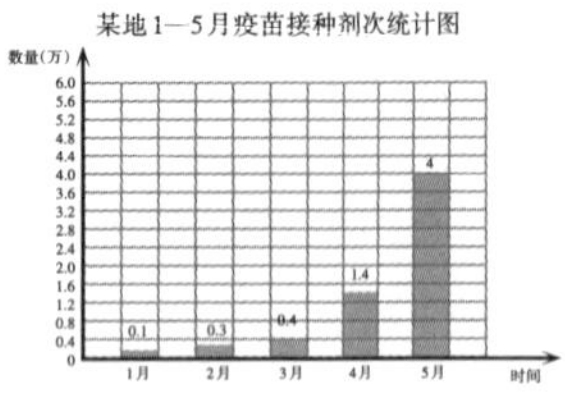

图1

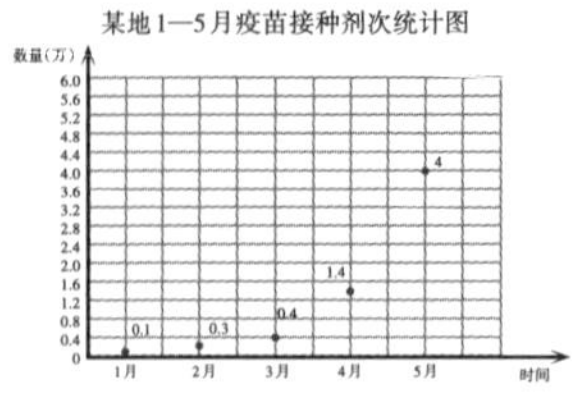

图2

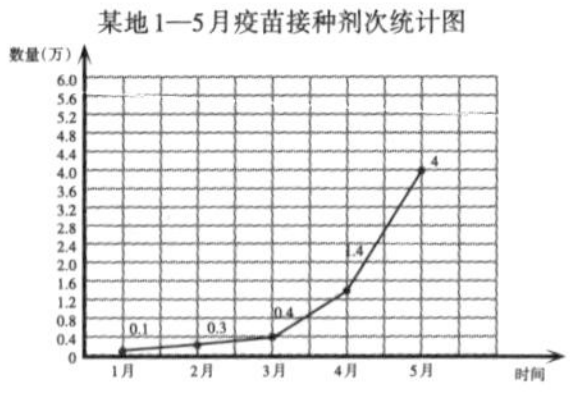

图3

> **设计意图:**统计源于生活,以"疫苗接种"作为学习素材,将统计知识与生活联系起来,富有现实意义。让学生经历收集、整理、描述数据的过程,复习统计表和条形统计图的特点,让学生充分体验"折线统计图"的形成过程,体现了知识间的关联性。

活动二:立足数据分析,培养关键能力

(一)点

师:先来看点,你有什么发现?

生:我发现点的高低表示数量的多少。

师:我们来看看这个点(3月份那个点),你是怎么观察的?

生:我先竖着看,发现月份是3月份;再横着看,发现这个月的接种剂次是0.4万,所以3月份的接种剂次是0.4万。

(二)线——幅度

师:接着来研究线。图3中一共有4条线段,这4条线段一样吗?哪里不一样?

生:一些线段陡,一些线段平。

师:"陡"和"平"这两个词用得特别好。接下来,我们重点来研究这两条线(2-3月和3-4月),哪条线比较陡?哪条比较平?为什么?

生1:3-4月比较陡,因为数量增加得多,一共增加了1万次。

生2:2-3月比较平,因为数量增加得少,增加了0.1万次。

师:线的陡和平反映了数量变化的大和小。在数学中,数量变化的多少叫数量变化的幅度。

(三)线——趋势

师:整体看,线呈现什么样的变化?说明了什么?

生:线在上升,说明数量在增加。

师:数量如果在减少呢?线会怎么变化?

生:数量减少,线会下降。

师:在数学上,我们把这样的上升、下降的变化情况叫作数量的变化趋势。

(四)对比建构

师:我们学习了条形统计图和折线统计图(图4),你能从哪幅统计图看出4月份的接种剂次?怎么看出来的?

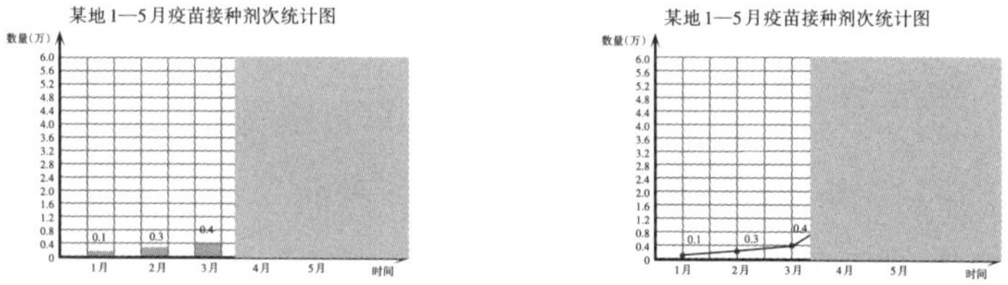

图4

生:从折线统计图的线可以看出来,因为呈现的是上升趋势,所以4月份的接种剂次一定会比3月份多。

师:两种统计图,各有什么特点?

生:条形统计图更关注数量的多少,折线统计图更关注数量的变化情况。

设计意图:数据分析是本课的重点。通过对点的分析,能看出数量的多少;对线的分析,能看出数量的变化幅度和趋势,培养了学生的读图能力和数据分析意识。将折线统计图与条形统计图对比分析,凸显出折线统计图能表示出数据的变化情况这一优势,便于学生针对不同的情况选择合适的统计图。

活动三:关注价值导向,提升爱国情怀

(一)预测

师:你能根据这样的变化趋势,预测一下6月份的接种剂次吗?

生1:因为1-5月份一直呈现上升的趋势,所以我认为6月份的接种剂次可能会比4万高。

生2:接种剂次可能在5月份就已经达到了顶峰,之后可能会呈现下降趋势,所以我预测6月份的接种剂次可能会比4万低。

师:我们来看看实际数据(课件出现6月份数据为5.8万剂次)。根据已有数据进行预测,这是折线统计图的重要作用。

师:想一想,为什么疫苗的接种剂次会持续上升?背后的原因是什么?

生1:因为我国科技比较发达,科研工作者们不断研发,中国拥有了自己的好疫苗。

生2:因为一线工作者的辛勤工作,让疫苗生产线不断生产,保证了疫苗的数量。

生3:因为公民本着对自己、对他人负责的态度,自觉主动地接种疫苗。

师:孩子们回答得真好,不仅看到了数据表面呈现出来的信息,更深入思考,分析了这些数据背后隐藏的重要内容。

(二)绘图

师:请你根据表中的数据(表2),将图4中的折线统计图补充完整。

表2　某地1—9月疫苗接种剂次统计表

时间	1月	2月	3月	4月	5月	6月	7月	8月	9月
接种剂次(万)	0.1	0.3	0.4	1.4	4	5.8	4.1	4.3	1.6

展示学习单,师小结:画图时,先根据横轴和纵轴确定点的位置,标上数据,然后将这些点用线段从左到右顺次连接起来。

设计意图:预测是折线统计图非常重要的一个作用。分析数据,还需要分析数据背后蕴藏的信息,疫苗的接种剂次之所以会持续上升,是因为我国有着强大的综合国力,激发学生的爱国情怀。通过绘图,学生

进一步认识点和线，从折线统计图的外在结构中体会折线统计图的内在特点。

活动四：注重知识应用，落实核心素养

（一）练习一

师：（图5）这是某商场根据毛衣和衬衫销售量制成的两张折线统计图。哪一幅是毛衣？哪一幅是衬衣？为什么？

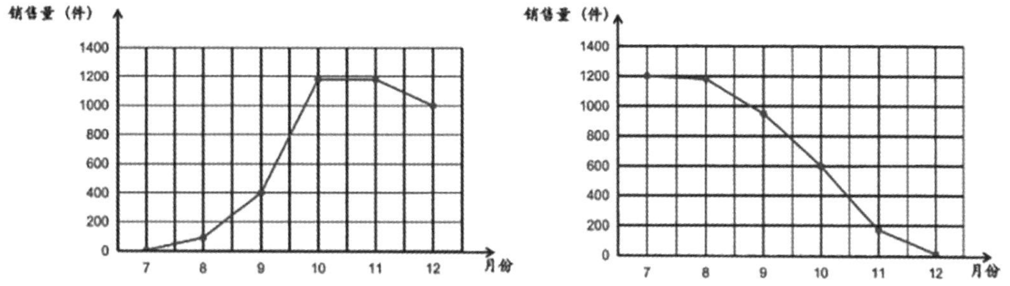

a　　　　b

图5

生：第一幅图是毛衣，第二幅图是衬衫。因为毛衣是冬天穿的，所以从7月开始销量呈现上升趋势；衬衫是夏天和秋天穿的，所以从7月开始销量呈下降趋势。

（二）练习二

师：（图6）要在两个地区中选一个种植柑橘，你会选哪一个？

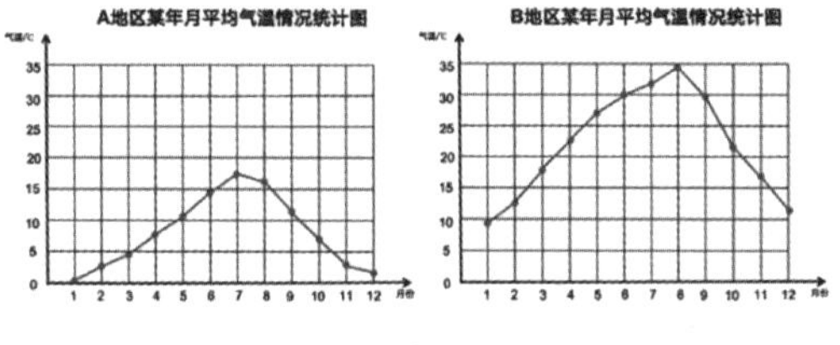

图6

生1：我觉得应该选A地区，感觉全年气候都比较低。

生2：我觉得应该选择B地区，气温要高一些。

师：要想做出科学合理的选择，还需要更多的数据作支撑（图7）。现在能做出选择了吗？

1. 温度是柑橘生长环境条件中影响最大的因素。
2. 适宜柑橘栽培的年平均温度为16~22 ℃。
3. 气温12.8 ℃以上柑橘开始生长，23~29 ℃最适合生长。

图7

生1：我选B地区。适宜柑橘栽培的年平均温度为16~22℃，A地区的最高温度都没有达到20℃，不适合柑橘生长；B地区年平均温度可以达到16~22℃的，适宜柑橘生长。

生2：我同意她的想法，但我是从第3个条件分析的。A地区达到12.8℃的只有三个月，不利于柑橘生长。B地区有9个月气温达到了12.8℃，适合柑橘生长。

师：正如同学们所说，B地区更适合种植柑橘。B地区就是老师所在地——江津，江津被誉为“柑橘之乡”；A地区是我国著名的旅游景区——九寨沟，它夏季很凉快，适合旅游。看来，折线统计图还可以帮助我们做出科学的决策。

（三）练习三

师：（图8）哪种情况可能会出现这样的折线统计图？

生：选B。现在聊天都不会用寄信的方式，所以A选项应该呈现下降的趋势；重庆5-11月是由春天到冬天，气温是呈现先上升再下降的趋势。现在网络购物很方便，快递运输量应该是呈上升趋势，所以应该选B。

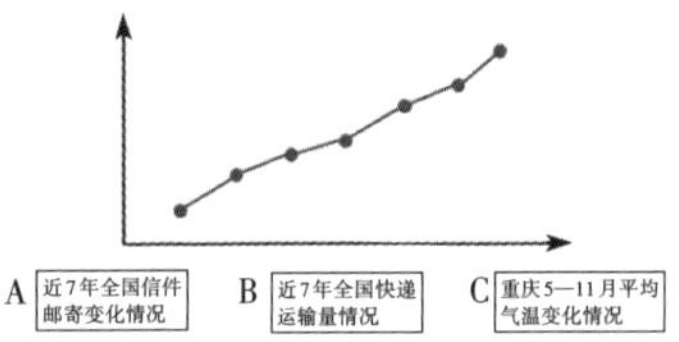

图8

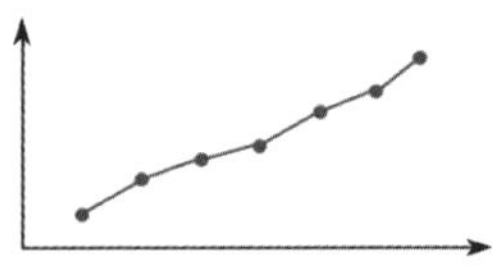

图9

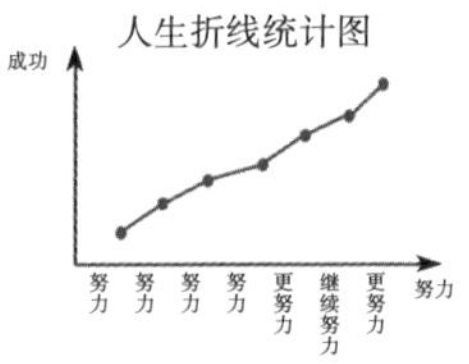

图10

师：（图9）从这条上升的折线，你还能想到什么？

生1：我想到了现在近视的小学生越来越多，是呈上升趋势。

生2：我想到了近几年我国对乡村地区的扶持资金，也是在逐渐上升。

师：老师也给大家带来了一幅折线统计图（图10）。有一句话叫作“越努力越幸运”，希望大家通过自己的努力，绘制出一张让自己满意的人生折线统计图。

设计意图：本环节设置了三个练习，从有数据到没有数据、从分析到创造，层层深入，学生联系生活经验，对统计图中的数据进行分析、比较、判断、预测和决策，培养了学生的应用意识。“人生折线统计图”，既是对折线统计图的理解，也是对学生人生观和价值观的引领。

【课后总评】

本课具有时效性，贴近学生生活，围绕着“数据意识”这一核心概念展开，有如下特点：

1. 注重关联，指向结构。

开课时，将数据整理成统计表、绘制成条形统计图、形成折线统计图，体现了数据的多种表达方式，也让学生感受到两种统计图的共同特点——都能看出数量的多少。在分析了折线统计图的点和线之后，遮住统计图中的一部分，让学生发现折线统计图更能看出数量的变化情况，体会到学习折线统计图的必要性。将折线统计图和条形统计图相关联，体现了知识的结构性。

2. 注重本质，指向素养。

本课以“疫苗接种”为教学素材，让学生经历收集、整理和分析数据的过程，形成统计意识。通过观察点，知道数量的多少；通过观察线，知道数量的变化幅度和趋势，数形结合，培养学生读图能力。在此基础之上，培养学生的数据分析意识，理解数据背后隐藏的信息。在这个过程中，环环相扣，层层深入，让学生在其中感受、体验、思考、获取新知，培养数据意识。

3. 注重迁移，指向价值。

练习设计是帮助理解统计保留现实意义，是促进统计知识应用和深化的重要途径。判断毛衣和衬衣的销量图、选择适宜种植柑橘的地区、分析没有数据的折线，这些练习都让学生体会到统计的现实意义，生活中许多问题都需要借助数据进行分析推断，体现了数据的重要性，提高了学生解决问题的能力，增强了数据意识和应用意识。

4.落实了立德树人的育人目标。

学生利用自身的生活经验对数据背后的信息进行了挖掘。人生折线统计图,引导学生通过自身的努力实现人生目标,为学生树立了正确的人生观和价值观,充分体现了数学知识教学“源于教材,高于教材”的理念。

感悟统计的意义

——“百分数的意义”实录与评析

设计与执教:谭明明　设计与评析:廖流鸿　徐　庆

【课标要求】

《课标》在“统计与概率”第三学段“学业要求”中指出,结合具体情境,探索百分数的意义,能解决与百分数有关的简单实际问题,感受百分数的统计意义。在简单的实际情境中,应用百分数,形成数据意识和初步的应用意识。因此,本课例在认识与应用百分数的过程中,让学生感受百分数的应用价值,积累解决问题的经验,帮助学生形成数据意识、应用意识。

【学习目标】

1.结合生活素材理解百分数的意义,会正确读写百分数,理解百分数和分数的联系与区别。

2.经历百分数意义的探索过程,培养学生比较、分析、归纳、抽象、应用的能力,形成数据意识,落实核心素养。

3.感受百分数的应用价值,体会百分数的统计意义,激发学生学习数学的兴趣和热情。

【学习活动】

活动一:借助生活中的百分数,掌握百分数的读写

1.生活中的百分数。

师:课前老师让大家收集了生活中的百分数,谁来分享一下?

生:牛奶的营养成分表中,钙占12%。

……

2.百分数的读写。

师:生活中这么多的百分数,看到这些百分数你想到以前学过的什么数?

生:分数。

师:我们是从哪些方面研究分数的?

生:是从分数的产生、读写、意义、应用来研究的。

师:接下来我们也试着从这几个方面研究百分数。这些百分数你会读吗?

指导学生读百分数。

师：会写百分数吗？谁来把“70%”写给大家看？

指导学生写百分数。

设计意图：本环节借助生活素材，让学生初步体验百分数的普遍存在，感受数学来自于生活，用之于生活；调动学生已有生活经验和认知水平，掌握百分数的读写方法。

活动二：借助分数的研究方法，探索百分数的意义

1.部分量与总量的关系。

师：回忆一下，我们是怎样研究分数的意义的？

生：我们可以用图形、文字、算式等形式表示分数的意义。

（1）探索70%的意义。

师：接下来以手机电量70%为例，选择你喜欢的方法表示对它的理解。

学生独立完成，展示汇报：

①图形语言：（图1）

②文字语言：把手机电量平均分成100份，其中的70份就表示目前电量。

③算式语言：70÷100×100%=70%。

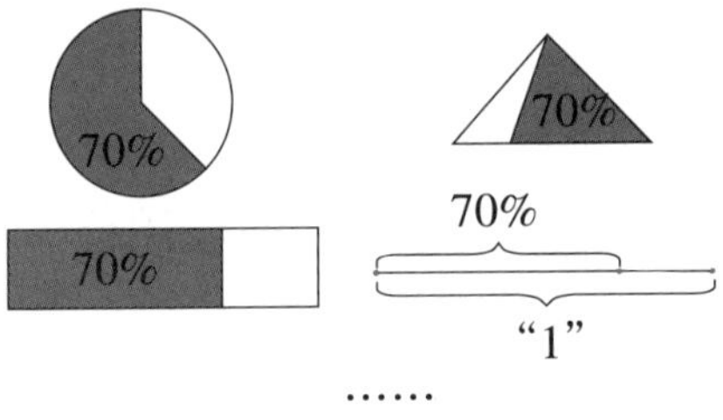

图1

师（追问）：为什么用除法表示？

小结：可利用“求一个数是另一个数的几分之几”来类比百分数的含义。

师：仔细观察，这些方法虽然不同，却有相同的地方，你发现了吗？

生：它们都表示目前电量是总电量的70%。

师：仔细观察这些图形，你还有什么发现？

生：目前电量是总电量的一部分，70%表示的是部分量与总量之间的关系。

（2）探索12.5%的意义。

师：12.5%在这里表示什么？看到它你有什么感受？

生：表示目前电量是总电量的12.5%，感觉12.5%时电量很低。

(3)探索100%的意义。

师:那100%呢?

生:表示目前电量是总电量的100%,说明电充满了。

师:看来百分数作为统计量可以刻画出电量的不同程度。观察这3个百分数的意义,你还有发现吗?

生:它们都表示目前电量与总电量的关系,都是部分量与总量的关系。

2.一个量与另一个量的关系。

出示:某商场国庆大促销活动。数据显示,同周期同口径下,今年销量是去年销量的126%。

师:这里的126%表示的还是部分量与总量的关系吗?为什么?

生:不是。因为今年销量与去年销量是两个独立的量,不存在包含关系。

师:那这个百分数又表示什么意思呢?

生:126%表示今年销量是去年销量的126%,是一个量与另一个量的关系。

3.抽象概括百分数的意义。

师:对比这些百分数(图2),它们都表示什么?

70%:目前电量是总电量的70%。
12.5%:目前电量是总电量的12.5%。
100%:目前电量是总电量的100%。
126%:今年销量是去年销量的126%。

图2

生:它们都表示一个数是另一个数的百分之几。

师:那你认为什么是百分数?

小结:表示一个数是另一个数的百分之几的数就叫百分数,又叫百分率或百分比。

4.进一步理解百分数的意义。

师:这4个百分数是老师精心挑选的,你知道老师为什么要特意选这4个百分数吗?

生:百分数的分子有的小于100,有的等于100,有的大于100,还有的是小数。

师:想想看,什么情况下百分数的分子不能大于100?什么情况下百分数的分子可以大于100?

生：当百分数表示部分量与总量关系的时候，分子不能大于100；当百分数表示一个量与另一个量的关系时，分子可以大于100。

师：百分数的分子为什么会出现小数？

生：因为百分数的分母固定为100，所以分子可能出现小数。

5.沟通联系，深化理解概念。

师：百分数也叫百分率或百分比，你是怎么理解百分率和百分比的？

生1：百分数表示的是两个数之间的关系，这种关系可以表示分母是100的分率，所以百分数也叫百分率。

生2：百分数可以看作后项是100的比，所以百分数还叫百分比。

练习：一堆煤$\frac{1}{2}$吨，运走了它的$\frac{1}{2}$。

师：上面的分数，哪个可以用百分数表示？为什么？

生：第2个$\frac{1}{2}$可以，因为它表示运走部分和煤总量之间的关系；第1个不行，$\frac{1}{2}$吨表示具体量的多少。

师：你觉得百分数、分数、比之间有什么联系？

生：百分数、分数、比之间可以互化。

师：为什么百分数、分数、比之间可以互化呢？

生：它们都可以表示两个数的关系，所以可以互化。

师：那它们之间又有什么区别呢？

生：分数不仅可以表示两个数的关系，还可以表示具体的量。

设计意图：本环节将分数的研究方法迁移到百分数的研究，从聚焦一个百分数发散到不同百分数，沟通百分数与分数、除法之间的联系，类比理解百分数的意义，感悟百分数不仅可以表示部分量与总量的关系，还可以表示一个量与另一个量的关系。通过比较、分析、归纳，沟通百分数、分数、比的联系与区别，深化对百分数的认识，帮助学生形成完整的知识结构。

活动三：练习巩固，深化理解

1.生活中百分数的意义。

同桌互相说收集到的百分数的意义，巩固对百分数意义的理解。

2.看图说百分数。

出示图3，让学生先通过观察、比较、分析，估计图中所表示的百分数，然后教师通过均分验证学生找到的百分数。

图3

追问：你还能找到别的百分数吗？

引导学生从部分量与总量、一个量与另一个量两方面来思考。

3.百分数产生的必要性。

师：通过前面的学习不难发现，分数和百分数都能表示两个数的倍数关系，既然有了分数，为什么还要百分数呢？我们一起来看看吧！(图4)

学校	近视人数	总人数	近视人数占总人数的几分之几
向阳小学	114	300	$114\div300=\frac{114}{300}=\frac{19}{50}$
振华小学	91	294	$91\div294=\frac{91}{294}=\frac{13}{42}$
马店小学	64	176	$64\div176=\frac{64}{176}=\frac{4}{11}$
胶西小学	112	245	$112\div245=\frac{112}{245}=\frac{16}{35}$

图4

师：你能一眼看出哪所学校视力情况更好吗？那该怎么办？

生：可以先通分再比较。

让学生试着通分，感悟：分数更多、更复杂时，通分就更麻烦。

师：那有别的办法吗？

生：可以用百分数表示。

课件出示对应的百分数。

师：现在你能比较了吗？

师：百分数规定它的分母为100，便于我们比较，这便是百分数存在的重要意义。

设计意图：通过练习，深化学生对百分数意义的理解，体会百分数产生的必要性，发展学生的估计意识、数据意识、应用意识。

活动四：文化渗透，思政教育

师：孩子们，百分数在生活中运用十分广泛，我们来看视频介绍(播放微视频：介绍恩格尔系数)。

师：为什么恩格尔系数越小越富裕？

引导学生分析、感悟：恩格尔系数越大，说明食品支出占比就越大，用于娱乐、旅游等提高生活品质的其他支出占比就越小，人们大多数收入都用于满足基本生活，所以就贫穷。反之，恩格尔系数越小，则越富裕。

课件出示：城乡居民恩格尔系数情况统计图(图5)。

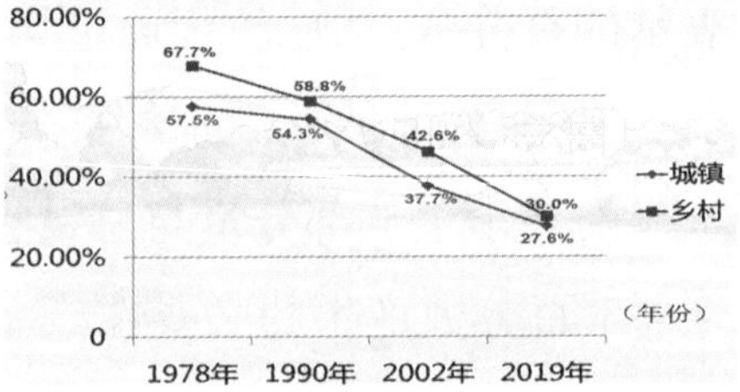

图5

师：这是近4年城乡居民恩格尔系数情况统计图，仔细观察，你有什么发现？

生1：城乡居民恩格尔系数呈下降趋势，说明人民越来越富裕。

生2：城乡居民恩格尔系数越来越接近，说明城乡差距越来越小。

师：为什么会出现这样的变化呢？

感悟：随着国家精准扶贫政策的落实，农民有了增收的渠道，城乡差距越来越小，全国人民逐步走向共同富裕的道路。

师：孩子们，从一个个百分数的比较中，我们读出了生活的幸福、社会的进步、国家的富强，这充分体现出了百分数的价值！

设计意图：本环节利用微视频向学生介绍恩格尔系数，使学生了解百分数在生活中的广泛应用，进一步理解百分数的实际意义，感悟百分数的统计意义。同时，通过对城乡居民恩格尔系数的分析，让学生感悟社会的进步、国家的富强，渗透爱国主义思政教育。

【课后总评】

“百分数的意义”是建立在分数意义的基础上来学习的。整节课关注对教学内容的整体思考，关注知识的系统性，关注学生学习方法的迁移，注重培养学生的数据意识和应用意识。

1.借助几何直观，建立数与形的联系。

通过建构百分数意义的直观模型，借助手机电量这一生活素材来理解百分数的意义，借助几何直观描述变量之间的关系，从而理解百分数的意义。本课的学习是在掌握了分数意义的基础上进行的，通过研究方法的迁移，借助几何直观图形来描述、分析数学问题，建立形和数的联系，沟通了分数与百分数的联系，凸显百分数的本质，帮助学生重建数学知识系统，渗透整体思想，达到融会贯通。

2.利用数形结合，凸显百分数的本质。

本节课利用不同的图形，直观形象地表示出百分数的意义。数形结合、以图析数、用数解图，把抽象的百分数变得直观、形象。由具体到抽象，很好地揭示了百分数的本质属性，打通了分数、百分数、比之间的联系，帮助学生形成完整的知识结构。

3.选择典型素材，丰富百分数的意义。

生活中用到百分数的素材很多，本节课选用手机电量、视力情况等生活素材，借助图形，帮助学生理解百分数的两种意义，即表示“部分与整体的关系”和表示“一个量与另一个量的关系”。通过设置问题引发学生认知冲突，很好地诠释了百分数产生的必要性。通过生活中恩格尔系数的运用，让学生体会百分数的统计意义。同时，通过对城乡居民恩格尔系数的分析，让学生感悟社会的进步、国家的富强，渗透爱国主义思政教育。

整节课，通过直观形象的图形帮助学生搭建知识的“脚手架”，寻根探源，经历丰富多彩的探究活动，体会百分数产生的必要性，帮助学生构建百分数的意义，形成数据意识、应用意识。

第五章　综合实践与数学文化

变迁中的数学文化

——“人民币的变迁”实录与评析

设计与执教:罗平平　设计与评析:蹇泽华

【课标要求】

《课标》明确提出,数学不仅是运算和推理的工具,还承载着思想和文化,是人类文明的主要组成部分。数学文化是数学知识、数学精神、数学思想、数学方法、数学思维、数学意识、数学事件等的总和。本课例引导学生用数学的眼光观察生活,发现生活中的人民币面额、图案、防伪的变迁过程和人民币面额的设置规则,经历自主尝试组合优化的数学活动,发展数学思维,感悟数学思想,形成应用意识。

【学习目标】

1.了解人民币的诞生及发展史,认识不同时期人民币的特点,体会人民币在社会生活中的功能和作用,知道人民币要适应经济社会发展。

2.结合使用人民币的生活经验,在自主探究、小组合作、交流汇报等数学活动中,认识人民币面额的“重要数”,经历用“重要数”组成其他面额的过程,感悟变中不变、优化组合的数学思想,培养观察、归纳、概括的能力,发展推理意识、模型意识、应用意识等核心素养。

3.感受数学文化的价值,进一步感受优化组合在生活中的广泛运用,提高实践能力,发展核心素养,培养爱国情操。

【学习活动】

表1　学习活动结构导图

学习环节	学习活动	学习材料
环节一	创设情境,引入课题	生活中的人民币,认识它的图案、面额、防伪
环节二	调查汇报,感受变化	从图案、面额、防伪方面调查已有五套人民币
环节三	互动探究,感受变中不变,体会优化组合	人民币学具和统计面额表格,找出重要数,正面例证,反面例证,微课介绍优化组合的应用
环节四	回顾梳理,渗透思想	结合以上学材梳理收获
环节五	拓展延伸,升华爱国情感	微课介绍人民币的变迁过程,反映中国站起来、富起来、强起来的过程

活动一:创设情境,引入课题

出示过年压岁钱的情境,引导学生认识使用的人民币。

师:人民币从最初发行到现在,经历了一个不断变化的过程,你想知道人民币是怎样变化的吗? 这节课我们就一起来探究人民币的变迁。

教师揭示课题,学生齐读。

出示100元真币,学生观察票面,认识人民币的图案、面额、防伪标记。

设计意图:教师结合学生生活实际,创设真实情境的学习材料,以过年压岁钱激发学生学习兴趣;从图案、面额、防伪三方面认识人民币,发现日常生活中的数学信息,形成学生研究人民币变迁的认知需求。

活动二:调查汇报,感受变化

小组合作,重点从图案、面额、防伪这三方面对人民币的变化进行研究。

1.小组汇报人民币图案的变化。

教师展示“图案的变化”,学生感受图案变化反映了社会变化。

2.小组汇报人民币防伪的变化。

教师展示“防伪技术的变化”,学生感受防伪技术随着科技进步而提升。

3.小组汇报人民币面额的变化。

师:第一套人民币为什么会出现有1000、5000、10000、50000这样的大面额?

生:由于新中国成立前社会动荡,物资缺乏,买很少的东西都需要很多钱,所以要发行大面额的人民币。

师:第二套人民币,增加了角币和分币,最大面额才10元,说明了什么呢?

生:中华人民共和国成立后,物价稳定,能够以较少的钱买到较多的东西,所以增加了角币和分币,不需要大面额的人民币。

师:第三套人民币,为什么减少了3元呢?

生:因为3元很容易组合,1+2=3,5-2也等于3,减少3元可以减少印刷成本,同时让人民币的面额结构更加合理。

生:第四套、第五套人民币面额变化。

小结:面额的变化是为了适应市场流通和经济发展需求,面额的变化也就反映了经济的变化。

设计意图:学生重点从图案、防伪、面额方面研究人民币的变化,通过小组合作调查汇报,再以微课视频引导学生深入了解人民币的变化,让学生充分感受人民币的图案随着社会变化,防伪随着科技变化,面额随着经济变化。人民币的发展和变迁,体现了浓浓的数学文化味。同时,教师引导学生重点关注数——面额的变化,更体现出数学文化课的数学味,也就是说,数学文化课在本质上依然是一节数学课,重点关注的还是数,仍然是数学学科本质。

活动三:互动探究,感悟数学思想

1.认识重要数。

学生小组合作,比较研究面额的人民币学具和表格,找一找五套人民币面额的哪些数一直没变。

表2　人民币的面额统计表

人民币	元	角	分
第一套	1,5,10,20,50,100,200,500,1000,5000,10000,50000	无	无
第二套	1,2,3,5,10	1,2,5	1,2,5
第三套	1,2,5,10	1,2,5	
第四套	1,2,5,10,50,100	1,2,5	
第五套	1,5,10,20,50,100		

生:1,2,5,10没有变。

师:各套人民币都有1,2,5,10这些面额,看来这几个数特别重要。(微课介绍“重要数”)

生:用1,2,5,10这几个数就能以最少的加减次数组成另一些数。

设计意图:本环节让学生借助人民币学具和表格,把相对独立的数据,加以整理和比较,经历简单的数据收集过程,学习数据收集、整理和呈现的简单方法。通过观察、比较,发现1,2,5,10没变,从而了解数学可以描述生活中的一些现象,感受数学与生活有密切联系,感受数学学科本质。

2.正面感受1,2,5,10优化组合。

教师出示“学习任务单一”,学生列举尝试。

学生发现1,2,5,10可以直接选取。

师:其余不能直接选取的数,如3怎样组合?4呢?

学生说一说。

师:用1,2,5,10组合成这些数最多进行了几次运算?

生:一次运算。

师:用这些重要数最多进行一次运算就可以组合成另一些数。

师:看来用这1,2,5,10能够实现优化组合。

表3 学习任务单一

组合数	选用数(1,2,5,10)
1	1
2	2
3	
4	
5	5
6	
7	
8	
9	
10	10

设计意图:利用1,2,5,10真的能以最少的加减次数组合成另一些数吗?教师出示表格,让学生列举尝试。学生通过试一试,可以真切体会到用1,2,5,10这几个“重要数”最多进行一次运算就能组合成另一些数,也就是用1,2,5,10能够实现优化组合,从而正面感受优化组合的数学思想。

3.反面例证,感受使用不便。

出示“学习任务单二”,学生小组合作,在规定时间内尝试选数组合。

小组展示选数组合。

生:第一组选用数是2,3,5,7,组合6时进行了2次运算。第二组……任选4个数,可能会出现两次及其以上的运算次数,不方便。

出示微课:人民币的面额设置。

生:一个国家在确定钱币面额等次时,最高面额与其他各种面额之间是整倍数关系,用1,2,5,10重要数组合便于计算,从而达到优化组合的目的。

设计意图:举例验证猜想,让学生任意选择4个数自主尝试,积极参与数学学习活动,积累数学活动经验,感受选用其他数可能会出现2次及其以上的运算次数,充分体会到改变后的烦琐、不便。微课认知“最高面额与其他各种面额之间是整倍数关系”,从而回应之前研究人民币的面额变化时第三套人民币减少3元的问题。

4.应用优化组合

师:优化组合是一种十分重要的数学思想方法,不仅体现在人民币的面额设置中,而且在生产和生活中都有着广泛的应用。

出示微课。学生观看学习,感受优化组合。

设计意图:本环节播放视频,让学生多元化了解优化组合在生活中的广泛应用,感受优化组合早已渗透到生活的方方面面,为我们的生活带来更多便捷,启迪学生思考,发展学生应用意识。

活动四:总结收获,落实核心素养

师:这节课,我们一起探究了人民币的变迁,你有什么收获?

生1:人民币的图案、面额、防伪发生了变化。

生2:面额中有不变的数。

生3:重要数1,2,5,10能实现优化组合。

师:发现了变化的,也发现了不变的。(出示)著名数学家开普勒曾说,数学就是研究千变万化中不变的关系。这节课我们经历了人民币变迁的过程,发现了人民币面额设置时变中不变的规律。

设计意图：教师结合板书，引导学生回顾梳理，以“数学就是研究千变万化中不变的关系”，向学生渗透“变中不变”的数学思想，即变的是外在，不变的是本质。这既是体会知识生长的过程，又是对本课数学思想的总结和升华，落实学科核心素养。

活动五：拓展延伸，升华爱国情感

师：还有什么在变？

生：支付方式在变。

师：现在买东西可以怎样支付？

生：微信支付、支付宝支付等。

师：还有什么在变？

出示微视频，学生观察。

师：说一说自己的感受。

小结：人民币的变迁过程，实际上反映了我们国家由站起来、富起来到强起来的过程。作为一个中国人，让我们一起骄傲地说：我是中国人，我骄傲！

设计意图：引导学生发现人民币还有许多知识值得研究，结合生活实际举例支付方式的变化，如微信支付，激发学生的探究欲望。教师以微课视频，结合当前形势，从亚投行、原油期货、“一带一路”等视角，拓展延伸，让学生感受到人民币的变迁过程充分反映了中华民族由站起来、富起来到强起来的过程，从而丰富了人民币的变迁内涵，更加激发了学生的爱国热情。

【课后总评】

“人民币的变迁”是西南大学版《数学文化　三年级下册》的内容。人民币变迁的过程，体现了浓浓的数学文化味。整节课以“什么变？什么不变？”问题为任务驱动，引导学生探究，积累活动经验，感悟数学思想。从整体看，有如下特点：

1.注重内容结构化。

整体解读学习目标，用5个学习活动，引导学生从图案、面额、防伪三方面了解人民币的变迁过程，关注人民币的面额设置规则，认识人民币面额变化中不变的“重要数”，实现优化组合，连成线、结成网，形成完整认知结构。

2.注重情境生活化。

借助人民币的实际生活情景，认识人民币的图案、面额、防伪标记，体会人民币在社会生活中的功能和作用，知道人民币要适应经济社会发展。

3.注重学习主体化。

学生经历汇报、展示、交流、补充、质疑、总结等活动，在主动探究中走向深度学习，理解数学知识，积累数学经验，感悟数学本质，体验学习的快乐，从而实现认知结构重建、学习策略能力提升。

4.注重学科本质化。

本课关联数学文化与学科本质，体现了数学知识对数学文化课的支撑作用，还是回到了那句话——数学文化课在本质上依然是一节数学课，数学课就要体现“数学味”。

5.注重核心素养发展。

学生从人民币的认识到应用，用数学眼光观察人民币的变迁，用数学思维思考变迁中的数学问题，用数学语言表达变迁中的数学文化，体验和感受优化组合、变中不变等数学思想，发展数感、符号意识、应用意识。本课还将数学课堂延伸到国家层面，激发学生的爱国热情，充分展现出对学生人生观和价值观的引领，落实了学科育人目标，发展了学生核心素养。

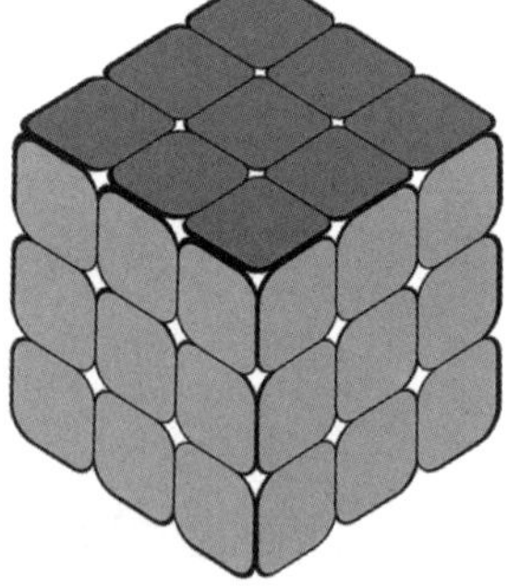

感悟数学的美

——“破译美的密码”实录与评析

设计与执教：张　川　设计与评析：黄贵阳

【课标要求】

《课标》把核心素养表述为“三会”，其中会用数学的眼光观察现实世界中提到：通过数学的眼光……能够理解自然现象背后的数学原理，感悟数学的审美价值……并引导学生在跨学科背景下用数学的眼光观察现实世界，体会数学价值。

【学习目标】

1. 经历感受美、发现美、探究美、揭秘美、欣赏美、拓展美的学习过程，认识黄金分割比、黄金分割数、黄金分割点、黄金长方形、黄金螺线等相关知识，培养数感、量感和应用意识。

2. 寻找黄金比在生活中的运用，初步感受用尺规作图寻找黄金分割点，在活动中培养用数学眼光观察世界，发现美、创造美的能力。

3. 在探索交流的过程中获得成功的体验，增强自信心，同时感受数学美，体会数学的应用价值。

【学习活动】

播放视频《大美中国》。

师：孩子们，你们从视频中看到了什么？

（视频最后定格在上海的东方明珠塔）

> **设计意图**：以“美”为切入点，让学生从美的自然景观出发，领略祖国的大美，感受祖国的文化，思政为首，德育为先。最后抛给学生“先行组织者”——上海东方明珠塔，发现与探索就由此开始。

活动一：任务驱动，探索密码

1. 观察对比。

材料：课件呈现四张图片（图1），先呈现1~3号照片，再依次呈现塔身图。

师：1~3号照片，你更喜欢哪一张呢？

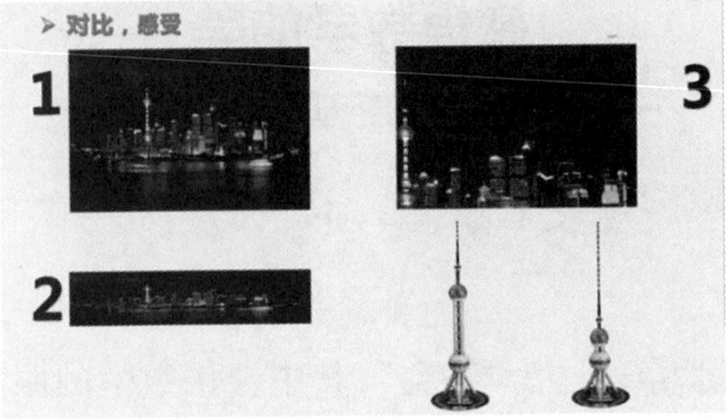

塔身①　塔身②

图1

生：我更喜欢1号，因为1号里面的风景更加全面。2号让人觉得有一点儿看不清的感觉，有点儿压抑的感觉。

生：这与它们的高度不同有关系。

师：或者说这个感受与长方形照片的宽与长之间有关系？

师：3号照片呢？

生：我觉得还是1号好，因为3号的景象只有一角，虽然大小相同，可是景色不同了。

师：我们的主体是谁(塔身①)？

生：东方明珠塔。

师：它的位置在哪里？也就是说，与东方明珠塔在照片中的什么有关？

生：位置有关。

师：如果东方明珠塔修建成这样呢(塔身②)？从塔的本身来看，美吗？

生：我觉得这样很难看，因为它中间的间隔太小，上面部分太长。

师：对了，这也与三个球在塔身中的什么有关？

生：位置有关。

设计意图：本环节从感受“美”开始，通过对比去发现“美”，让学生通过观察对比，从照片走向数学的“关系”和“位置”。引导学生由外向内、由浅入深、由整体到局部地推进观察思考，走进照片深处，走进照片背后，去寻找数学的东西。

2.合作研究。

任务一:从不同尺寸的照片中宽与长的关系来研究。

问题:量出照片的长是(　　),宽是(　　);算出宽与长的比值是(　　)。

生:它的宽是6.3 cm,长是10.2 cm,比值保留三位小数为0.618。

师:约等于0.618。其他同学同意他的意见吗?

生:同意……

生:我这张图的宽与长的比值也大约是0.618。

任务二:从照片中主题所在的位置来研究。

问题:目测一下塔大约在距左边(右边)几分之几处,然后根据数据计算出相应的比值。

生:距左边三分之一。

师:距右边几分之几?

生:三分之二。

师:老师把它记下来。明珠塔的高度与照片相比,占照片高度的几分之几?

生:三分之二。

师:三分之二化成小数,保留三位小数应该是多少?

生:约等于0.667。

师:那么通过数据计算,谁愿意来分享?

生:计算明珠塔距左边的距离与距右边的距离比值是0.618。3.4:5.5约等于0.618。

生:塔高3.5 cm与照片5.5 cm的高度的比值大约是0.636。

……

任务三:从照片中主体景物本身的部分与部分的关系。

问题:明珠塔上半部分与下半部分的比值是(　　),下半部分与全长的比值是(　　)。

小结:从刚才的探秘过程中我们都找到了一些密码,里头都藏着一个神奇的数值,这个数值是多少?

生:我猜想可能是0.618。

师:为什么呢?

生:因为它出现的次数最多。

设计意图:我们要能够在实际情境中发现和提出有意义的数学问题,进行数学探究,逐步养成从数学的角度观察现实世界的意识与习惯,发展好奇心、想象力。发现了“照片的美”和“明珠塔本身的美”,那就引发了学生去一探究竟的欲望,顺理成章进入了探索“美”的环节。

活动二:追溯历史,揭晓密码

问题:0.618到底是一个怎样的数呢?

1.关于黄金分割的概念。

(1)材料介绍:黄金长方形、黄金分割比、黄金分割数。

问题:通过刚才的介绍,回想刚才你们探究的过程,你知道了什么?

(2)教师操作:线段上的黄金分割点。

问题:从刚才同学们的研究中知道,将一条线段截成两部分,如果较短部分与较长部分的比值或者较长部分与全长的比值是0.618的话,就属于黄金分割,这个点就是黄金分割点。如果要想找到这个点,你有什么办法?

师:这里有一条线段,你能不借助任何工具来找一找黄金分割点吗?用三角符号在下边标出来。(学生上台标注)

师:你是怎样找到这个点的呢?

生:凭感觉,一段较短的,然后一段就是较长的。

师:为什么不在这里呢?(教师示意在线段上任意找一个点)你用的是哪个数来找的。

生:三分之二,它的比值约等于0.667,和黄金分割数0.618相差不多。

师:比0.618少一点点儿就可以找到我们的黄金分割点,是吧?

观看微课:“尺规作图法找黄金分割点”。教师用尺规作图法检验学生标注的点是否准确。

2.关于黄金分割的研究者。

材料:课件呈现与黄金分割相关的研究者(以时间轴的形式出现)。

问题:到底黄金分割是谁发现的呢?

师：是我们重庆的××学校的××班的孩子发现了黄金分割数0.618，是吗？

生：不是。

师：就是你们刚才通过完成任务发现的呀。

生：不是。

师：摇头，没有信心？其实啊，老师告诉你，这个黄金分割数0.618，早在2000多年以前，有这样一位古希腊的数学家和哲学家，叫什么？（呈现：毕达哥拉斯）

生：毕达哥拉斯发现的0.618。

师：他是怎样发现的呢？（观看微课："黄金分割的发现"）

设计意图：本环节让0.618黄金分割数显露真面目，破译了密码。与此同时，让学生了解黄金分割比、黄金长方形、黄金分割点。特别关注尝试寻找黄金分割点，让学生先不借助任何作图工具，利用0.618或$\frac{2}{3}$来在线段上找到黄金分割点，可以培养学生的数感。

活动三：深度认识，应用密码

1. 自主阅读，分享美。

学生自主阅读书中内容后进行分享，用数学的眼光来欣赏美，用0.618密码来欣赏美（图2）。

图2

第一个层次：建筑、绘画、雕塑领域。

（1）根据学生自学情况依次分享：名画《蒙娜丽莎》、古埃及胡夫金字塔、古希腊帕特农神庙、名雕塑《断臂的维纳斯》……

师:孩子们,谁来说一说黄金分割被广泛运用到哪些领域呢?

生:推广到建筑、音乐、绘画等领域。

师:那么你想分享哪一个呢?它是怎么应用的?

生:绘画。

师:那么你来说说,关于这幅名画。

生:这幅名画叫《蒙娜丽莎》,达·芬奇在画鼻尖至下巴的位置时,嘴唇就是黄金分割点。

师:除了这里有黄金分割,其他地方还有没有呢?

……

第二个层次:音乐领域。

音乐中有黄金分割吗?如果有,应该在哪里呢?走,跟着老师来感受一首歌曲(全场起立歌唱《中华人民共和国国歌》)(图3)。

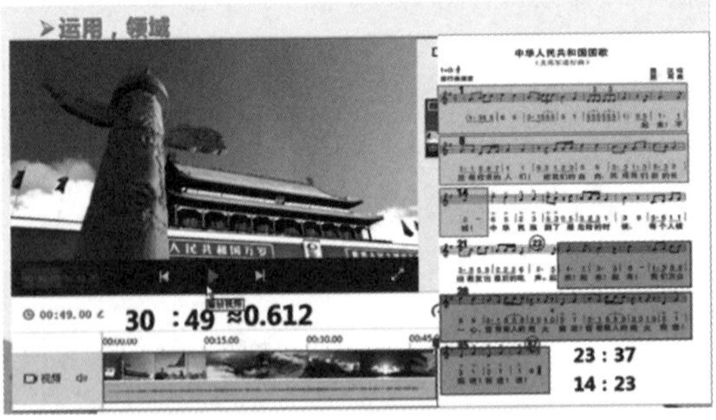

图3

提问:高潮部分是哪里?(起来—起来—起来),在全曲哪个时刻开始的?(30秒)全曲总时长为49秒,算一算30∶49,比值是多少?我们再来看看国歌的曲谱,老师都标记了小节,瞧高潮部分是从哪一小节开始的?(第23小节开始),全曲一共有多少小节?(37小节)算一算23∶37,比值是多少?

2.大自然中的黄金分割。

(1)大自然中存在黄金分割吗?你们能在蝴蝶身上找到黄金分割比吗?

(2)出示一个黄金矩形,如果以宽为边长截取一个最大的正方形后,剩下的也是一个黄金矩形,继续这样操作下去,得到的都是黄金矩形。

师:如果像这样,用一条弧顺次连接正方形的两个对角点,就可以得到一条优美的螺旋线,你能取个名字吗?

生:黄金螺线。

呈现鹦鹉螺的剖面图、多叶芦荟、向日葵、蜗牛……让学生从中寻找。

设计意图:挖掘真实情境的价值,让学生认识真实世界,解决真实问题。教师有意识地从数学的角度去解释现实世界中的现象与规律。学生通过对黄金分割数的理解,自主阅读教材,实现利用黄金分割规律来赏析建筑、绘画、雕塑以及音乐中的美。黄金分割原本就源于现实世界,人类在探究中发现其规律,然后应用于现实世界。因此,本环节就是带着孩子回归现实世界去体验和感悟黄金分割在现实世界中的审美价值。

活动四:拓展延伸,横跨学科

播放微课:物理学中的美,单摆实验为我们呈现了规律之美;化学中的美,焰色反应之美;古诗词中的意境之美,孝道之美。

设计意图:结课的同时进行了美的拓展,跳出了数学学科,从数学之美到物理、化学、文学、德育等学科之美,旨在跨学科的课程综合育人。

【课后总评】

数学课堂教学,一方面要让学生从数学角度去感悟客观事物的数学美,发现客观事物背后的数学规律,感悟数学的审美价值与乐趣;另一方面,感受数学与其他学科的联系,感受数学的应用价值,增强数学应用意识,从而培养学生的数学眼光、数学思维和数学语言。

1. 丰富活动题材,自主探索发现。

本课由学生自主探索发现客观事物中蕴含的黄金分割比这一美学定律。黄金分割数0.618是一个抽象的数学语言,也是数学规律。它蕴含在很多事物中,从而让人们感觉到客观事物的美。从本课的教学我们可以看出,教师注意选择了上海东方明珠塔为景物的照片、世界名画《蒙娜丽莎》、金字塔,以及我国的国歌乐曲等蕴含黄金分割比的素材来设置问题,让学生自主探索。学生通过观察、猜想、计算等方式,自主发现总结出黄金分割比。这样的教学有助于学生理解现实世界背后的数学原理,增强学生用数学眼光观察现实世界的素养。

2.联系现实生活,增强应用意识。

数学的应用价值,也正是数学文化的内在特征之一。从历史的角度看,正是因为数学在生产生活中的广泛应用,推动了人类社会的发展与进步。从数学角度看,应注意突出数学与现实生活的联系、数学与其他学科的联系,让学生感受到数学的有用,从而激发学生学习数学的兴趣。首先以东方明珠塔照片为题材,让学生探索照片宽与长的比,从而让学生发现其中的数学规律,得出黄金分割数,这本身就有助于学生理解黄金分割数的现实意义。然后进一步引导学生用数学眼光观察客观事物,让学生在世界名画、古希腊的著名雕塑等物品中寻找黄金分割比,感悟画中人物的形象美及照片的艺术美,也感悟黄金分割在艺术中的应用价值。最后,以我国国歌乐谱为题材,让学生再次用数学眼光去发现音乐中的黄金分割比,感悟黄金分割比与乐曲表达的情感的关系,在提升学生的数学素养的同时,也提升学生的音乐素养。

3.跳出数学学科,实施综合育人。

特别值得一提的是本节课教师的课程综合育人意识是十分明显的。一是我们不仅探索乐曲的黄金分割比,还将爱国主义教育自然地融入到教学活动当中,体现了教学的育德育人,发挥了数学课程的培根铸魂、启智增慧的作用,有效地落实了立德树人的根本任务。二是在课程的最后注意进行课程综合与拓展,在引导学生用黄金分割比去欣赏客观事物的美的基础上,跳出数学学科,从课程的角度介绍其他学科,表达出了不一样的美,乃至尊老爱幼的心灵美,从而拓展学生对美的感受,提升感受美、鉴赏美的能力。

感悟进制的有趣

——“有趣的进制”实录与评析

设计与执教:张晓睿　设计与评析:蹇泽华　潘黎黎

【课标要求】

《课标》要求,在教学中要重视对教学内容的整体分析,帮助学生建立能体现数学学科本质、对未来学习产生来源、结构与关联、价值与意义,了解课程内容和教学内容的安排意图;通过合适的主题整合教学内容,帮助学生学会用整体的、联系的、发展的眼光看问题,形成科学的思维习惯,发展核心素养。关注数学学科发展前沿与数学文化,继承和弘扬中华优秀传统文化;与时俱进,反映现代科学与社会发展需要;符合学生的认知规律,有助于学生理解、掌握数学的基础知识和基本技能,形成数学基本思想,积累数学基本活动经验,发展核心素养。

【学习目标】

1. 借助十进制认识二进制,理解二进制的计数规则和位值制原理,了解与生活有关的其他进制。

2. 在经历理解二进制计数法的过程中,培养类比、推理、分析、交流的能力,发展数学抽象和数学建模等核心素养。

3. 在探究过程中,了解古老的数学文化,体会数学与生活的密切联系,并渗透数学来源于生活又应用于生活的思想。

【学习活动】

活动一:初步感知,体会进制

师:你对什么进制比较熟悉?关于十进制你知道些什么?

生:满十进一,只需要用到0~9这10个数字。

师:为什么十进制只用0~9这10个数字就能表示出许许多多的数?关于十进制,你还想知道什么?

生:我想知道十进制是怎么来的。

播放微课《十进制的起源》,利用微课向学生介绍十进制的产生,丰富学生的认知。

设计意图：唤醒学生的学习经验，有意识地将他们的思维聚焦十进制，让学生感悟同样的数字在不同的位置表示的大小不同，因此根据十进制计数规则，只用1~9这10个数字符号就够了。通过回忆再现十进制计数方法、进率、计数符号等，为学生运用迁移规律认识二进制打好基础。

活动二：深入分析，探究进制

1. 认知冲突，初识二进制。

出示算式1+1=$(10)_2$，师问：这个式子成立吗？你有什么想说的？

生：在十进制中不成立，但是在二进制中这个式子成立。

师：什么是二进制？

生：二进制就是满二进一。

师：二进制是怎样计数的？二进制会用到哪些计数符号？

生：0和1两个计数符号。

师：为什么二进制最大只用到数字0和1？

生：满二就进位了，所以二进制中最大数只用到数字1。

师：这个二进制数$(10)_2$怎么读？怎么写？表示的数量又是多少？

设计意图：学生已经积累了十进制计数法的学习经验，给出算式1+1=$(10)_2$，引发认知冲突，增强学生的学习兴趣，激发学生的学习需求。根据十进制的计数特点，迁移知识并初步认识二进制的计数方法、进率、计数符号等。

2. 学具操作，感知二进制。

师：仔细观察二进制计数器与十进制计数器有哪些不一样的地方。

生：十进制计数器每档是10颗珠，二进制计数器每档是2颗珠。

师：二进制是怎么表示数的？用二进制计数器拨1+1并说一说方法。

学生拨珠说明拨法：第一位上满二向前一位进一。

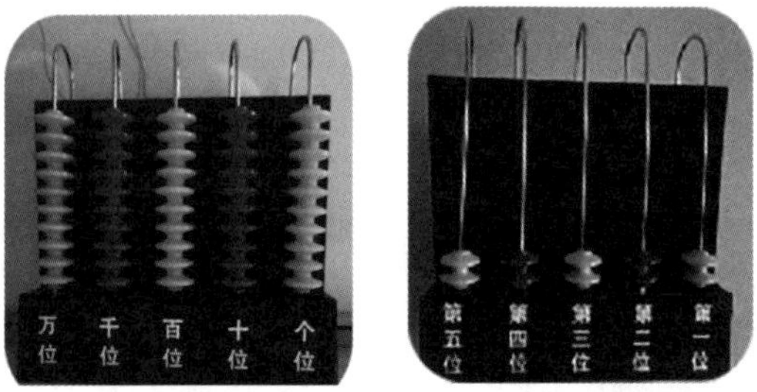

图1

师：二进制数$(10)_2$表示多少数量呢？

生：二进制数$(10)_2$表示数量2。

师：在二进制数$(10)_2$的基础上再加1，加在哪一位上？

学生拨珠说明拨法：加1加在第一位上。

师：二进制数$(11)_2$表示的数量是多少呢？如果再加1结果是多少呢？

借助二进制计数器分别拨出数量1，2，3，4，8，感悟$1=(1)_2$，$2=(10)_2$，$3=(11)_2$，$4=(100)_2$，$8=(1000)_2$。教师重点引导学生在二进制计数器上拨出2，4，8，进一步感知二进制“满二进一”的计数特点。

设计意图：利用特制的每档只有两颗珠子的计数器，感受二进制的进位规则。通过动手操作，学生在特制的计数器上拨出对应的二进制数，建立丰富的表象。师生共拨珠子，深化对满二进一的理解；学生独立拨珠子，旨在还原思维过程，积累感性认识，在理解不同进制意义过程中培养学生的数学抽象能力和数学建模思想。

3.沟通联系，理解进制原理。

师：回顾拨珠过程，观察、思考二进制计数器表示的1，10，100，1000中1颗珠子所在的位置和表示的数量，你有什么发现？

生：第一位的“1”表示1个一，第二位的“1”表示1个二，第三位的“1”表示1个四，第四位的“1”表示1个八。

师：那第五位、第六位呢？

师：对比十进制与二进制的计数方法，有什么相同点和不同点？

十进制	二进制	二进制计数器
1	$(1)_2$	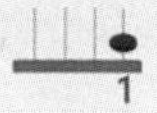
2	$(10)_2$	
4	$(100)_2$	
8	$(1000)_2$	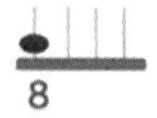

图2

生1：我感觉这里的一、二、四、八、十六和十进制中的一、十、百、千、万一样，都是计数单位。

生2：我发现了二进制和十进制虽然计数单位不同，但是它们都是用位置来区分计数单位的大小的。

师：正是因为它们是用位置来区分计数单位的大小，所以才能用有限的数字通过组合就能表示出无限的数。

设计意图:让学生通过对比,进一步理解十进制和二进制都是用位置来区分计数单位的大小的,理解十进制与二进制的位值制原理,将固定的数字放在不同的位置来表示数。

4. 运用进制原理,进行进制间的互化。

师:我们根据十进制探究了二进制,并研究了二进制的计数单位,沟通了两种进制间的联系。你能运用二进制计数单位的知识,把十进制数和二进制数进行互相转换吗? 小组内试一试。

学生运用二进制的进制原理,尝试转换。教师指导。学生展示汇报,概括抽象出方法。

①将十进制数转换成二进制数:可以根据二进制的计数单位将十进制进行拆分,哪一位上有1个计数单位就写1,没有就写0占位。

②将二进制数转换成十进制数:二进制数转换成十进制数,就是把每一位上所表示的具体数相加。

设计意图:本环节通过小组合作,完成转化;通过交流,思维碰撞,提高实作效率。在不同进制数之间的转换中,让学生更好地理解十进制、二进制计数法的基本原理——位值制和进位制,进一步感受计数规则的重要性。

活动三:融通联系,运用进制

师:如果请你在这两种进制中选择一种来表示数量100,你会选择哪种进制,为什么?

生:计数时还是十进制更方便。

师:那我们研究二进制又有什么意义呢?

播放微课《二进制的由来》,让学生了解二进制以其独特的优势在科技领域的作用。

设计意图:通过对比二进制与十进制计数的特点,引发学生思考二进制的优势,利用微课向学生介绍二进制容易被计算机识别的特点,了解二进制广泛运用于科技领域的原因,感受二进制的作用与价值以及给生活带来的便利。

活动四：文化拓展，丰富进制

引导学生阅读西南大学版《数学文化 四年级上册》第18、19页，并结合生活说一说生活中的进制。

师：刚才我们重点研究了二进制，除了十进制、二进制以外，生活中还有哪些进制呢？又体现在哪些地方？

生1：一年有12个月，这是十二进制。

生2：一天有24小时，这是二十四进制。

生3：半斤八两体现的是十六进制。

生4：时分秒运用的是六十进制。

生5：1米等于10分米是十进制。

播放微课《生活中的进制》，让学生感受进制的普遍性。

> **设计意图**：引导学生了解生活中的其他进制，如十二进制、六十进制、三进制、四进制、五进制、七进制、十六进制、二十四进制等有趣的进制，感受进制应用的广泛，以及不同的进制在不同的领域各有千秋。本环节把知识从课堂延伸到课外，拓展了学生的视野，有效地沟通了数学与生活的联系。

活动五：总结归纳，畅谈收获

师：孩子们，今天我们一起学习了有趣的进制，你有什么收获？

生1：知道生活中有许许多多的进制，不同进制在不同领域起着重要的作用。

生2：二进制只需要0和1两个数字。

生3：我还学会了十进制和二进制之间的互换。

师：孩子们闭上眼睛想一想，今天我们是怎么学习的呢？

生：通过十进制的计数特点，了解了二进制的计数方法、进率、计数符号等。

师：我们通过熟悉的十进制了解了二进制计数法，利用特制的二进制计数器探索十进制与二进制之间的关系，理解了二进制也是用位置来区分计数单位的大小的。从各种进制在生活中的应用和价值，我们感受到了数学与生活息息相关。从古至今，人类用智慧创造了一个又一个的神奇，这就是数学的力量。

设计意图：回顾学习过程，形成知识网，完善知识结构，在掌握二进制、十进制位值制原理的同时感受不同进制产生的必要性，从中让学生学会用数学的眼光观察世界，用数学的语言表达世界，能更好促进学生核心素养的养成和发展。

【课后总评】

“有趣的进制”是《数学文化　四年级下册》的内容，整节课从学生熟悉的“十进制计数法”入手，初步认识“二进制计数法”，理解二进制的计数规则和位值制原理，了解与生活有关的其他进制。从整体看，有如下特点：

1.注重进制的本质揭示，感受不同进制的计数规则。

开课引导学生回忆，再现十进制的计数方法、进率、计数符号等。利用微课《十进制的起源》向学生介绍十进制的产生，了解古老的数学文化，丰富学生的认识。在回顾十进制计数法之后由算式$1+1=(10)_2$引发认知冲突，激发学生的探究欲望。引导学生根据十进制的计数特点，迁移知识并初步认识二进制的计数特点。引导学生在观察对比二进制计数器与十进制计数器不同点的基础上，让学生动手操作，借助二进制计数器分别拨出数量1，2，3，4，8，感悟$1=(1)_2$，$2=(10)_2$，$3=(11)_2$，$4=(100)_2$，$8=(1000)_2$，进一步感知二进制“满二进一”的计数特点，理解二进制只需要0和1两个数字就能表示出所有的数。

2.注重十进制与二进制的沟通联系，感受计数规则的重要性。

教学中注重知识的前后联系和新旧知识之间的联系，通过对比十进制与二进制计数的方法，发现二进制数的计数单位依次是一、二、四、八……每相邻两个计数单位间的进率是2等，进一步理解十进制和二进制都是用位置来区分计数单位的大小的；但相同的数字，在相同的位置，由于进制不同，表示的大小也不同，从而感受计数规则的重要性。在十进制与二进制数之间的转换中，让学生更好地理解十进制、二进制计数法的基本原理——位值制和进位制，进一步感受计数规则的重要性。学生在经历理解二进制计数法的过程中，培养类比、推理、分析、交流的能力，发展数学抽象和数学建模等核心素养。

3.感受进制的普遍性与优越性,激发学生的学习热情。

通过前面的学习,学生能充分体会到二进制在计数上的复杂性,由此产生探究二进制价值的欲望。播放微课《二进制的由来》,让学生了解二进制以其独特的优势在科技领域的作用。微课《生活中的进制》介绍了古老的十二地支,现代钟表、度量衡等中运用的十二进制、六十进制,了解这些进制在生活中的作用,让学生看到数学穿越时空的神奇与博大,有效地激发了学生的学习热情与学习动机,让他们感受到了数学与现实生活的密切联系,从而兴趣盎然地去研究知识背后深藏的奥秘,渗透数学来源于生活又应用于生活的思想。

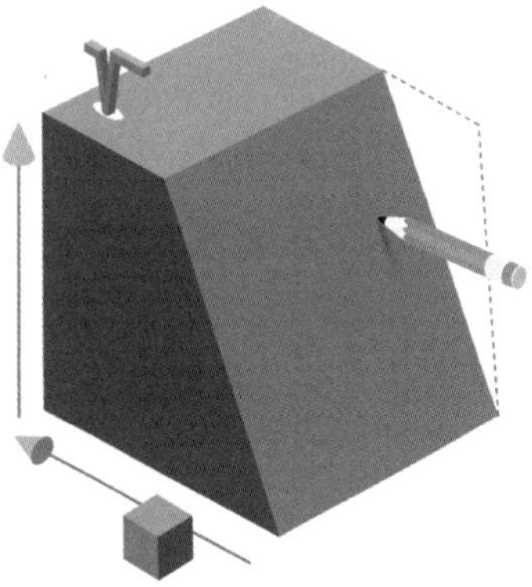

从不精确到精确

——“定位神器”实录与评析

设计与执教:任　瑞　设计与评析:蹇泽华　杨中万

【课标要求】

《课标》指出,综合与实践是小学数学学习的重要领域,在教学中还要建立起数学与其他学科和生活之间的联系,体现数学的价值。因此,应采用融入数学知识学习的主题活动,在创设的情境中进一步理解定位由一维到二维再到三维的发展变化,结合其他学科知识探求解决策略,激发学生的创新能力。

【学习目标】

1.结合具体情境,经历定位从定向到线上的点、面上的点,再到空间上的点确定位置的过程,认识到定位在不断发展完善。

2.通过说一说、议一议、想一想等数学活动,经历定位的发展变化过程,体会一一对应、数形结合的思想,培养观察、归纳、概括的能力,发展空间观念、符号意识等核心素养。

3.感受数学定位原理对科技发展的推动作用,感受数学的价值。

【学习活动】

活动一:创设情境,初识定位

教师创设情境,数学小博士和小伙伴参观聂荣臻陈列馆。

师:导航靠什么来定位?

学生会根据自己的生活经验说出手机定位、卫星定位、GPS定位等,但不全面,播放简短的微课,让学生清晰地感知卫星导航系统的定位原理,以此引出课题:定位神器。

设计意图:利用生活中熟悉的场景,引起学生对定位的兴趣,并激活生活中的定位经验,能快速地融入本节课的探究活动,为接下来的定位探究奠定基础。

活动二：合作探究，感受定位的不断精准

（一）古人定向

在初步了解定位后，以定位是如何发展的为出发点，先从古人是如何定向的开始探究，结合生活经验和老师给的阅读资料，学生先自己阅读，再和同学们一起交流。

师：要定位，首先需要定方向，我们先来看看古人是怎样找方向的？

生：太阳东升西落，大树稠南稀北，北极星指北，指南针指北。

师：太阳、大树、星星、指南针，都有一个什么共同点？

生：它们都只能确定方向。

师生总结：它们都只能定向，不能确定具体的位置。

设计意图：学生通过自主探究，将生活中的经验提炼出来，运用到学习中，并自己总结出古人的定位并不精确。

（二）在线上确定一点的位置

创设情境：当数学小博士和小伙伴站成一行时，请学生用自己的话描述数学小博士的位置。课件出现演示过程，将一行学生看作一条线，每个学生所在的位置看作一点，并给这条线添上方向，标注数字。然后在老师的引导下，用数学的语言来描述数学小博士的位置，并引导对两种描述方式的比较。

师：你能说说小博士的位置吗？

生：从左往右第3位，从右往左第4位。

师：小博士这一点所在的位置，可以用哪个数描述？

生：3。

师：两种描述小博士位置的方法，你更喜欢哪一种？

生：第二种。

师：这条线和以前学习的线有什么不同？有什么作用？

通过讨论对比：①用线上的点对应的数来确定位置的方法更简便。②这条线有方向，有数字，有点。③可以用线上的一点确定位置，还可以用点对应的数来描述位置。

设计意图：通过用数学语言来描述位置，让学生感受到数学的简洁美，同时培养了学生的符号意识，也为接下来的面上定位、空间定位的学习奠定基础。

（三）面上确定一点的位置

创设情境：由一行学生变成多行学生，再请学生描述数学小博士的位置，引出数对。适当出现两个练习题巩固数对知识。随后提出问题：两次确定位置的方法有什么不同？为什么会有这样的不同？学生以小组为单位进行讨论。

师：两次确定位置的方法有什么不同？为什么会有这样的不同？

生：一个是在线上确定位置（用1个数），一个是用两条线的交点确定位置（用两个数），是在面上确定位置。

老师对数对的由来进行补充，微视频播放笛卡儿是如何建立直角坐标系的。

设计意图：学生已经有了在数轴上描述位置的经验，能快速地用已有经验进行面上一点确定位置的学习，再播放笛卡儿直角坐标系的创立，增加依据关联，为用数对确定位置提供了依据。

（四）空间上确定一点的位置

创设情境：数学小博士所在的平面变成了立体空间——教室，现在教室往上搬了一层，但数学小博士的位置不变。现在又如何描述小博士的位置呢？用数学语言又该如何描述呢？和前面所学的线上确定一点的位置和面上确定一点的位置又有怎样的变化？引发学生的思考：确定位置的方法在如何发展变化呢？

师：想象一下，楼下的位置和楼上的位置一样吗？

生：不一样。

师：楼上小博士的位置还能用（3，2）描述吗？

生：不能。

师：多了一个什么要素？也就是什么不一样了？

生：高度变了。

师：现在要描述小博士所在的位置，要用几个数？

生：3个。

师：表示哪三个方向的数？

生：列、行、高3个方向的数。

师：用列、行、高三个方向的数来描述位置，其实就是用三个维度来确定空间上一点的位置。

进行第二次小组探讨：面上确定一点和空间上确定一点的方法又有什么不同？为什么会有这样的不同？

生：在面上是两条线的交点确定位置，在空间上是3条线的交点确定位置。

进行第三次小组讨论：线上确定一点的位置。面上确定一点的位置和空间确定一点的位置，发生了怎样的变化？

生：当只有一行时，可以用线上的一点来确定位置，只需要1个数；当有多行时，需要两条线的交点才能确定位置，只需要两个数；当在空间中确定位置时，需要3条线的交点才能确定位置，则需要3个数。

师（追问）：在了解了定位方法的变化后，有什么样的感受？

生：情况在变化，确定位置的方法在不断地发展和完善，变得越来越精确！

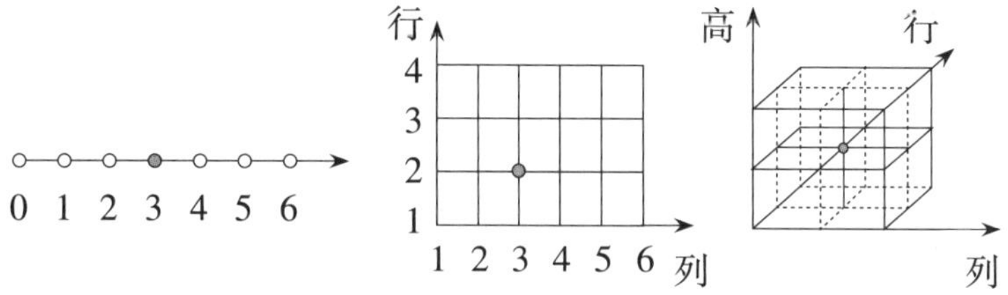

3　　(3,2)　　(3,2,?)

1条线上确定位置点　　两条线的交点确定位置面　　3条线的交点确定位置空间

模糊 ——→ 准确 ——→ 精确

图1

> **设计意图：**从熟悉的生活场景入手，通过楼层高一层的变化感知到在空间中需要用三个维度来确定一点的位置，并在两次对比探讨中发现定位从一维到二维再到三维。这其实是随着社会发展而不断完善的，感知确定位置方法变化的必要性，培养和发展学生的空间观念。

活动三:感受精准定位的魅力

通过学生自己的探讨了解了定位方法的变化后,请学生观看两个微课:卫星导航系统中的定位原理和北斗卫星导航系统在生活中的运用,直观地感受到数学与科技、生活息息相关。

师:看了视频后有什么感受?

师:了解北斗卫星导航系统在生活中的运用,你有什么样的收获?

生:数学知识在发展,定位方法也在不断地完善和丰富,有了定位知识和方法作为基础,我们的定位工具也在不断地进步,数学知识作用很大!科技离不开数学!

> **设计意图:**本环节通过观看微课视频,将数学知识和生活联系起来,感受数学定位原理对科技发展的推动作用,激发学生的学习热情,感受数学的价值。同时,通过对比知道北斗卫星导航系统的厉害,产生民族自豪感,激发爱国情怀。

活动四:拓展延伸、四维定位

在了解了我国北斗卫星导航系统后,继续设置问题,由三维定位到四维定位又需要什么条件。

师:小博士今天坐这个位置,明天还是坐这个位置吗?你用什么来区分它?

生:用时间。

师:还需要加一个什么?

生:加一个时间轴。

师:四维空间确定位置到底是怎样的,人类还在探索之中,期待你们的发现!

> **设计意图:**引发学生的思考,激发学生继续探究数学知识的兴趣,培养学生的求知欲。

【课后总评】

"定位神器"是《数学文化　四年级下册》的内容,本课以定位方法为主线,以定位从古到今的变化为辅线，在两线相辅的进程中，发展学生的空间观念。本课从整体看，有如下特点：

1.注重培养学生探索意识和交流解决问题的能力。

本课经过了三次讨论生成：线上定位和面上定位的对比讨论，面上定位和空间定位的对比讨论，以及线上定位、面上定位和空间定位的变化比较。在不断地探讨中，发现定位方法依托数学知识在不断完善和发展，激发学生的探索意识，培养学生与他人合作交流解决问题的能力，由此形成初步的几何直观和应用意识。

2.注重数学语言的培养，感受数学语言的精确与简约。

本课在描述线上一点的位置、面上一点的位置、空间一点的位置时，可以分别用一个数字、两个数字、三个数字精确表达，让学生直观地感受到数学语言的简洁与优美，同时体验到用数学语言表达现实世界中空间形成的过程，培养学生运用数学语言表达现实世界的意识。而在探究线上、面上、空间定位的发展过程中，对于学生而言也是一个不断探索和创新的过程，促进了学生创新精神的发展。

3.注重数学与生活的联系，培养学生的数学应用思维 。

数学不只是“一堆数字的计算过程”，它还是我们了解周围世界的基本工具。现在正是信息科技时代、大数据时代，数学力量日渐凸显。在探讨后，教师利用两个微视频生动再现了北斗卫星导航系统的组成部分、定位原理及应用领域，让学生感受到无论是交通领域，还是农业领域，甚至是军事领域，北斗卫星导航系统凭借自己的精准定位，为人们的生活提供了巨大的便利，保障了人们的安全。

感悟极限思想

——“科克雪花”实录与评析

设计与执教：熊夕源　设计与评析：陈　强　陈玉鹏

【课标要求】

《课标》提出，学生应学会用数学的思维思考现实世界，应当在数学学习中获得数学基础知识、基本技能、基本思想、基本活动经验。因此，在数学教学中渗透数学思想是有必要的。本课例在探讨科克雪花特征的过程中，让学生感悟数学中的极限思想，发展空间观念，落实核心素养。

【学习目标】

1. 学生自主合作，探究科克雪花边长、边数、周长的变化规律，了解科克雪花的特征。

2. 通过说一说、画一画、想一想、数一数等数学活动，经历科克雪花特征的探索过程，感悟极限思想，初步感知分形特征，培养观察、归纳、概括的能力，发展空间观念、推理意识、模型意识等核心素养。

3. 在探究过程中，获得积极的情感体验，体会数学与其他学科、数学与生活之间的联系。

【学习活动】

活动一：设置冲突，提出探究任务

师：课前，我们通过视频感受了美丽宏大的地球，欣赏了晶莹剔透的雪花。如果把雪花的周长与地球的直径做比较，你觉得谁更长？

生1：我觉得地球直径更长，因为地球很大，雪花特别小。

生2：我觉得雪花周长更长，因为刚才在视频中看到雪花放大后，有很多小的曲折的地方，所以我觉得雪花周长更长。

师：到底谁更长呢？要想解决这个问题，需要先来研究一种数学中的雪花——科克雪花。

> **设计意图**：先让学生感受地球的大和雪花的小，再让学生比较地球的直径和雪花的周长，这个看似很简单的问题，却隐藏着与学生生活经

验截然相反的答案。在得到两种答案后，教师不给出正面回答，顺势引出本课的课题。学生的认知发生冲突，激起其学习和探究的欲望。

活动二：探讨画法，初步感知特点

播放科克雪花的介绍视频。

师：你知道科克雪花是怎么变化而来的吗？

生：先把等边三角形的一条边三等分，以中间一段为边长向外画等边三角形，最后擦掉中间这段（如图1所示）。

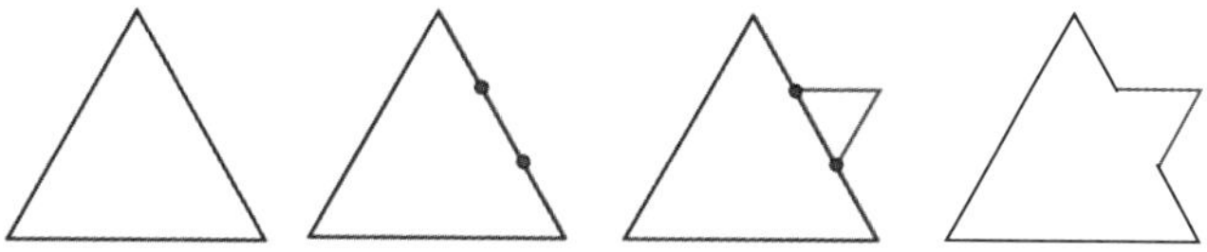

图1 等边三角形一条边的变化

师：这是一条边的变化，另外两条边怎么变化？

生：重复刚才的操作过程（如图2所示）。

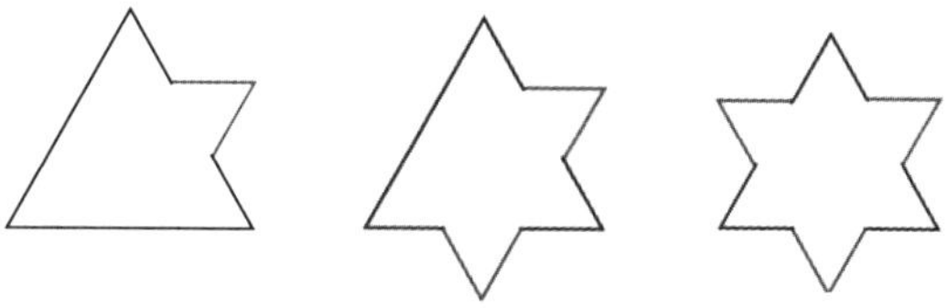

图2 等边三角形三条边的变化

师：这样就完成了科克雪花的第一次变化。第二次变化又是怎样的呢？

生：把每条边都三等分，以中间一段为底边画等边三角形（如图3所示）。

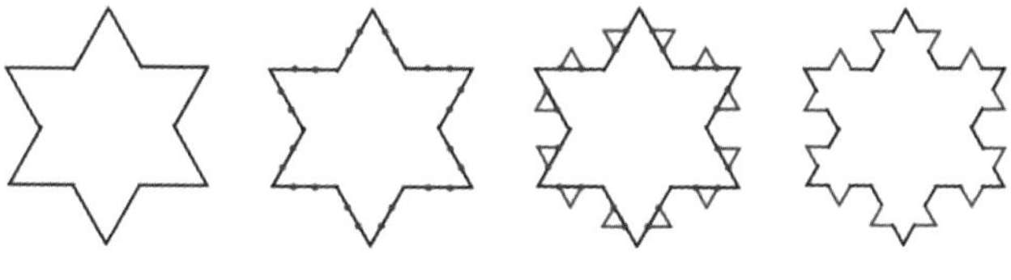

图3 等边三角形的第二次变化

师：现在，你会画了吗？接下来，以同桌为单位，在点子图上画出一次变化或者两次变化。

教师展示一次变化和两次变化的作品，追问：想一想，第三次变化后是怎样的？第4次呢？可以一直变化下去吗？（如图4所示）

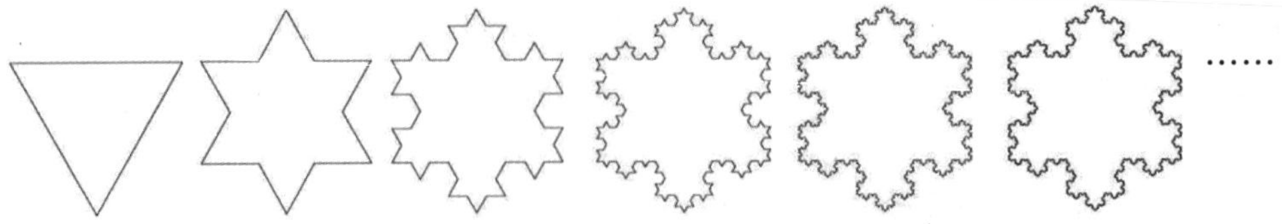

图4 科克雪花的多次变化图

设计意图：通过视频，学生了解到科克雪花是由一个等边三角形演变而来的，而且每一次变化都是重复之前的操作，为后面了解分形的“重复操作性”打下基础。先让学生说画法，再动手画，最后想象，让学生在“说”“画”“想”的过程中初步感知科克雪花的特征，发展了学生的空间观念。

活动三：探究规律，感悟极限思想

（一）探究变化规律

师：除了形状，边长、边数、周长也在发生变化，它们具体是怎样变化的呢？接下来，我们以小组为单位展开研究。

小组汇报：我们小组发现边长的规律是除以3，边数的变化规律是乘4，周长的变化规律是除以3乘4。

师：为什么边长会除以3？

生：画科克雪花的时候是把边长三等分，所以边长要除以3。

师：边数为什么会乘4呢？

生：原来的一条边变为了4条边，所以边数要乘4。

师：周长的变化规律是怎么得到的？

生：因为周长=边长×边数，边长在除以3，边数在乘4，根据积的变化规律可以得到周长的变化规律是除以3乘4。

（二）体会极限思想

1.科克雪花的周长无限。

师：科克雪花的周长还可以继续变化吗？当变化无数次，科克雪花的周长就会变得怎样？

生：无限长。

2.生活中的雪花周长无限。

师:刚才研究的科克雪花是数学中的雪花,它的周长是无限长的。生活中雪花的周长也是这样的吗?这个问题和英国海岸线问题的原理是一样的,我们来看看。

播放视频。

师:生活中的雪花周长是无限长的吗?为什么?

生:生活中雪花有很多细小的地方我们眼睛是看不到的,但又是存在的,所以是无限长的。

师:的确,当我们测量的标准越小,测量到的细节就越多,测量得到的周长就越长。当测量标准无限小,雪花周长就会无限长。

师:回到一开始的问题,雪花周长和地球直径,谁更长呢?

生:雪花周长是无限长的,而地球直径是有限的,所以雪花周长更长。

3.面积有限。

师:科克雪花的周长是无限的,那面积呢?

生1:我觉得面积无限大,因为科克雪花可以一直变化下去。

生2:我觉得面积不是无限大的,它不管怎么变,都有一个范围。

师(追问):这个范围在哪里?能上台来指一下吗?学生上台指出范围(如图5所示)。

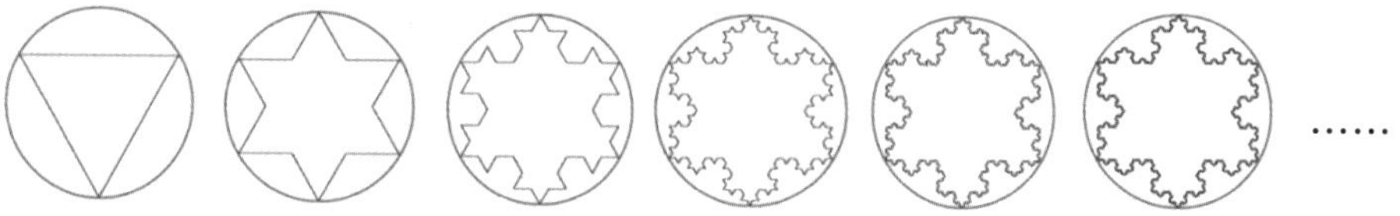

图5

师:科克雪花的面积在无限接近于圆的面积,但是永远不会和圆的面积相等,也不会超过圆的面积,所以科克雪花的面积是有限的。(板书:面积有限)

设计意图:这个环节数形结合,以探究边长、边数、周长的变化规律为切入点,让学生认识到数学中的雪花"科克雪花"的周长是无限长的;以英国海岸线原理为支撑,证明了生活中的雪花周长也是无限长的,回答了开课提到的雪花周长和地球直径的问题。紧接着,引导学生思考科克雪花的面积变化,让学生感受到科克雪花的面积会变大,但不会无限大，体现了“有限”中的“无限”，让学生充分感悟了极限思想，发展了空间观念和推理意识。

活动四：知识迁移，体会分形哲学

（一）介绍“谢尔宾斯基三角形”

师：与科克雪花类似的还有一个图形——谢尔宾斯基三角形，我们一起来看看（如图6所示）。

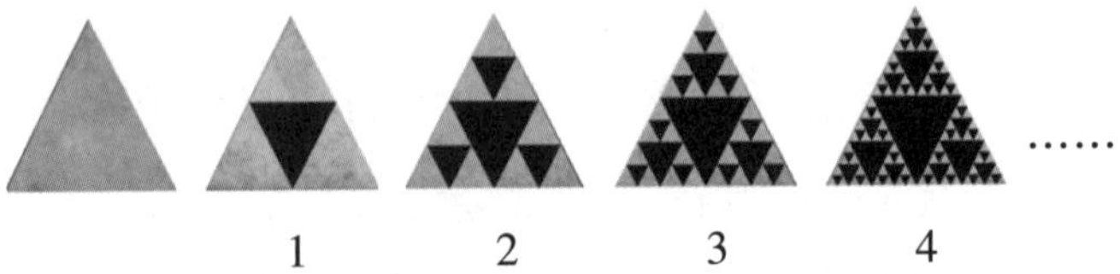

图6　谢尔宾斯基三角形变化图

播放视频。

师：周长和面积会怎么变化？

生：周长变长，面积变小。

师：周长会变得多长？面积会变得多小？

生：周长会无限长，面积会无限接近于0。

（二）介绍“分形”

师：科克雪花和谢尔宾斯基三角形，都是“分形”图。什么是分形呢？我们一起来了解一下。

播放视频。

师：看完视频，你有什么收获？

生1：我知道了分形的特征是整体与部分之间具有相似性。

生2：我知道了分形在生活中运用很广泛，在建筑学、生物学、天文学等领域都有应用。

师：分形在我们生活中无处不在，我们生活中有很多看似复杂的系统，都是建立在简单的法则之上的。

设计意图：“科克雪花”和“谢尔宾斯基三角形”都是分形领域的代表图形。对于“分形”的介绍，除了让学生感受到“分形”之美以外，也让学生感受到了“分形”所蕴含的哲学思想——生活中很多看似复杂的系统都是建立在简单的法则之上。既开阔了视野，让学生感受到了“分形”的魅力，更打破了学生固有的几何思维惯性，实现了跨学科教学。

活动五：总结提升，落实核心素养

师：通过今天的学习，你有什么收获？

生1：我认识了分形，它的每一次变化都是在不断重复之前的操作。

生2：我知道了科克雪花的面积是有限的，周长是无限的。

师：数学中的图形是如此，我们的生活也是如此。庄子曾说：“人生天地之间，若白驹之过隙。”我们的生命是有限的，但是生命的价值却是无限的。就如孔子，开馆授徒，创立儒家学派，被尊为万世师表；又如袁隆平爷爷，一心钻研，研究出杂交水稻，被誉为“世界杂交水稻之父”。用有限的人生，可以创造出无限的价值。他们可以，相信在座的你们也可以！

设计意图：本课通过对科克雪花的探究，得出了“科克雪花周长无限，面积有限”这一结论。生活中也蕴藏着“有限”和“无限”。“生命有限，生命的价值无限”，这既是对本课数学思想的总结和升华，更是对学生人生观和价值观的引领，实现了数学的育人目标，落实了核心素养。

【课后总评】

“科克雪花”是《数学文化　四年级下册》的内容，整节课从“地球直径和雪花周长谁更长”这个具有争议的问题入手，引导学生探究科克雪花的特征，了解分形的原理，感悟极限思想。本课立足于培养学生良好的数学思维能力，从整体看，有如下特点：

1.注重画图的本质揭示，感受分形操作的重复性。

科克雪花画法的教学至关重要，它是后面探究变化规律的基础，因此课堂教学中特别注重了对画图本质的探讨。课堂中将科克雪花的画法教学分为了三步：第一步是讨论具体画法，每次变化都是在不断重复相同的操作；第二步动手画，学生在点子图上画科克雪花的第一次变化和第二次变化，在画的过程中强化“三等分”这一特点；第三步想象，让学生想象科克雪花继续变化下去会是什么图形。在这个过程中，用动画演示每一次变化的过程，让学生更加直观理解科克雪花的变化过程，充分感受到科克雪花是“不断重复性”的操作结果。

2. 注重知识的沟通联系，感受分形规律的一致性。

教学中注重知识的前后联系和新旧知识之间的联系。比如，在探究科克雪花周长的规律时，利用了“周长=边长×边数”这个公式进行计算，运用了积的变化规律这个知识找到变化规律，将新旧知识进行了联系。探究完科克雪花之后，引出了谢尔宾斯基三角形，让学生感受到它们都是在进行不断重复的操作，最后形成的图形都具有某种特征的“无限性”。

3. 注重培养学生空间观念，感受分形的有限性和无限性。

当教师追问：“科克雪花的周长还可以继续变化吗？当科克雪花变化无数次，它的周长会有怎样的变化？”引导学生想象，一直变化下去，科克雪花会是什么样子？在有了之前的学习作为铺垫，学生答出了“无限长”。“面积呢？”这个问题引发了大家争论，部分学生觉得是无限大，部分学生觉得不是无限大的，直到一个学生指出了外接圆，大家才恍然大悟，不管科克雪花怎么变化，它的面积只是在无限接近于这个外接圆，但永远不会超过，所以它的面积是有限的。这个过程，让学生充分感悟极限思想，既培养了学生的思辨能力，又发展了学生的空间观念。

注重数感培养
——“有趣的数”实录与评析

设计与执教:廖流鸿 设计与评析:赵亚龙 罗 艳

【课标要求】

《课标》提出,在“综合与实践”主题活动中学生将学习和理解数学知识,感悟知识的意义,积累活动经验,感悟思想方法,形成和发展模型意识、创新意识,提高解决实际问题的能力,形成和发展数学核心素养。

本课例在“猜数”“摆数”“找数”活动中,通过观察、比较、估计、验证、分析、推理等活动,培养和发展学生的数感、创新意识,落实核心素养。

【学习目标】

1.在“猜数”“摆数”“找数”等活动中获得进行合理估计的学习经验,能初步体会并表达事物蕴含的简单数量规律。

2.在具体的活动中,对数的知识进行综合运用,进一步提高数感和估计意识,发展模型意识、创新意识,提高解决实际问题的能力。

3.感受数学的应用价值,体验活动的快乐,激发学习数学的兴趣。

【学习活动】

活动一:回顾梳理,做好知识储备

1.读数、写数。

课件出示100以内的数,让学生读数;然后教师念数,学生写数。

师:读数和写数都要从哪位起?

2.数的组成。

课件出示:78里面有( )个十和( )个一;5个十和3个一组成( );6个一和4个十组成( )。

指定学生口答,集体订正。

3.比较大小。

课件出示:41◯8 29◯83 54◯58

引导学生回顾比较方法。

设计意图：通过复习，回顾本单元学习内容，唤醒已有知识经验，帮助学生形成整体的知识结构，为接下来的活动做好知识储备。

活动二：师生互动，理解活动要求

1.抓豆子猜数。

(1)教师抓一把花生让学生猜数。

教师手抓一把花生，让学生猜测大约有多少粒？然后通过数数验证学生的猜想。

师：孩子们，我们可以怎么数呢？

生1：可以1个1个地数。

生2：也可以2个2个地数……

带领学生运用不同的方法数数，验证猜想，追问：你喜欢哪种数数方法？为什么？

感悟：按群计数比按个计数数的次数少，数得更快。

(2)学生抓一把花生猜数。

指定学生上前抓一把花生，提问：刚才老师抓了××粒，猜一猜他抓了多少粒。然后让学生运用喜欢的方法数数验证。

追问：他抓得多，还是老师抓得多？为什么？

感悟：老师的手大一些，所以抓的花生数量多一些。

(3)教师抓一把黄豆让学生猜数。

教师抓一把黄豆，让学生猜测大约有多少粒。

追问：为什么孩子们大多都猜测老师抓的黄豆比花生多呢？

感悟：同样的手，黄豆颗粒小，抓的数量反而多；花生颗粒大，抓的数量反而少。

数数验证猜想，感悟分析的合理性。

师：孩子们，如果老师抓的是胡豆，跟黄豆相比，你认为数量多还是少？如果抓的是芝麻，跟黄豆相比，数量多还是少……

引导学生迁移、抽象出模型：同样的手抓物体，颗粒小的抓得多，颗粒大的抓得少。

设计意图：通过师生抓豆子猜数活动，让学生经历估计、验证、比较、分析、推理的过程，抽象出数学模型：不同的容器装同一种物体，容器大的装得多，容器小的装得少；同样的容器装不同的物体，体积小的装得多，体积大的装得少。通过学习，帮助学生积累数学活动经验，培养学生估计的意识、严谨的数学研究态度和逻辑推理、数据分析等数学核心素养。

2. 摸卡片摆数。

（1）两张卡片摆数。

出示：盒子里面有0~9共10张数字卡片。教师从中任意摸出两张，提问：要想摆出的数大，应该怎样摆？为什么要这样摆？

感悟：摸到大数放到十位，小数放到个位，这样摆出的两位数更大。

（2）两人比赛摆数。

指定两个孩子上前，一人摸两张卡片摆数，比一比谁摆的数大。

强化：要想摆出的数大，需要把大数放到十位，小数放到个位。

（3）四张卡片摆数。

师：现在老师把这四张卡片放到一起，从中选出两张摆成最大的两位数，你会选哪两张？选这两张摆出的数就一定大吗？怎样摆才大？

感悟：要想摆出的两位数最大，首先要从四张卡片中选择最大的两张，然后把大数放到十位，小数放到个位。

设计意图：让学生经历质疑、释疑的过程，形成数学模型：两张卡片摆最大的两位数，要把大数摆到十位，小数摆到个位；四张卡片摆最大的两位数，先从四张卡片中选择最大的两个数，然后把大数摆到十位，小数摆到个位。通过抽象、概括，让学生牢固掌握比较大小的数学本质，从而构建摆大数的数学模型，帮助学生积累从具体到抽象的数学活动经验，培养学生大胆质疑、积极分析问题的习惯和品质，培养学生的应用意识。

3. 找校园里的数。

师：教室里哪些地方能找到100以内的数呢？

生：教室里有××个人……

师:你们是怎么知道的?

生:数的。

师:“数”是找数的一种方法。如果你想知道好朋友的年龄,年龄可以数出来吗?怎么办?

生:可以问好朋友呀。

师:“问”也是找数的一种方法。我们活动的时候,就用“数”和“问”的方法,找找教室里的100以内的数,看谁找到的数最多。

设计意图:通过找数活动,让学生综合运用“数”和“问”的方法,发现生活中存在很多100以内的数,感受数学与生活的紧密联系,体会数学的应用价值。

活动三:协作活动,内化基础知识

课件出示:活动要求

表1　活动要求

猜数:用你的手先抓花生,再抓黄豆,抓到的花生多,还是黄豆多?为什么? 摆数:每人每次摸两张卡片,怎样摆,摆出的数才最大? 找数:用“数”和“问”的方法找教室里的数,看谁找得多?

首先带领学生理解活动要求和评价要求。

师:活动中做到了“积极参加活动”,就可以得1朵小花;如果四个方面都做到了,就可以得4朵小花。比一比,看谁得到的小花多。

学生自由活动,教师巡视指导,然后组织学生进行汇报。

猜数:你抓花生和黄豆,抓到的花生多,还是黄豆多?

摆数:摸两张卡片,怎样摆,摆出的数才最大?

找数:展示学生作品。问:你是用什么方法找到的?

师:原来学的知识对你参加活动,有没有帮助?哪些知识对你有帮助?你在哪个活动中用到了这些知识?

感悟:数学知识很有用,知识学得越好,活动起来就越有趣。

设计意图:通过学生自主活动,灵活运用所学知识,加深对基础知识的理解和掌握,感受数学学习的乐趣,感受数学的应用价值。

活动四：自主评价，激发学习兴趣

学生对自己的表现进行评价，教师统计评价结果，并对全班学生的活动情况进行总结和评价。

表2　活动评价表

与同伴一起参加活动	遵守纪律，不影响别人	边活动边思考	三个活动都参加了

设计意图：主题活动的评价是综合与实践的重要组成部分，应当关注过程性评价，关注学生参与活动的程度，采用多元评价方式，培养学生与同伴协作的能力，激发学生积极参与活动的兴趣，获得成功体验，激发进一步学习数学的欲望和兴趣。

【课后总评】

“有趣的数”是西南大学版《小学数学　一年级下册》“综合与实践”领域的一项学习内容，对于培养学生综合运用所学知识的能力，提高数感和估计意识，发展模型意识、创新意识，提高解决实际问题的能力有着重要的意义。

1.回顾梳理，综合运用。

数学基础知识是构成数学认识的支点，学生的数学实践活动应建立在大量知识点及相互关系之上。因此，本课的教学首先带领学生回顾读数、写数、数的组成、比较大小等基础知识，帮助学生形成整体的认知结构。

“综合与实践”就是综合运用所学的数学知识、思想、方法解决一些数学问题或现实问题的过程。在本课的活动中，学生不仅需要综合读数、写数、比较大小等基础知识，还要经历估计、验证、比较、分析、推理、质疑、释疑等过程，将数学知识和数学方法进行有效综合。通过抽象、概括，形成和发展模型意识，帮助学生积累数学活动经验，培养学生估计的意识、严谨的数学研究态度和逻辑推理、数据分析等数学核心素养。

2.合作体验，激发兴趣。

数学综合实践活动重在活动，具有自主性和开放性。本课设置了“猜数”“摆数”“找数”活动，为学生提供了充分合作的平台，让每个学生都有主动参与活动和学习的机会，让学生的思维在与同伴协作中得到发展，切实培养学生的合作精神。

兴趣是最好的老师。数学实践活动要充分考虑儿童的年龄特点和心理特点，从学生熟悉和感兴趣的事物为出发点，力求新颖、灵活、多变，从而激发学生的兴趣，感受体验的乐趣。本课设置的活动，形式丰富，便于操作，学生参与面广，学生在这一系列有趣的活动中探寻数学知识，发展数学思维，体验数学的魅力，从而有效激发学生学习数学的兴趣。

3.激活思维，发展能力。

数学是思维的“体操”。数学课是以数学体系的理论知识为主，而数学实践活动课是在理论知识与生活实际环境的结合下，促使学生以积极的心态学习，并用自己的思维方式去重新创造知识，感受数学的趣味，增强数学意识和运用意识。本课，学生在快乐参与活动的同时，按照一定的思维方式解决问题，自主将知识联系在一起，灵活运用抽象出来的数学模型，加深对模型的理解和记忆，内化基础知识，提高学生分析问题、解决问题的能力，培养学生的应用意识。

4.联系生活，感受价值。

“综合与实践”的一个重要目标，就是让学生体会数学与现实世界的联系，明确数学来源于生活，数学与生活是密不可分的，从而树立正确的数学观。本课，在“猜数”活动中，通过活动、追问，迁移、抽象出生活中装物体的模型：不同的容器装同一种物体，容器大的装得多，容器小的装得少；同样的容器装不同的物体，体积小的装得多，体积大的装得少。这样既培养了学生的创新能力，又让学生感受到了学习数学的价值。在“找数”活动中，学生综合运用“数”和“问”的方法，发现生活中存在很多100以内的数，感受数学与生活的紧密联系，培养学生的应用意识。

本课的设计，旨在让学生综合运用所学知识，在活动中快快乐乐地玩，有所思、有所悟、有所获，体验成功的乐趣，培养学生的问题意识、应用意识和创新意识，积累数学活动经验，提高学生解决实际问题的能力。

数据意识的培养
——“称一称”实录与评析

设计与执教:段　平　设计与评析:李永权　谢长容

【课标要求】

《课标》指出,教师要创设真实情境,引导学生经历简单的数据收集和整理,感悟收集数据的意义和方法,用数学语言表达数据所蕴含的信息,形成初步的数据意识。学生能收集、整理具体实例中的数据,用合适的方式描述数据,分析与表达数据中所蕴含的信息,并且要运用不同的活动形式亲身体验、感悟所学知识与生活的密切关系,初步形成数据意识和应用意识,发展核心素养。

【学习目标】

1.自主合作探究,在称体重的实践活动中初步学会数据的收集和整理、分析与表达,运用数学知识解决实际生活中的问题,提高应用数学的意识。

2.通过估一估、称一称、填一填、看一看、比一比、说一说等活动,初步经历收集、整理、分析数据的过程,渗透统计的思想,初步培养量感及数据意识。

3.在活动中学会与人合作、与人分享的意识和能力,获得运用所学知识解决实际生活问题的成功体验,增强学习数学的兴趣。

【学习活动】

活动一:创设情境,激发学生学习兴趣

播放12岁男孩因体重过重,引发糖尿病昏迷的新闻视频。

师:壮壮为什么会患病呢?

生:他太重了。

师:对,他才12岁,已经160斤,太重了,已经危害到了身体健康。想知道你们的体重是否符合健康标准吗?

生:想!

师:那怎么才能知道自己的体重呢?今天这节课我们一起来“称一称”。(板书课题)

设计意图:通过现实生活中的真实情境,激发学生想了解自己体重的兴趣,为全课学习活动做好认知情感铺垫。

活动二:实践活动,学习收集与整理数据

1.了解称体重的工具及方法。

师:称体重需要什么工具?

课件出示体重秤(机械秤和电子秤)。

师:请看——这是机械体重秤,使用这种秤时,一定要等指针稳定不动了,再读数;这是电子体重秤,目前十分常见,使用这种秤时,只需要站上秤,等数字不闪烁即可读数。

师:你会使用体重秤称体重吗?下面我们来看看这个孩子的做法。

课件播放学生称体重的视频。

师:看了刚才的视频,你能说说称体重的步骤吗?

生:站上体重秤——读出体重的数据——记录数据。

师:你们想称出自己的体重吗?

生:想!

2.分组称体重。

师:老师为每个小组准备了一台体重秤和一张体重记录表,请各小组在组长的组织下,称出每位同学的体重。活动前,我们先来看合作要求。

课件出示活动要求:

①小组长组织称体重活动,确定好读数人员和记录人员。

②先有序地估一估自己的体重,并记录下来。

③有序地称出自己的体重,并记录下来。

比一比:看哪一组分工明确,活动有序,称重速度快。

各小组同学估体重——称体重——记录体重。

3.展示汇报。

完成后小组展示并描述结果。

生1:我估计自己大约重22 kg。称完体重,我重20 kg,我估计得还挺准确。

生2:我估计自己大约重28 kg。称完体重,我重32 kg,我估少了。

生3:我估计自己大约重36 kg。称完体重,我重43 kg,估计体重与实际体重相差太大。

设计意图:以问题“怎么才能知道自己的体重”引出认识体重秤的必要性,通过播放视频让学生明白称体重并记录的步骤与方法,然后小组合作开展估体重、称体重活动。合作前,用明确的合作要求保障活动的效率和质量,最后进行记录表的展示介绍。通过对估计体重和实际体重的比较,初步培养了学生的量感。通过小组活动培养了学生与人合作、与人分享的意识和能力。

活动三:分析数据、提取信息并用数学语言表达

1.比一比,说一说。

课件呈现表1。

表1　第1小组同学体重记录表

姓名	小明	小华	小智	小爱	小琴	小丽
性别	男	男	男	女	女	女
估计体重(kg)	22	28	25	22	36	26
称出体重(kg)	25	32	32	23	40	31

师:这是第1小组同学体重记录表,请仔细观察、比较,你有什么发现呢?

学生谈发现。

生1:小明的体重是25 kg,比小华轻7 kg。

生2:小琴的体重是40 kg,是最重的,她比小爱重17 kg,比小丽重9 kg。

生3:小丽的体重是31 kg,比小爱重8 kg,比小琴轻9 kg。

生4:我发现小琴最重,小爱最轻。

师:这些发现真了不起!看来我们通过收集数据、整理数据并仔细观察,可以获得有用的信息呢!

设计意图:利用小组体重记录表中的数据,引导学生发现问题、提出数学问题并解决,在解决问题的过程中使学生初步了解到收集数据可以获得有用的信息,从而培养学生的数据分析能力,提高数学核心素养。

2.看一看，比一比。

师:刚才同学们发现“小琴最重，小爱最轻”，那小琴是不是最胖的？小爱是不是最瘦的呢？

生:不一定！

师:是的，我们还要关注年龄，不同年龄体重标准不一样。（课件出示表2）

表2 6～10岁儿童标准体重对照表

	男	女
	体重（kg）	体重（kg）
6岁	18.4~23.6	17.3~22.9
7岁	20.2~26.5	19.1~26.0
8岁	22.2~30.0	21.4~30.2
9岁	24.3~34.0	24.1~35.3
10岁	26.8~38.7	27.2~40.9

师:第1小组的同学除了小爱、小丽是8岁，其余都是10岁（课件出示表3），请结合他们的年龄，把他们的体重和标准体重对照一下，看看谁超重了，谁偏瘦了。

小组合作交流讨论后全班交流展示。

表3 第1小组同学体重记录表

姓名	小明	小华	小智	小爱	小琴	小丽
性别	男	男	男	女	女	女
年龄	10	10	10	8	10	8
称出体重（kg）	25	32	32	23	40	31

生1:参照儿童标准体重对照表，我发现小明太瘦了，小丽超重了。

生2:小华和小智都是10岁，体重都是32 kg，参照儿童标准体重对照表，他们的体重都是标准的。

生3:我参照儿童标准体重对照表，发现小爱和小琴的体重也是标准的。

师:是的，这和我们刚才的猜想不一致。看来，体重是否标准还跟什么有关？

生:体重与年龄有关系。

师：对！小明太瘦了，小丽超重了，你们有什么建议？

生1：小明太瘦了，需要加强营养，他应该好好吃饭、吃肉，不挑食，并多运动。

生2：小丽偏重了，我觉得她应该少吃垃圾食品，多吃水果蔬菜，并加强锻炼。

师：这些建议提得真不错！

设计意图：通过对增加了年龄一项的第1小组体重数据表的观察，让学生产生认知冲突——胖、瘦不能只看体重，围绕"最重的是否最胖，最轻的是否最瘦？"进一步分析数据，在独立观察对比的基础上，根据各自的分析结果在小组内交流并提出针对性的建议，培养学生的数据应用意识，渗透统计初步思想。

活动四：知识迁移，在实例中学会分析数据与表达

师：根据儿童标准体重对照表，你们觉得小华和小智的体重都是标准的。这是他俩的照片。（课件出示小华和小智的照片，两人年龄相同、体重相同，身高不同。）

师：看了照片，你有什么想说的？

生：我发现小华和小智的体重一样，参照儿童标准体重对照表，他们的体重应该都是很合适的，但是看照片，我觉得小华合适，但感觉小智好瘦呀！

师：他们的体重、年龄一样啊，为什么小智瘦？

生：他们的身高不同。

师：原来我们的体重不仅与年龄有关，还和身高也有关系呢！请看！

（课件呈现表4）

表4　少年儿童身高体重对照表

年龄	矮小		偏矮		正常		偏高		高个	
	身高(cm)	体重(kg)	身高	体重(kg)	身高	体重(kg)	身高	体重(kg)	身高	体重(kg)
7岁	114.6	18.48	117.6	20.04	124	24.06	130.5	29.35	134	32.4
7.5岁	117.4	19.43	120.5	21.17	127.1	25.72	133.9	31.84	137	35.45
8岁	119.9	20.32	123.1	22.24	130	27.33	137.1	34.3	140	38.49
8.5岁	122.3	21.18	125.6	23.28	132.7	28.91	140.1	36.74	144	41.49
9岁	124.6	22.04	128	24.3	135.4	30.46	142.9	39.08	147	44.35
9.5岁	126.7	22.95	130.3	25.42	137.9	32.09	145.7	41.49	149	47.24
10岁	128.7	23.89	132.3	26.55	140.2	33.74	148.2	43.85	152	50.0
0.5岁	130.7	24.96	134.5	27.83	142.6	35.58	150.9	46.4	155	52.93
11岁	132.9	26.21	136.8	29.33	145.3	37.69	154	49.2	158	56.07

师:现在请你对照上表,再次判断自己的体重是标准、偏胖还是偏瘦。

学生交流比较判断后的结果。

生1:我的身高是115 cm,体重是20 kg,参照这个标准,我不偏瘦,很合适呢!

生2:我的身高是140 cm,体重是32 kg,参照这个标准,我的体重不标准,偏瘦了。

生3:我的身高是148 cm,体重是43 kg,参照这个标准,我不再偏胖,而是很合适,太好啦!

设计意图:学生通过观察照片提出了新问题,引出体重与身高有关系,进而更加紧密地联系生活实际,感悟数学与生活息息相关,提高学生应用数学的意识和能力。

活动五:总结提升,跨学科融合,落实核心素养

1.了解如何保持健康的体重。

师:通过前面的活动,我们了解了自己的体重以及体重是否标准,其实拥有合适的体重与我们的身体健康息息相关。那如何保持健康的体重呢?党和

国家也非常关心我们的青少年儿童，特别为大家制定了《中国儿童肥胖的评估、治疗和预防指南》，我们一起去了解一下吧！

课件播放新闻视频《中国儿童肥胖的评估、治疗和预防指南》。

学生提出疑问：可是我已经很胖了，怎么办呢？

师：别着急！我们一起来听听医生的建议吧！

课件播放《如何保持健康的体重》。

学生谈看视频后的感受。

生1：我今后一定多吃蔬菜、水果，注意营养均衡，争取越来越健康！

生2：我今后一定合理安排运动，少玩电子产品，让自己拥有健康身体！

师：我相信在国家、社会和家庭的共同努力下，每个孩子都能有个健康的身体！

2.课堂小结。

师：回顾这节课，你们参加了哪些数学学习活动？有什么收获和体会？

学生谈收获（略）。

师（小结）：这节课我们通过"称一称"活动，学会了称体重的方法，并通过收集、整理体重记录表学会了收集、整理信息，还学会了从收集的信息中提取出有用的信息，我们还了解了体重与健康的关系。

你想知道你的家人是否健康吗？请你运用今天学到的知识，帮助你的家人称体重并根据实际情况给他们提出好的建议吧！

> **设计意图**：引导学生对学习活动过程进行回顾反思，促进学生对本节课学习实践活动中获得的过程性活动经验进行反思性提升，感受数学的广泛运用与价值，体验学习的乐趣。

【课后总评】

"称一称"是西南大学版小学数学三年级上册的一节综合实践课，本课通过主题式活动设计让学生经历了完整的收集、整理、分析数据、提取信息并用数学语言表达的过程，提升了学生的数据意识和应用意识。本节课的教学有以下几个特点：

1.情境驱动数学思考,诱发探究欲望。

"综合与实践"领域的内容是以主题式活动为载体进行教学的。本课通过新闻的真实情境创设让学生体会数学与生活之间的密切联系,围绕"体重与健康"这一核心,在探索其与真实情境所蕴含的关系中,发现问题、提出问题并分析和解决问题。

2.引发认知冲突,让学习顺利发生。

本课先让学生自己估一估,经历度量的过程,体会估与称的误差,初步形成量感;再通过称一称活动,发展了学生的动手动脑及归纳能力;然后,通过问题"最重的是不是最胖的? 最轻的是不是最瘦的?"自然引发学生的激烈讨论,让学生发生认知冲突,进而揭示体重与年龄的关系。

3.感受数据应用,促进数据意识形成。

教师以体重与健康的关系贯穿全课始终,让学生感受到数学与生活的密切联系,让学生愿意参与数学学习活动,在学习活动中能提出自己的想法,在与他人的交流中敢于质疑和反思。学生通过完整的体验和经历,提升了数据意识和应用意识。本课作业设计独具匠心,让学生感受到数学可以为生活提供帮助,有助于学生感受数学与其他学科的关联与价值。